V&R

Arbeiten zur Pastoraltheologie

Herausgegeben von
Eberhard Hauschildt und Jürgen Ziemer

Band 43

Vandenhoeck & Ruprecht

Kinderseelsorge

Seelsorge mit Kindern und ihre
pastoralpsychologische Bedeutung

Von

Barbara Städtler-Mach

Vandenhoeck & Ruprecht

Bibliografische Information Der Deutschen Bibliothek

Die Deutsche Bibliothek verzeichnet diese Publikation in der
Deutschen Nationalbibliografie; detaillierte bibliografische Daten sind im Internet über
<http://dnb.ddb.de> abrufbar

ISBN 3-525-62378-X

© 2004 Vandenhoeck & Ruprecht in Göttingen
Internet: www.v-r.de
Alle Rechte vorbehalten. Das Werk und seine Teile sind urheberrechtlich geschützt.
Jede Verwertung in anderen als den gesetzlich zugelassenen Fällen bedarf der vorherigen
schriftlichen Einwilligung des Verlages. Hinweis zu §52a UrhG: Weder das Werk noch
seine Teile dürfen ohne vorherige schriftliche Einwilligung des Verlages öffentlich
zugänglich gemacht werden. Dies gilt auch bei einer entsprechenden Nutzung für
Lehr- und Unterrichtszwecke.
Printed in Germany.
Satz: Textwerkstatt W. Veith, München
Druck: Hubert & Co., Göttingen

Gedruckt auf alterungsbeständigem Papier.

Vorwort

Seelsorge mit Kindern ist kein unbekanntes Gebiet mehr. Aus den Aufbrüchen in den 1980-er Jahren ist ein einigermaßen etabliertes Arbeitsfeld unserer Kirche geworden, zumindest was die großen Kinderkliniken in Deutschland betrifft. Aber auch in anderen Bereichen wie Kindergarten und Schule, Kindergottesdienst und Gemeindearbeit ist ein Bewusstsein dafür entstanden, dass Kinder durchaus auch seelsorgerliche Zuwendung in bestimmten Zeiten ihres Lebens brauchen.

In der Seelsorgelehre, die das Theorieverständnis für die konkrete Ausübung legt, sind ebenfalls Ansätze für ein gewandeltes Verständnis zu sehen. Neu ist, dass Seelsorge mit Kindern gegenüber der Religionspädagogik einen eigenen Ansatz darstellt, auch wenn natürlich Berührungspunkte und Schnittstellen existieren. Manche Themen, wie etwa Sterben und Tod, sind davon besonders betroffen.

Gleichzeitig lässt sich nicht übersehen, dass der Bereich der Kinderseelsorge noch immer als Spezialgebiet angesehen und gewertet wird. Dass von dort auch Anregungen, ja sogar Anstöße zur Veränderung der allgemeinen Seelsorge kommen können, wird in der Regel nicht erwartet. In gewisser Weise spiegelt sich in dieser Einschätzung die Bedeutung, die dem Kind in der wissenschaftlichen Theologie zu- oder besser: aberkannt wird, wider. So weist kaum eine aktuelle Darstellung theologischer Anthropologie eine eigene Behandlung des Themas Kind oder gar eine besondere Wertschätzung des Kindes auf. Dem gegenüber lässt sich durch viele Facetten der christlichen Frömmigkeitsgeschichte eine besondere Zuneigung zu einem speziellen Kind aufzeigen: die Verehrung des Jesuskindes.

Alle die genannten Aspekte kommen in der vorliegenden Arbeit zur Geltung. Dem vielfältigen und bedeutsamen Thema der Kinderseelsorge soll damit aus unterschiedlichen Blickrichtungen entsprochen werden. Das Ziel sämtlicher Überlegungen ist es letztlich, die Seelsorge mit Kindern zu bereichern und die darin liegenden hermeneutischen Möglichkeiten für die Seelsorge mit anderen Menschengruppen fruchtbar zu machen.

Diese Arbeit wurde im Jahr 2002 von der Augustana-Hochschule Neuendettelsau als Habilitationsschrift angenommen und für die Veröffentlichung überarbeitet. Was die sprachliche Darstellung betrifft, hoffe ich, auch Leserinnen und Leser, die eher der kirchlichen Praxis als der theologischen Wissenschaft zugehören, anzusprechen. Dass durch das Verwenden der neuen deutschen Rechtschreibung in meinem eigenen Text einerseits und das Zitieren der vorhandenen Literatur in der alten Form andererseits eine formale Uneinheitlichkeit entsteht, habe ich in Kauf genommen.

Das Vorhaben einer Habilitation, zumal wenn es gleichzeitig mit einer vollen Lehrtätigkeit verfolgt wird, stellt einen langen und manchmal mühevollen Prozess dar. Von der Ermunterung zur Aufnahme dieses Projektes bis hin zur Veröffentlichung wurde ich von verschiedenen Menschen unterstützt. Mein herzlicher Dank gilt vor allem Herrn Prof. Dr. Richard Riess für die fachliche Beratung und menschliche Begleitung sowie die Übernahme des Erstgutachtens, Herrn Prof. Dr. Jürgen Ziemer für das Zweitgutachten und die Unterstützung bei der Bearbeitung für die Veröffentlichung, den Herausgebern der Reihe „Arbeiten zur Pastoraltheologie" Herrn Prof. Dr. Eberhard Hauschildt und Herrn Prof. Dr. Jürgen Ziemer für die Aufnahme in diese Reihe.

Weiterhin danke ich Frau Heike Devrient für ihre Einsatzbereitschaft und Hilfe bei der redaktionellen Bearbeitung des Manuskriptes. Für die Drucklegung habe ich einen Zuschuss von der Evangelisch-Lutherischen Kirche in Bayern erhalten, für den ich ebenfalls herzlich danke.

Nicht zuletzt bedanke ich mich bei meinem Mann, der mich in diesem Projekt auf seine Weise unverdrossen unterstützt hat.

Nürnberg, im Spätsommer 2003

Barbara Städtler-Mach

Inhalt

Vorüberlegungen: Hinführung.
Fragestellungen und Ziel des Forschungsvorhabens 11
1. Hinführung zum Thema 11
   1.1. Eine erste Begegnung mit der „Kinderseele" 12
   1.2. Mein persönlicher Zugang zur Seelsorge mit Kindern 14
   1.3. Die Begegnung mit dem Kind in der Seelsorge 15
   1.4. Zur besonderen Stellung des Kindes in der
        Frömmigkeitsgeschichte 17
2. Anlage, Ziele und Methode der Untersuchung 19
   2.1. Zur aktuellen Situation der Kinderseelsorge 20
   2.2. Theologische Grundlagen der Kinderseelsorge 22
   2.3. Human- und sozialwissenschaftliche Zugänge 23
   2.4. Die pastoralpsychologische Fragestellung 24

TEIL I: GESCHICHTLICHE ENTWICKLUNG UND GEGENWÄRTIGE
SITUATION DER KINDERSEELSORGE 29

Kapitel 1: Die Entwicklung des Arbeitsfeldes Kinderseelsorge 31
1. Der Anfang: Seelsorge im Krankenhaus 31
2. Die Phase der Konzeptionalisierung 34
3. Die EKD-Fachkonferenz 37
4. Seelsorge im Kinderkrankenhaus als Antwort auf eine
   veränderte Pädiatrie 40

Kapitel 2: Die Forschungslage der Kinderseelsorge 44
1. Die Seelsorge in der Kinderklinik 44
   1.1. Die Reflexionen des praktischen Vollzugs 44
   1.2. Die Darstellung des Systems Krankenhaus 48
   1.3. Die Reflexionen zur eigenen Identität 49
   1.4. Theologische Überlegungen 50

2. Entwürfe zu einer spezifischen Seelsorge mit Kindern 52
   2.1. Kinderseelsorge in der Pastoralpsychologie: Richard Riess 52
   2.2. Kinderseelsorge in der Biblisch-therapeutischen Seelsorge:
       Michael Dieterich 55
3. Kinderseelsorge in aktuellen Entwürfen allgemeiner Seelsorgelehre 59
   3.1. Klaus Winkler: Seelsorge 59
   3.2. Jürgen Ziemer: Seelsorgelehre 63
4. Die Berücksichtigung des Kindes in den Arbeitsfeldern der Kirche 67
   4.1. Das Thema „Kind" in Verlautbarungen der Kirchenleitungen... 67
   4.2. Die Beachtung des Kindes in der Religionspädagogik 72
   4.3. Die Beachtung des Kindes in der Gemeindepädagogik 73
   4.4. Die Bedeutung des Kindes in der Diakonie 74

TEIL II: DAS VERSTÄNDNIS DES KINDES IN DER THEOLOGIE
UND DER CHRISTLICHEN FRÖMMIGKEIT 77

Kapitel 3: Zur theologischen Anthropologie des Kindes 79
1. Die Rede vom Kind in der Bibel 79
   1.1. Die Geringschätzung des Kindes 82
   1.2. Die Wertschätzung des Kindes bei Jesus 83
2. Zur theologischen Anthropologie des Kindes 84
   2.1. Zur Anthropologie des Kindes im Werk Martin Luthers 86
   2.2. Karl Rahner: Gedanken zu einer Theologie der Kindheit 91
3. Die Diskussion der Anthropologie des Kindes in der
   Praktischen Theologie 94

Kapitel 4: Frömmigkeits- und kunstgeschichtliche Aspekte zur
   Verehrung des Jesuskindes 97
1. Die Verehrung des Jesuskindes im geistlichen Lied 98
   1.1. Die Vorstellung vom kindlichen Leben Jesu:
       Das Kind in der Krippe 98
   1.2. Die Anbetung des göttlichen Kindes 99
2. Die Verehrung des Jesuskindes in der darstellenden Kunst
   und im christlichen Brauchtum 103
   2.1. Das Jesuskind im Weihnachtsbild und mit der Madonna 103
   2.2. Die Verehrung des Jesuskindes im christlichen Brauchtum 106

3. Die Verehrung des Jesuskindes im Gedicht 109
   3.1. Zum Verhältnis von Theologie und Literatur 109
   3.2. Gedichte zeitgenössischer Künstlerinnen und Künstler 110

TEIL III: HUMAN- UND SOZIALWISSENSCHAFTLICHE ZUGÄNGE
ZUR SITUATION DES KINDES IN DER GEGENWART 119

Kapitel 5: Psychologische Grundperspektiven 121
1. Die Frage nach dem Glauben im Schnittfeld von
   Psychologie und Theologie 121
   1.1. Sigmund Freud 124
   1.2. Ana Maria Rizzuto 126
2. Stufenmodelle zur Entwicklung der Persönlichkeit und
   des moralischen Urteils 126
   2.1. Jean Piaget 127
   2.2. Erik H. Erikson 128
   2.3. Lawrence Kohlberg 129
3. Stufenmodelle zur Entwicklung des Glaubens und
   des religiösen Urteils 129
   3.1. James W. Fowler 130
   3.2. Fritz Oser/ Paul Gmünder 132
   3.3. Kritische Würdigung der Stufentheorien 134
4. Die Bedeutung des Glaubens für das Kind 137
   4.1. Aspekte zum Glaubensbegriff 137
   4.2. Die Gottesvorstellung von Kindern 138

Kapitel 6: Die Situation des Kindes im Wandel der Gesellschaft 143
1. Zur sozialwissenschaftlichen Kindheitsforschung 143
2. Unterschiede in Deutschland: Ost und West 145
3. Zum Wandel der Familie 150
   3.1. Einstellung zum Kinderkriegen und zur Familie 151
   3.2. Doppelte Berufstätigkeit der Eltern 152
   3.3. Zur Situation von Scheidungsfamilien 154
   3.4. Die Lebenswirklichkeit der Ein-Eltern-Familie 155
4. Das Kind im Kontext von Krankheit, Tod und Trauer 158
   4.1. Kinder und Krankheit 159

4.2. Das sterbende Kind 165
4.3. Kinder und Trauer 169

Teil IV: Die Seelsorge mit Kindern als Beitrag zur allgemeinen Seelsorge 173

Kapitel 7: Pastoralpsychologische Perspektiven für die Seelsorge mit dem Kind 175

1. Zum Begriff der Pastoralpsychologie 175
2. Zusammenfassung der bisherigen Ergebnisse und ihre pastoralpsychologische Relevanz 182
   2.1. Zusammenfassung der Ergebnisse aus Teil I bis Teil III 182
   2.2. Die pastoralpsychologische Herausforderung 183
3. Pastoralpsychologische Perspektiven für die Seelsorge mit Kindern .. 184
   3.1. Die Betonung der Ganzheit des Kindes 184
   3.2. Zur Bedeutung des Glaubens für die Seelsorge 187
   3.3. Die spezifischen Kennzeichen des Kindes im Hinblick auf die Seelsorge 191
   3.4. Der Respekt für die Besonderheit kindlicher Lebensweise 193
4. Zusammenfassung 195

Kapitel 8: Die Bedeutung der Erkenntnisse aus der Seelsorge mit Kindern für die allgemeine Seelsorge 196

1. Zur Relevanz der Erkenntnisse aus der Seelsorge mit Kindern für die allgemeine Seelsorge 196
2. Die Seelsorge mit Dementen 198
3. Die Seelsorge auf der Intensivstation 201
4. Aspekte zur Notfallseelsorge 204
5. Zusammenfassung 207

Anhang: Text der EKD-Konferenz 208

Literaturverzeichnis 214

Register 229

Vorüberlegungen: Hinführung.
Fragestellungen und Ziel des Forschungsvorhabens

1. Hinführung zum Thema

Die Hinführung zur Auseinandersetzung mit einer Theologie der Kinderseelsorge soll zu Beginn in einer Weise geschehen, die der Begegnung mit dem Kind in der Kinderseelsorge in besonderer Weise gerecht wird. Ganz gewiss wird sie dem Kind mehr gerecht als – zumindest auf den ersten Blick – dem wissenschaftlichen Diskurs. Eine wissenschaftlich-theologische Bestimmung der Kinderseelsorge bedarf einer analytischen und reflektierenden Auseinandersetzung – dies steht außer Zweifel.

Doch wird zunächst das Kind in seiner kindlichen Gestalt, seinem Wesen, seiner Wahrnehmung im Vordergrund stehen. Ich wähle diese erfahrungsbezogene Herangehensweise an das Thema, weil sie zum einen die Besonderheit der Seelsorge mit Kindern sogleich ins Spiel bringt, zum anderen, weil die nachfolgenden Reflexionen von Anfang an in Korrelation zu dieser Erfahrung zu sehen sind.

Während der gesamten Darstellung der Seelsorge mit Kindern wird die Wahrnehmung des Kindes, die auf Erfahrung beruht, nicht außer acht gelassen werden. Eben diese Wahrnehmung – das Angesprochen sein von der Kindlichkeit des Menschen, von seinem Geruch, seiner Ausstrahlung und seiner Ausrichtung auf Wachstum und Zukunft – ist es, die den erwachsenen Menschen in der Begegnung mit einem Kind beeinflusst. In der Regel werden diese Eindrücke in der Seelsorge mit Kindern in stark ausgeprägtem Maße eine Rolle spielen. Insbesondere die Bereitschaft und der Wunsch, einem Kind in seelsorgerlicher Weise zu helfen, verstärken diese Wahrnehmungen noch.

Auf vier verschiedenen Ebenen werden wir uns der Kinderseelsorge nähern:
– Zum einen führt ein belletristisches Beispiel sehr eindrücklich an die Ergehensweise eines Kindes heran. Auch den Dichtern ist es zu verdanken, dass wir die Erlebnisse, Freuden und Nöte der Kindheit in konzentrierter, eben verdichteter Weise wahrnehmen können.
– In einem zweiten Schritt stelle ich meinen persönlichen Zugang zur Seelsorge mit Kindern dar. Dies erscheint mir nicht nur deshalb wichtig, weil meine Erfahrung in der Kinderseelsorge der Beginn einer praktisch-theologischen Reflexion war, dessen Abschluss in gewissem Sinn das vorliegende Vorhaben darstellt. Auch über den subjektiv erlebten Zusammenhang zwischen Praxis und Theorie hinaus ist der erfahrungsorientier-

te Zugang zur Seelsorge mit Kindern – pragmatisch gesehen – der häufigste und in der kirchlichen Wirklichkeit auch der vorrangige.
- In einer dritten Weise wird die Situation des Kindes in der Seelsorge aus der Begegnung heraus betrachtet. Dabei fließen sicherlich wieder meine persönlichen Erfahrungen mit ein. Jedoch wird der Zugang zum Kind eher allgemein gewählt, wobei eine Bedingung, die jede seelsorgerliche Begegnung mit einem Kind charakterisiert, im Mittelpunkt der Darstellung steht: Dass es eben ein Kind ist, dem ein Erwachsener hier begegnet. An dieser zunächst selbstverständlich klingenden Feststellung wird sich im Weiteren die Entfaltung der theologischen Reflexion orientieren müssen.
- Schließlich besteht eine Möglichkeit, sich „dem Kind" in unserem Kontext zu nähern, auch in den vielfältigen Formen, in denen der christliche Glaube seinen Bezug zum Kind, zum Kindlichen und insbesondere zum Jesuskind gestaltet hat. Die Geschichte des christlichen Glaubens zeigt – bei allen Defiziten, auf die noch einzugehen sein wird – in einer überwiegend affektiven Weise eine gewisse Vorliebe für das Kind.

Mittels dieser vier Zugänge soll das Thema erfahrungsbezogen bereitet werden.

1.1. Eine erste Begegnung mit der „Kinderseele"

„Manchmal handeln wir, gehen aus und ein, tun dies und das, und es ist alles leicht, unbeschwert und gleichsam unverbindlich, es könnte scheinbar alles auch anders sein. Und manchmal, zu anderen Stunden, könnte nichts anders sein, ist nichts unverbindlich und leicht, und jeder Atemzug, den wir tun, ist von Gewalten bestimmt und schwer von Schicksal."[1]

So beginnt die Erzählung Hermann Hesses mit dem Titel „Kinderseele" aus dem Jahr 1918, in der der Dichter ein Erlebnis verarbeitet, bei dem er 12 Jahre alt war. Das unerlaubte Wegnehmen einiger Feigen aus dem Zimmer seines Vaters führt ihn zu größten Gewissensbissen, zu denen bei der Entdeckung des Diebstahls durch den Vater noch kleinere Lügen treten, so dass der Junge schließlich Qualen erlebt – bis sie aufgehoben werden durch die großzügige Haltung des Vaters, sein Verständnis dem Sohn gegenüber und seine Verzeihung.

Der Titel „Kinderseele" ruft natürlich Assoziationen sprachlicher Art zu unserem Thema hervor. Doch auch der Sache nach geht es um eine Nähe zur Kinderseelsorge: Zweifellos wird in Hesses Kindheitserleben zunächst nichts von dem sichtbar, was wir heute – über hundert Jahre nach diesem Ereignis – mit „Seelsorge" bezeichnen. Im Gegenteil: Der Junge erlebt sein Geständnis und die darauf folgenden Strafen als quälend und sich selbst als

---

1 Hesse, Hermann: Kinderseele (1918), Taschenbuchausgabe, Frankfurt a.M./Leipzig 1998, 9.

völlig unzulänglich. Doch immerhin: Der Vater verhält sich so, dass sein Sohn wieder zu einer inneren Freiheit kommt.

„Am Abend dieses traurigen Sonntags gelang es meinem Vater, kurz vor Schlafengehen mich noch zu einem kurzen Gespräch zu bringen, das uns versöhnte. Als ich im Bett lag, hatte ich die Gewißheit, daß er mir ganz und vollkommen verziehen habe – vollkommener als ich ihm."[2]

Das Gespräch schließlich löst die Verstrickung des Kindes, seine Schuldgefühle und seine Verzweiflung wieder auf.

Auf eine zweifache Weise nähern wir uns mit dieser eindrücklichen Erzählung Hermann Hesses dem Thema Kinderseelsorge. Zum einen beschreibt der Dichter die kindliche Seele und ihre unterschiedlichen Zustände: Manchmal erscheint dem Kind das Leben leicht und hell, dann wieder ahnt oder erlebt es etwas von dem, was die Erwachsenen mit dem Wort „Schicksal" bezeichnen. Für ein Kind steht die Wahrnehmung des Erlebten im Vordergrund: Glück oder Unglück, Leicht- oder Bedrücktsein, sich geborgen oder verloren fühlen, Sicherheit oder Angst verspüren. Eine Reflexion dieser Zustände, gar eine Wertung oder Einordnung in den größeren Zusammenhang eines Lebens steht noch aus. In diesem Sinn beschreibt Hermann Hesse das kindliche Leben in seiner seelischen und sozialen Dimension einfühlsam und überdies authentisch.

Auch in einem zweiten Sinn kommt er der dichterischen Darstellung einer „Seelsorge" für dieses Kind sehr nahe. Deutlich wird in den Qualen des Kindes, wie sehr sich der Junge im Gegenüber zum Vater versteht und in welch hohem Maß er die vom Vater gelebten Werte und die von ihm gesetzten Maßstäbe übernommen hat. Gerade in seinem Fehler, dem Diebstahl der Feigen, der ihm zur großen Not wird, erfährt sich das Kind völlig auf die Beziehung zum Vater zurückgeworfen und auf dessen Reaktion angewiesen. Ob es sich zukünftig mit seinem Verhalten akzeptieren kann, ob es die Erfahrung macht, dass Verzeihung und erneute Akzeptanz gewährt wird, hängt in hohem Maße von dem Vater ab.

Lassen wir die nach heutigem Verständnis zweifellos als streng einzuschätzende Maßnahme vor der Versöhnung – der kleine Hermann wird den ganzen Sonntagnachmittag eingesperrt – als in der Zeit begründet ruhig so stehen. Schließlich ist doch die „kurze" Aussprache zwischen Vater und Kind zur friedlichen Beendigung des Tages und seiner besonderen Angelegenheit entscheidend.

Die Erzählung „Kinderseele" macht deutlich, dass es bei Kindern und deren seelischen Belangen um höchst sensible Phänomene geht. Keineswegs sind Kinder immer von Minderwertigkeitsgefühlen und von Hilflosigkeit gekennzeichnet. Den Erlebnissen von Abhängigkeit und Schwäche sind viele Erfahrungen von Mut, Können und Abenteuerlust gegenüberzustellen.

---

2 A.a.O. 69.

Jedoch sind Kinder immer noch am Anfang, noch leicht zu beeinflussen, zu prägen und zu fördern, aber eben auch zu verbiegen, zu quälen und zu beschädigen.

1.2. Mein persönlicher Zugang zur Seelsorge mit Kindern

Der Ausgangspunkt meiner Beschäftigung mit der Seelsorge mit Kindern ist meine praktische Erfahrung als Seelsorgerin in einem Kinderkrankenhaus. Kranke und auf Hilfe angewiesene Kinder, ihre Wahrnehmung der ungewöhnlichen Umgebung, die Auseinandersetzung mit ihrer Krankheit, manchmal auch mit den dadurch entstehenden Einschränkungen habe ich viele Jahre erlebt.

Dabei handelte es sich bei den Begegnungen mit diesen Kindern nicht um „Beobachtungen". Die kranken, insbesondere die unheilbar kranken und sterbenden Kinder haben bei mir Empfindungen und Einstellungen hervorgerufen, die ich als jemand, der überwiegend gesunde Kinder erlebt, kaum gekannt habe. Der Anblick eines leidenden Kindes, seine Schmerzen und womöglich sein Tod stellten mich vor emotionale Anforderungen, für die mir bis dahin praktisch keine geeigneten Umgangsmöglichkeiten zur Verfügung standen.

In der Seelsorge mit Kindern habe ich gelernt, diesen Herausforderungen standzuhalten und den Kindern zu begegnen. Mehr noch: Die Seelsorge mit Kindern ist gerade in der Krankenhaussituation konkret geworden. Meinen Teil dabei will ich vorweg skizzieren – Seelsorge, wie ich sie verstehe:

Seelsorge ist die Zuwendung zu einem Menschen, der sich in einer besonderen Lebenssituation, möglicherweise sogar in einer Krise befindet. Diese Zuwendung geschieht von Seiten der Seelsorgerin aus in dem Bewusstsein, dass der christliche Glaube, der sie selber trägt, auch diesem Menschen zu neuer Lebensgewissheit verhelfen kann. In der Regel vollzieht sich diese Seelsorge in einem kirchlichen Kontext und gründet in dem kirchlichen Auftrag zur Seelsorge.

Konzeptionell bin ich dem pastoralpsychologischen Ansatz der Seelsorge verpflichtet. Das bedeutet: Die Seelsorge bezieht sich in ihrem Menschenbild sowohl auf theologische wie auch auf human- und sozialwissenschaftliche Erkenntnisse.[3] Bezüglich der methodischen Ausrichtung kann ich zunächst auf die summarische Beschreibung bei Jürgen Ziemer zurückgreifen:

---

3 Vgl. zum Ganzen: Riess, Richard: Seelsorge am kranken Menschen. Eine Skizze zur Entwicklung und Ausbildung der klinischen Seelsorge, in: Ders.: Sehnsucht nach Leben. Spannungsfelder, Sinnbilder und Spiritualität der Seelsorge, Göttingen 1987, 127–138, 136f.

"Die pastoralpsychologische Herangehensweise bedeutet ... methodisch, dass die Konfliktlagen des Einzelnen und der zwischenmenschliche Kommunikationsvorgang in der Seelsorge auch unter psychologischen Gesichtspunkten betrachtet werden. Zugleich ist damit eine prinzipielle Offenheit für Handlungsansätze und Handlungsmodelle intendiert, die durch die pastoralpsychologische Bewegung für die Seelsorgepraxis erschlossen wurden."[4]

Die oben genannten konkreten Herausforderungen und die Möglichkeiten, sie zu bewältigen, habe ich mehrfach reflektiert.[5] In der Folge und in der Auseinandersetzung mit anderen Theologinnen und Theologen ist für mich die Frage einer Einordnung der Kinderseelsorge in die „Landschaft" der Seelsorgelehre immer bedeutsamer geworden. In vielen interessanten Entwürfen neuerer Seelsorge-Theorien werden die Kinder nur am Rand gestreift und sind – wenn überhaupt – irgendwie auch „mitgemeint".[6] Die eigentliche Bedeutsamkeit ihres Lebens, ihres Lebens*abschnittes*, ist oft nicht im Blick – mit Ausnahmen, auf die noch einzugehen sein wird.

Gleichzeitig beschäftigt mich seit langem die Frage, in welcher Weise die Botschaft des Glaubens, dass Gott ein Kind wird, für die Seelsorge mit Kindern bedeutsam ist. Nicht lediglich „als Mensch" hat sich Gott geoffenbart, sondern „im Kind".[7] Ohne eine biblische oder theologische Anthropologie vorwegnehmen zu wollen, liegt doch der Gedanke nahe, dass dies enorme Bedeutung für die Zuwendung zum Kind haben muss.

Aus der praktischen Tätigkeit der Seelsorge mit Kindern ist der Wunsch und nunmehr die Absicht entstanden, die Kinderseelsorge praktisch-theologisch zu reflektieren und ihr innerhalb der Seelsorgelehre den gebührenden Platz zu verschaffen. Mehr noch: Ich gehe davon aus, dass die Seelsorge mit Kindern und eine sorgfältige Betrachtung der theologisch-anthropologischen Prämissen sowie die pastoralpsychologischen Konsequenzen eine nicht zu unterschätzende Wirkung auf eine weitere Seelsorgetheorie haben.

1.3. Die Begegnung mit dem Kind in der Seelsorge

„Wir werden immer größer, jeden Tag ein Stück,
wir werden immer größer, das ist ein Glück.
Große bleiben gleich groß oder schrumpeln ein,
wir werden immer größer, ganz von allein."

---

4 Ziemer, Jürgen: Seelsorgelehre, Göttingen 2000, 17.
5 Die umfassendste Darstellung ist: Städtler-Mach, Barbara: Seelsorge mit Kindern. Erfahrungen im Krankenhaus, Göttingen 1998.
6 Dass dieses „Mitmeinen" schon in biblischen Texten anzutreffen ist, konstatiert Peter Müller bei der Beschäftigung mit Kindern im Neuen Testament. Vgl. dazu: Müller, Peter: In der Mitte der Gemeinde. Kinder im Neuen Testament, Neukirchen 1992, 16.
7 Städtler-Mach a.a.O. 136ff.

Dieses zeitgenössische Kinderlied, das sich in Kindergärten und -gruppen großer Beliebtheit erfreut, zeigt ein Lebensgefühl, das für viele Kinder grundlegend ist:

Ihr Dasein ist auf Wachstum und „Großwerden" ausgerichtet. Beinahe täglich erleben sie, dass sie etwas Neues lernen oder beherrschen, was ihr Selbstbewusstsein steigert und ihr Weltbewusstsein erweitert. Die Blickrichtung, die das Leben bestimmt, ist die nach vorwärts gewandte.

Auf diese Weise erleben sowohl Kinder selbst als auch die Erwachsenen, die mit ihnen oder in ihrem Umfeld leben, was Wachstum bedeutet. Der Umgang mit dem Kind – ob in täglichen Sequenzen wie bei den Eltern oder in Abständen von mehreren Tagen oder Wochen wie bei Großeltern und Verwandten – zeigt, wie ein Mensch wird und wächst. Diese Begegnungen sind oft so nachhaltig, dass sich der Erwachsene seines eigenen Werdens vielfach sehr deutlich bewusst wird.

Die Begegnung mit einem Kind, das uns in der seelsorgerlichen Situation gegenübertritt, ist dem gegenüber von einem anderen Lebensgefühl gekennzeichnet. Zeiten, in denen Seelsorge „notwendig" ist, sind nicht gerade die vordergründig wachstumsorientierten: Zeiten der Krise, der Krankheit, des Kummers, der Einsamkeit oder der Angst – oder Zeiten, in denen für das Kind mehrere dieser Erfahrungen auf einmal zusammentreffen. Wer Kindern seelsorgerlich begegnet, sie also in einer Phase ihres Lebens antrifft, in denen es ihnen „schlecht geht", erlebt Kinder gerade nicht in der Art, wie Kinder überwiegend leben.

So gesehen handelt es sich bei der Seelsorge mit Kindern um ein ambivalentes Geschehen. Einerseits treffen Erwachsene auf die „Zukunftsträger" Kinder, andererseits erleben sie gerade diese Kinder in einer leidvollen Situation, in der die Zukunft mehr verstellt ist als anregend vor dem Kind liegt. Einerseits wird ein Kind, insbesondere ein Neugeborenes oder ein Baby, immer auch als Wunder gesehen. Andererseits ist das Leben eines Kindes in der Krise, die die Seelsorge erforderlich werden lässt, gefährdet und beeinträchtigt.

Sehr anschaulich werden diese Ambivalenzen in dem Bericht einer Mutter deutlich: Sie bekommt Zwillinge, von denen einer bald nach der Geburt stirbt, der andere eineinhalb Jahre auf der Intensivstation um das Überleben kämpfen muss:

„Trotz aller Schwierigkeiten entwickelte sich unser Junge: Er wurde wacher, freundlicher und zutraulicher. Er konnte uns genauso wie gesunde Kinder mit einem bezaubernden Lächeln beglücken. Er verschlang mit seinen drei Monaten auf Anhieb eine halbe Banane. Er war – hätte man die Apparatur an seinem Hals übersehen – ein völlig normaler aufgeweckter Junge. Zusehends wurde er auch zum Liebling der Abteilung.

Wir hätten ihn so gerne nach Hause geholt. Wir hofften zuerst auf März (auf den eigentlichen Geburtstermin), dann auf Ostern, dann auf einen neuen Start zusammen mit ihm in der neuen Wohnung, dann auf den Muttertag, auf Werners Geburtstag, auf die Sommerferien, auf Céciles Geburtstag ... Leider vergingen alle Festtage ohne ihn ...

Im Tagebuch steht: ‚Und noch immer ist er im Krankenhaus. In diesem Sinne arbeitet die Zeit gegen uns. Nerven werden aufgezehrt. Wir mögen nicht nur mehr immer nur warten ...'"[8]

Und schließlich: Einerseits erinnert das Kind den Erwachsenen immer auch an die Grenzen des Machbaren, indem sein Leben ja letzten Endes als Geschenk erlebt wird. Andererseits ruft die bedrängte oder bedrohte Situation eines Kindes die Aktion des Erwachsenen in irgendeiner Form hervor. Nicht zuletzt das Mitleiden des Erwachsenen angesichts eines Kindes, das der Seelsorge bedarf, provoziert in ihm die Bereitschaft zur Fürsorge und zum Helfen.

Durch die Begegnung mit einem Kind in einer Situation, in der es der Seelsorge bedarf, gerät der erwachsene Mensch in diese beschriebene Ambivalenz. Sie wird noch gesteigert, wenn sich die Seelsorgerin oder der Seelsorger vergegenwärtigt, dass sie oder er dieses Kind „im Angesicht Gottes" wahrnimmt. Wer ein Kind immer auch als Geschöpf Gottes und als „Kind Gottes" ansieht, wird die Not des Kindes auch in dieser Richtung zu verstehen suchen.

1.4. Zur besonderen Stellung des Kindes in der Frömmigkeitsgeschichte

Ein Blick in die Geschichte des christlichen Glaubens zeigt, dass dem Kind im Hinblick auf sein Verhältnis zu Gott und damit auch in der Weise, wie dem Kind Zuspruch gegeben werden kann, eine besondere Stellung eingeräumt wird.

Wohl gibt es die lange Geschichte der Kirche, in der das Kind nur unter ganz bestimmten Gesichtspunkten betrachtet wurde: Es sei noch nicht „fertig" und damit auch kein „vollwertiger" Christenmensch.[9] Auch die lange Geschichte der Kindheit, die keineswegs eine Geschichte des Behütet- und Geborgenseins darstellt, zeigt, wie wenig zugewandt und liebevoll dem Kind oft begegnet wurde und wie gering es vielfach eingeschätzt wurde.[10]

Und doch gibt es in der Geschichte des Glaubens auch im Hinblick auf das Kind einen positiven Zug. Was die Beter und Dichterinnen davon „zu singen und zu sagen" wissen, trägt auch heute noch vielfach die annehmen-

---

8 Schwizer, Viviane: Januarkinder. Vom Überleben auf der Intensivstation, Zürich 1988, 60.

9 Vgl. zum Ganzen: Schweitzer, Friedrich: Die Religion des Kindes. Zur Problemgeschichte einer religionspädagogischen Grundfrage, Gütersloh 1992.

10 Die Standardwerke sind hier zu nennen: Ariès, Philippe: L'enfant et la vie familiale sous l'ancien régime, Paris 1960, Deutsch: Geschichte der Kindheit, München 1975; de Mause Lloyd (Hg.): The History of Childhood, New York 1974, Deutsch: Hört ihr die Kinder weinen. Eine psychogenetische Geschichte der Kindheit, Frankfurt a.M. 1977.

de und tröstende Haltung der oder des Seelsorgenden: Gebete und Zuspruch wie „und nimm dein Küchlein ein", „kennt auch dich und hat dich lieb" oder „Weil ich Jesu Schäflein bin" sind Texte, die die besondere Verbindung des Kindes zu Gott und auch in umgekehrter Richtung beschreiben.

Schließlich ist bei einer ersten Annäherung an das Kind in der Seelsorge noch von Bedeutung, dass Gott selbst immer wieder als Kind dargestellt und in der Form des Jesuskindes auch verehrt wird. Die liebevolle, zugewandte Haltung, die vielen Erwachsenen einem Kind, zumindest einem kleinen Kind gegenüber zu eigen ist, wird darin auch auf das Kind Jesu, das göttliche Kind übertragen. Zahlreiche Lieder singen davon wie beispielsweise „O Jesulein süß, o Jesulein zart". Die unübertroffene Haltung der Anbetung kommt in dem wohl bekanntesten und keineswegs nur von Kindern geschätzten Weihnachtslied zum Ausdruck:

„Ihr Kinderlein, kommet, o kommet doch all,
zur Krippe her kommet, in Bethlehems Stall,
und seht, was in dieser hochheiligen Nacht
der Vater im Himmel für Freude uns macht.

O seht in der Krippe im nächtlichen Stall,
seht hier bei des Lichtleins hellglänzendem Strahl
in reinlichen Windeln das himmlische Kind,
viel schöner und holder, als Engel es sind.[11]

Gleichzeitig mag für manche Seelsorgerinnen und Seelsorger auch die Haltung, die Jesus selbst Kindern gegenüber zum Ausdruck gebracht hat, leitend und motivierend sein. Der Aufruf „Lasst die Kinder zu mir kommen" wird insbesondere im Hinblick auf Kinder in Nöten wahrgenommen. Nicht nur christlich denkende und glaubende Menschen sind von dieser Seite Jesu berührt. Müller weist darauf hin, dass sogar Karl Marx von der Kindbezogenheit Jesu beeindruckt war:

„Er bemerkte oft, daß ihm am Christus der Bibel am besten dessen große Kinderfreundschaft gefalle."[12]

So wird auch auf den Umgang Jesu mit den Kindern in unserem Zusammenhang noch einzugehen sein.

Zusammenfassend lässt sich festhalten: Diese erste Annäherung an eine Begegnung mit dem Kind in der Seelsorge macht bereits Wichtiges deutlich. In hohem Maße ist die Kinderseelsorge von der Beziehung des Kindes zum Erwachsenen und umgekehrt bestimmt. Was für den Erwachsenen, der sich durch das Kind anrühren und in seiner Bereitschaft zur Seelsorge stimulieren lässt, zutrifft, gilt natürlich auch umgekehrt für das Kind: Alles, was in der Seelsorge geschieht, bedarf der Form der geglückten Beziehung

---

11 Christoph von Schmid (1798) 1811, Evangelisches Gesangbuch Nr. 43.
12 Müller a.a.O. 30 Anm. 51.

zwischen dem Erwachsenen und dem Kind. In welchem Rahmen die spirituelle Dimension dabei als Motiv oder in der Wirkung von Bedeutung ist, wird eigens zu bedenken sein.

Nach diesen vier verschiedenen, von persönlichen und affektiven Faktoren bestimmten Zugängen zum Thema soll nun das Ziel der wissenschaftlichen Bearbeitung des Themas benannt werden.

2. Anlage, Ziele und Methode der Untersuchung

Die wissenschaftliche Auseinandersetzung mit dem Thema Kinderseelsorge wird von folgenden Fragestellungen aus ansetzen:

Zunächst ist die *Stellung der Seelsorge mit Kindern innerhalb der Seelsorge im Allgemeinen* und damit innerhalb der kirchlichen Vollzüge zu betrachten. Die Fragestellung geht dahin zu ergründen, wodurch dieses „neue" Handlungsfeld kirchlicher Seelsorge entstanden ist, auf welche Herausforderungen es die Antwort darstellt und wie sich dieser Teil kirchlicher Seelsorge entwickelt hat.

Sodann ist nach dem *Verständnis des Kindes in der theologischen Anthropologie* zu fragen, wobei in der Auswahl der Texte exemplarisch vorgegangen werden muss. Das Vorkommen der Frage nach dem Kind und der Bedeutung der Kindheit für das gesamte menschliche Leben ist im Rahmen der Systematischen Theologie sehr spärlich. Die Klärung, welche Verfasser oder welche ihrer Texte für eine Darstellung innerhalb der Theologie herangezogen werden, erfolgt deshalb eher nach dem tatsächlichen Vorhandensein von Darstellungen, in denen das Kind zum Gegenstand gemacht wird, als nach einer inhaltlich zu treffenden Auswahl.

Neben der theologischen Reflexion über das Kind nimmt die *Verehrung des Kindes – des Jesuskindes, Christkindes, göttlichen Kindes – in der Tradition des Glaubens, in Frömmigkeit und Brauchtum und in der Kunst* einen breiten Raum ein. Diese Aspekte sollen ebenso einbezogen werden, denn in diesen Formen äußert sich der christliche Glaube und besonders die Haltung dem Jesuskind gegenüber.

Als ein dritter Bereich sind human- und sozialwissenschaftliche Kenntnisse von den Bedingungen des Kindseins in der gegenwärtigen Realität der Bundesrepublik Deutschland darzustellen.

Dabei wird zunächst die *Frage nach dem Glauben* aufgegriffen, die in der Formulierung unterschiedlicher Stufentheorien auf vielfältige Weise angegangen wurde. Die Beantwortung dieser religionspsychologischen Frage ergibt eine Perspektive, die im wesentlichen der Sicht des einzelnen Menschen entspricht. Inwieweit die *Veränderungen in der Gesellschaft im Allgemeinen* wie auch in der Familie im besonderen die Lebenssituation der Kinder prägen, spielt für die Frage nach der Seelsorge eine entscheidende Rolle. Hier sind – ebenfalls exemplarisch – einige Aspekte aufzugreifen: Die Situation in Ost und West innerhalb Deutschlands sowie der Wandel der Familie. Der Themenbereich Krankheit, Sterben, Tod und Trauer nimmt dann wieder das überwiegend subjektive Erleben des Kindes in den Blick.

In einem vierten Schritt stellen wir uns der Frage nach einer *pastoralpsychologisch verantworteten Seelsorge* mit Kindern. Hier ist aus der Zusammenschau der bis dahin entfalteten Aspekte einerseits und der Einführung neuer und zusätzlicher Perspektiven andererseits ein Entwurf für die Seelsorge mit Kindern zu erstellen. Zu unterscheiden hätte er sich von den bereits bestehenden Reflexionen durch einen Ansatz, der sowohl die theologisch-anthropologischen wie auch die empirisch-sozialwissenschaftlichen Erkenntnisse zusammenführt und dadurch einen spezifisch pastoralpsychologischen Zuschnitt besitzt. Insofern geht es dabei weniger um Hilfestellung für die Praxis als um die Darstellung einer Lehre für die Seelsorge mit Kindern.

Im Anschluss daran ist die Frage zu stellen, inwieweit eine derart begründete und entsprechend gestaltete Seelsorge mit Kindern *Anstöße für die Seelsorge im Allgemeinen*, also im Hinblick auf andere Zielgruppen als Kinder gibt. Hier werden eher Anstöße als Antworten die Zielvorstellung sein, womit wiederum ein Ausblick auf weitere Forschungsmöglichkeiten und -notwendigkeiten gegeben wird.

Die skizzierten vier Schwerpunkte dieser Untersuchung sind im folgenden noch näher zu charakterisieren.

2.1. Zur aktuellen Situation der Kinderseelsorge

Der Ausgangspunkt unseres Vorhabens ist die Fragestellung bezüglich des neuen Arbeitsfeldes Kinderseelsorge innerhalb der Kirche. Wie kam es zu einer *Kinderseelsorge*? Was war die Ausgangssituation, was der Auslöser? Wie hat sich die Kinderseelsorge entwickelt, wie ist ihre jetzige Situation? Erbringt die Seelsorge mit Kindern Erkenntnisse über das Kind und über die Seelsorge?

Zunächst wird dargestellt werden, was mit dem Begriff Kinderseelsorge aktuell gemeint ist. Dadurch wird ein bestimmtes Verständnis von Kinderseelsorge vorausgesetzt: Beschrieben wird, was gegenwärtig damit im Rahmen der Kirche benannt wird. Im wesentlichen ist dabei die Seelsorge mit kranken Kindern im Blick, auch wenn die Reflexionen zur Seelsorge mit Kindern (und Jugendlichen) weit darüber hinaus gehen. Da wir hier mit einem relativ neuen Gebiet der Seelsorge befasst sind, wird sich der geschichtliche Rückblick auf eine kurze Zeitspanne erstrecken.[13]

Geht man von der Tatsache aus, dass es sich bei der Seelsorge mit Kindern um eine bestimmte Menschengruppe handelt, ist zunächst danach zu

---

13 Als umfassende Darstellung für die Arbeitsgebiete der Kinderseelsorge ist zu nennen: Riess, Richard/ Fiedler, Kirsten (Hg.): Die verletzlichen Jahre. Handbuch zur Beratung und Seelsorge an Kindern und Jugendlichen, Gütersloh 1993.

fragen, wie diese in den allgemeinen Seelsorge-Entwürfen bedacht wird. Denkbar ist, dass Kinder in Reflexionen zur Seelsorge gewissermaßen im Blick, wenn vielleicht auch nicht eigens sprachlich genannt sind. Gleichzeitig kann die aktuelle Seelsorgelehre auch daraufhin untersucht werden, inwieweit und in welcher Weise die Seelsorge mit Kindern thematisiert wird. Für dieses Vorhaben wird vom gegenwärtigen Forschungsstand der Seelsorgelehre auszugehen sein.[14]

Summarisch ist danach zu fragen: Ist es gelungen, die Kinderseelsorge in die allgemeine Poimenik mit aufzunehmen oder haben wir es mit einem „Spezialgebiet" zu tun? Die Interdependenzen von Kinder- und allgemeiner Seelsorge sind dahingehend aufzuzeigen. Denn Seelsorge mit Kindern ist *ein* Arbeitsfeld kirchlicher Seelsorge.

Diese Überlegung nimmt dabei die Frage auf, ob es sich bei der Kinderseelsorge um eine Art „Genitiv-Beschreibung" handelt, wie sie im Bereich der Theologie seit langem bekannt ist. Programmatische Bezeichnungen wie „Theologie der Hoffnung"[15] oder „Theologie der Schöpfung"[16] lassen den Schluss zu, durch die Genitiv-Verbindung werde eine neue, exklusiv verstandene Denkweise vorgestellt.

Dieser Gedanke liegt bei einer Wortbildung wie „Kinderseelsorge" ebenso nahe. So könnte die Vorstellung entstehen, hier werde zu bereits bestehenden Entwürfen von Seelsorge ein neuer als Ergänzung, Weiterführung oder eben Neuschöpfung auf einem speziellen Bereich hinzugefügt. Ähnlich verhielte sich die Konzeptbildung in anderen Bereichen wie bei der Seelsorge mit Depressiven[17], Seelsorge mit alten Menschen[18] oder Seelsorge mit Schwerhörigen.[19]

Diese Vorstellung hat ihre Berechtigung: Bei den genannten Beispielen handelt es sich um spezielle Arbeitsfelder – im kirchlichen Sprachgebrauch Sonderseelsorge genannt –, die sich vor allem dadurch profilieren, dass sie bestimmte Personengruppen und deren spezifische Lebensbedingungen im Blick haben. Kenntnisse über deren besondere Lebensumstände und seelsorgerliche Herausforderungen, die sich daraus ergeben, stehen dabei im Vordergrund. Das soll nicht den Eindruck erwecken, als gälte die Seelsorge-Konzeption, die für ein Arbeitsfeld tauglich ist, nicht auch für ein anderes. Zumindest lässt sich generell davon ausgehen, dass Seelsorge ein Anliegen hat, das wohl unterschiedlich beschrieben und festgesetzt werden kann, das in dieser Festlegung jedoch für Menschen in allen Altersstufen und Lebens-

---

14 Das betrifft im Wesentlichen zwei neue, dennoch bereits als fundamentale Grundlage zu sehende Werke: Winkler, Klaus: Seelsorge, Berlin/ New York 1997. Ziemer, Jürgen: Seelsorgelehre. Eine Einführung für Studium und Praxis, Göttingen 2000.
15 Moltmann, Jürgen: Theologie der Hoffnung, München 12. Aufl. 1985.
16 Sölle, Dorothee: Lieben und Arbeiten. Eine Theologie der Schöpfung, München 2001.
17 Fairchild, Roy W.: Seelsorge mit depressiven Menschen, Mainz 1991.
18 Themenheft „Seelsorge mit alten Menschen" WzM (48) 1996/7.
19 Gewalt, Dietfried (Hg.): Schwerhörigenseelsorge im Gespräch, Nordhorn 1991.

lagen dienlich sein muss. Doch gibt es darüber hinaus natürlich Ausformungen und spezielle Anliegen, die für einzelne Personengruppen stark im Vordergrund stehen, für andere möglicherweise gar nicht wesentlich sind.

Aus dieser Vorüberlegung heraus wird also danach zu fragen sein, wie die Seelsorge mit Kindern in der „Seelsorge-Landschaft" zu stehen kommt.

Da es sich bei der Seelsorge mit Kindern um ein kirchliches Arbeitsfeld handelt, ist auch zu darauf schauen, wie das Kind in der Kirche insgesamt seinen Platz findet. Keineswegs gerät es dabei nur in der Seelsorge in den Blick: In hohem Maße ist das Kind auch in anderen Bereichen präsent.

Neben den verschiedenen Angeboten, die in der Kirchengemeinde und auf überparochialer Ebene für Kinder existieren, ist auch die erhöhte Aufmerksamkeit für die Kinder im Bereich der Kirchenleitung zu sehen. So haben sich mehrere Synoden mit dem Kind und der Kindheit beschäftigt.[20]

Von außen betrachtet zeigt sich ein umfangreiches Spektrum von Aktivitäten, die dem Kind gewidmet sind. Die Frage wird sich daraufhin zuspitzen, wie die Seelsorge mit Kindern in diesem Spektrum, mit dem die Kirche auf die Lebensbedingungen der Kinder „antwortet", zu vernetzen ist.

2.2. Theologische Grundlagen der Kinderseelsorge

Um die Stellung des Kindes in einer Lehre von der Seelsorge zu beschreiben, ist als wesentlicher Bezugspunkt die theologische Anthropologie zu betrachten. Dabei betreffen die Grundfragen den Menschen insgesamt, unabhängig von Alter und Befindlichkeit. Gleichzeitig sind gerade die Aussagen, die das Wesen des Menschen beschreiben, im Hinblick auf das Kind relevant. So schreibt Christoph Bizer:

„Sind *Kindheit und Jugend eigenständige Weisen des Menschseins*, dann bleibt die *Frage* wach, *wie* dieses Menschsein denn nun beschaffen sei. Kindheit und Jugend werden zum Gegenstand empirischer Forschung und anthropologischer Rückfrage."[21]

Darüber hinaus richtet sich die Fragestellung auf die Aussagen, die die Besonderheit des Kindes im Gegenüber zum erwachsenen Menschen beschreiben. Insbesondere sind die Aussagen Jesu über die Beispielhaftigkeit und Vorbildhaftigkeit von Kindern zu betrachten.

Wie schon angedeutet ist auch die Frage nach der Kindwerdung Gottes selbst von Bedeutung. Dabei ist weniger die Inkarnations*lehre* für unseren Zusammenhang interessant als vielmehr die emotionale Rezeption dieses Glaubensinhalts. Die jährlich wiederkehrende Botschaft an Weihnachten

---

20 Synode der Evangelischen Kirche in Deutschland: Aufwachsen in schwieriger Zeit – Kinder in Gemeinde und Gesellschaft, Gütersloh 1995.
21 Bizer, Christoph: Auf dem Weg zu einer praktischen Anthropologie des Kindes und des Jugendlichen, in: Riess/ Fiedler (Hg.) a.a.O. 743–756, 744.

mit der Verehrung des Kindes durch Hirten und die Weisen aus dem Morgenland hat den christlichen Glauben wesentlich geprägt.

Selbst wenn immer wieder die Vorrangstellung der österlichen Botschaft ins Feld geführt wird, lässt sich doch mit einem Blick in die Frömmigkeitsgeschichte einerseits und auf die gegenwärtige Bedeutung christlichen Brauchtums andererseits unschwer feststellen, dass die Beliebtheit der Weihnachtsgeschichte die der Ostergeschichten übersteigt.[22] Insbesondere die Vielzahl der Darstellungen des Kindwerdung Gottes in den Formen der Kunst gibt eine eindrucksvolle Wirkungsgeschichte dieses christlichen Glaubensinhaltes wieder.

Aus diesen vielfältigen Fragestellungen wird sich ein Spektrum biblisch-theologischer und frömmigkeitsgeschichtlicher Antworten auf die Frage nach dem Kind ergeben.

2.3. Human- und sozialwissenschaftliche Zugänge

Da sich eine Theologie der Kinderseelsorge mit der Situation des Menschen in einem bestimmten Lebensalter und unter komplex bestimmten Lebensumständen beschäftigt, ergibt sich die Frage nach den Bedingungen, die von außen diesen Lebensabschnitt gestalten. Für die gesamte Praktische Theologie gilt, was Jürgen Ziemer für die Seelsorge fordert:

„Seelsorgerliche Arbeit muss darum verbunden sein mit wacher Aufmerksamkeit für die Verhältnisse, in denen das Individuum lebt."[23]

So ist zum einen nach dem Kindsein in unserer Gesellschaft zu fragen. Anhand human- und sozialwissenschaftlicher Fakten sowie differenzierter Beobachtungen ist zu beschreiben, was „Kindsein" heute bedeutet.

Dabei kann es in unserem Zusammenhang nicht um eine systematische oder gar umfassende Darstellung gehen.[24] Vielmehr werden exemplarisch wesentliche Aspekte aufgezeigt: Die Entwicklung des Glaubens, die unterschiedlichen Verhältnisse in West- und Ostdeutschland, der Wandel der Familie, der gesellschaftliche Umgang mit Krankheit und Behinderung bei Kindern sowie das weite Spektrum der Erfahrung von Sterben, Tod und Trauer bei Kindern.

---

22 Vgl. dazu: Bieritz, Karl-Heinrich: Der Weihnachtsfestkreis, in: Ders.: Das Kirchenjahr. Feste, Gedenk- und Feiertage in Geschichte und Gegenwart, München 1998, 187–201.
23 Ziemer a.a.O. 21.
24 Die Ergebnisse der sozialwissenschaftlichen Kindheitsforschung sind jedoch dabei durchaus im Blick. Vgl. zum Ganzen: Deutsches Jugendinstitut (Hg.): Was für Kinder. Aufwachsen in Deutschland, München 1993; Markefka, Manfred/ Nauck, Bernhard (Hg.): Handbuch der Kindheitsforschung, Neuwied 1993.

2.4. Die pastoralpsychologische Fragestellung

Das Ziel der Untersuchung ist eine Darstellung der Seelsorge mit Kinder, die den Kriterien der Pastoralpsychologie entspricht. Es geht folglich um wesentlich mehr als um eine reflektierte Praxisbeschreibung oder gar eine „Hilfestellung" für die Praxis.

Natürlich wird sich eine sinnvoll erarbeitete Theorie an den Bedingungen der Praxis messen lassen müssen – ebenso wie die Konzeption einer Theorie von den Realitäten der Praxis ausgeht. Dieses Korrelationsverhältnis im Hinblick auf die pastoralpsychologischen Herausforderungen der Seelsorge mit Kindern zu beschreiben, ist der wesentliche Ansatz in diesem vierten Teil.

Da Seelsorge grundsätzlich immer die Dimension des Glaubens mit bedenkt, stellt sich eine zweite pastoralpsychologische Frage: Inwiefern ist der Glaube – welcher Intensität und welchen Inhaltes soll zunächst offen bleiben – Voraussetzung für eine Seelsorge mit Kindern? Oder umgekehrt: Sind Kinder, solange sie nicht „glauben" und diese innere Haltung und ihre Inhalte versprachlichen können, überhaupt zur Seelsorge fähig?

Diese Frage steigert die erste noch insofern, als in der möglichen Verneinung eine bedeutsame anthropologische Konsequenz zum Vorschein käme. Richard Riess führt die Frage, ob das Kind ein „verkleinerter Erwachsener" (oder ob der Erwachsene ein groß gewordenes Kind) ist, weiter zu der Frage: „Ist das Kind ein passiver Empfänger oder ein aktiver Erforscher?" Er führt aus:

„Auf den ersten Blick lässt sich die Frage sehr schnell beantworten: Selbstverständlich ist das Kind weitgehend ein passiver Empfänger. Als ein hilfloses Wesen muss es auf jeden Fall geschützt, ernährt und versorgt werden. Aber der Augenschein trügt und das tradierte Klischee ist falsch. Denn gerade in der Zeitspanne höchster Bedürftigkeit und des Empfangens ist das Kind bei genauer Betrachtung ein hochsensibler aktiver Erforscher. Wie kaum eine Zeit ist die frühe Kindheit eine Phase für intensive Prozesse: in Wahrnehmung und Lernen, Denken und Sprechen, Phantasie und Problemlösung."[25]

Gehen wir zunächst jedoch davon aus, dass die „Seelsorgefähigkeit" auch Kindern zuerkannt wird. Daraus ergibt sich als weitere Frage die nach den Formen. In welchen seelsorgerlichen Vollzügen kann die kindliche Situation aufgenommen werden? Gibt es Formen, die dem kindlichen Wesen in besonderer Weise gerecht werden? Wie verhält es sich mit den traditionellen Formen von Seelsorge, nämlich Gespräch, Gebet, Segen, womöglich Beichte?

Die Beschreibung des Kindes als „kindliches Wesen", die zunächst notgedrungen eher formal zu verstehen ist, gibt jedoch schon den Hinweis auf

---

[25] Riess, Richard: Entwicklung, Lernen, Sozialisation. Elemente im Erziehungsprozeß, in: Harz, Frieder/ Schreiner, Martin (Hg.): Glauben im Lebenszyklus, München 1994, 17–29, 19.

eine weitere pastoralpsychologische Konsequenz: Gehen wir in einer vorweggenommenen Annahme davon aus, dass in der Seelsorge mit dem Kind ein Mensch in seiner nur begrenzt vernunftbegabten, sprachfähigen und selbstverantwortlichen Daseinsweise erscheint. Wenn die Kriterien theologischer Anthropologie, die für das Kind beschrieben werden, auf alle Menschen übertragen werden können, legt sich ein Schluss nahe: Pastoralpsychologisch gesehen träfe dann die Form der Seelsorge mit dem „kindlichen" Menschen in seiner spezifischen Befindlichkeit auch auf andere Menschen in einer vergleichbaren Erlebensform zu – auch wenn sie längst das Alter des Kindes hinter sich gelassen haben.[26]

Daraus ergibt sich, dass schließlich nach den pastoralpsychologischen Konsequenzen gefragt werden muss. Zumindest erscheint es nahe liegend, die Formen der Seelsorge mit Kindern – insbesondere im nicht-sprachlichen Bereich – auch auf andere Menschengruppen zu übertragen. So soll abschließend danach gefragt werden, in welcher Weise die Erkenntnisse einer Konzeption der Kinderseelsorge für die allgemeine Seelsorge fruchtbar gemacht werden können. Hier ist – nur um einige Andeutungen vorwegzunehmen – an die Seelsorge mit Komatösen, Dementen oder Behinderten gedacht.[27]

Zusammenfassend ist festzuhalten: Die Arbeit stellt einen Beitrag zur Seelsorgelehre dar.

– Sie bietet zum einen eine Darstellung der gegenwärtigen Kinderseelsorge im Kontext aktueller Seelsorgeentwürfe.
– In einem zweiten Teil wird die theologische Dimension der Kinderseelsorge durch die theologische Anthropologie beleuchtet. Sie soll das Spezifische am biblisch-theologischen Menschenbild vom Kind sowie die Bedeutung der Kindwerdung Gottes ins Gespräch bringen.
– Drittens werden exemplarische Bedingungen des Kindseins, die psychologischer und soziologischer Art sind, unter der Fragestellung, was sie jeweils für eine Seelsorge mit Kindern bedeuten können, untersucht. Dabei ist sowohl die religionspsychologische wie die gesellschaftliche Situation im Blick.
– Schließlich wird in einem vierten Teil die pastoralpsychologische Fragestellung nach der Kinderseelsorge neu aufgegriffen. Aufgrund der erarbeiteten Sichtweisen wird eine Konzeption der Kinderseelsorge dargestellt. Durch die Bezüge auf Erlebnis- und Verhaltensweisen von Menschen, die zwar keine Kinder sind, jedoch in „kindlichen Befindlichkeiten" le-

---

26 Peter Frör kommt mit seinen Beobachtungen und Reflexionen zu Patienten auf der Intensivstation diesem Gedanken sehr nahe: Frör, Peter: Seelsorge auf der Intensivstation, in: Klessmann, Michael (Hg.): Handbuch der Krankenhausseelsorge, Göttingen 1996, 51–63.

27 Vgl. dazu: Rest, Franco: Bewußt-Sein statt Bewußt-Haben. Zur Kultur der Bewußt-losen, in: Bienstein, Christel/ Fröhlich Andreas: Bewußtlos. Eine Herausforderung für Angehörige, Pflegende und Ärzte, Düsseldorf 1994, 16–24.

ben, werden die Erkenntnisse über Kinderseelsorge für die allgemeine Seelsorge fruchtbar gemacht.

Das Ziel der Arbeit ist die praktisch-theologische Darstellung der Seelsorge mit Kindern. Dies impliziert zum einen eine geisteswissenschaftliche Vorgehensweise, die Theologie und Empirie reflektierend aufnimmt. Dies bedeutet zum anderen, dass der komplexe thematische Bereich nur im interdisziplinären Diskurs angemessen bearbeitet werden kann. Methodisch soll eine intellektuell-analytische Vorgehensweise mit erfahrungsbezogenen-kreativen Ergebnissen verknüpft werden.

Angestrebt wird eine Synthese von wissenschaftlicher Aufarbeitung des Problemfeldes „Kinderseelsorge" einerseits und praxisbezogene Handlungsorientierung andererseits.

Damit soll dem entsprochen werden, worin ich gegenwärtig die Aufgabe der Praktischen Theologie erkenne:
– das Erkennen von Herausforderungen an kirchliches Handeln aufgrund individueller und gesellschaftlicher Situationen und Problemstellungen
– das Reflektieren der humanwissenschaftlichen wie der theologischen Fragestellungen in diesem Kontext
– das Bereitstellen theologischer Interpretationen für diese Fragen und
– das Entwickeln einer praktisch-theologischen Antwort auf die erkannten Herausforderungen.

Damit wird deutlich, dass es bei einer praktisch-theologischen Konzeptualisierung nicht um eine abstrakte Theoriebildung gehen kann. Gerade diese scharfe Trennung zwischen theologischer Theorie und (kirchlicher) Praxis führt schnell und konsequent zu einer praxislosen Theologie einerseits und einer häufig theologielosen Praxis andererseits.

Weiter ausgeführt ist diese Sicht der Praktischen Theologie bei Richard Riess.[28] Er weist insbesondere darauf hin, welche „fatale" Konsequenz das Auseinanderspalten von Theorie und Praxis nach sich zieht. Darin sieht er das alte Paradigma der theologischen Disziplinen, das der Praktischen Theologie das Ende im Kanon der theologischen Fächer zuweist. Dem stellt Riess das neue Paradigma Praktischer Theologie gegenüber. Es zeichnet sich vor allem darin aus, dass die traditionellen Handlungsfelder – Homiletik, Religionspädagogik, Liturgik und Poimenik – „nicht als abgeschlossene Bezirke zu begreifen" sind:

„Sie stehen vielmehr symbolhaft für Dimensionen des Handelns oder für Perspektiven der Orientierung und der Akzentsetzung im Prospekt der Praktischen Theologie, die allesamt an *vier grundlegenden Voraussetzungen* Anteil haben:

---

28 Riess, Richard: Praktische Theologie, in: Dittmer, Jörg (Hg.): Theologie auf dem Campus – Festschrift zum 50jährigen Bestehen der Augustana-Hochschule in Neuendettelsau, Neuendettelsau 1997, 218–229.

– der Ausrichtung am biblischen Zeugnis,
– der Beziehung zum reformatorischen Bekenntnis,
– der Auseinandersetzung mit Partnerwissenschaften und
– der Herausforderungen durch die Fragestellungen in der Gesellschaft und der global verstandenen Welt."[29]

Wenn Riess an dieser Stelle davon spricht, dass sich die einzelnen Fächer der Praktischen Theologie „wie elementare Perspektiven ... schließlich auch auf das Ganze der Theologie auswirken"[30], wird deutlich, in welch hohem Maße die Auseinandersetzung mit Praxisfragen ihren Einfluss nimmt.

Keineswegs geht es dann ausschließlich um Handlungsanleitung oder um eine Einengung theologischen Denkens auf pastorale Methoden. Vielmehr haben wir es mit dem hermeneutischen Geschehen von Theologie und kirchlicher Praxis, Reflexion und Erfahrung zu tun.

Dass diese Wechselwirkung auch in dem vorliegenden Forschungsvorhaben zum Ausdruck kommt und dass damit letzten Endes nicht nur den Menschen, die der Seelsorge bedürfen, geholfen, sondern dass theologisches Denken neu angestoßen wird, ist das übergeordnete Ziel.

---

29 Riess a.a.O. 221.
30 Riess a.a.O. 224.

TEIL I

*Geschichtliche Entwicklung und
gegenwärtige Situation der Kinderseelsorge*

KAPITEL 1

Die Entwicklung des Arbeitsfeldes Kinderseelsorge

1. Der Anfang: Seelsorge im Krankenhaus

Die Anstöße für die Seelsorge mit Kindern kamen aus der Kinderklinik. Was für manchen Seelsorger vielleicht überraschend und angesichts der Situation von Kindern und Säuglingen auch nicht ganz nachzuvollziehen ist, ist die Tatsache, dass diese Anstöße nicht von kirchlicher Seite aus erfolgten. Ärzte und Kinderkrankenschwestern waren es, die eine Begleitung der kranken Kinder über ihre eigene berufliche Tätigkeit hinaus anmahnten, häufig, indem sie durchaus dafür den Begriff Seelsorge gebrauchten.

Bereits 1976 und 1977 publizierte der Pforzheimer Pädiater und Chefarzt des Pforzheimer Krankenhauses Ottheinz Braun erstmals seine Reflexionen über das sterbende Kind und die „Seelsorge am kranken Kind".[1] Der Ort der Veröffentlichung – die Fachzeitschrift für den niedergelassenen wie für den im Krankenhaus tätigen Kinderarzt – erscheint dabei sehr bemerkenswert. Braun äußert in den beiden Veröffentlichungen zum ersten Mal seine Vorstellung, das kranke und das sterbende Kind bedürfte einer seelsorgerlichen Begleitung.

In den folgenden Jahren fanden zu diesem Themenkreis verschiedene Tagungen in Evangelischen Akademien[2] statt, bis schließlich 1982 in einem Symposion das Thema der Seelsorge an kranken Kindern erstmalig einem breiteren Kreis zugänglich gemacht wurde.[3] In der Folge dieses Symposions und damit letztlich als Ergebnis der Bemühungen verschiedener Mitarbeitender aus der Kinderklinik kommt es zu einer ersten interdisziplinären Veröffentlichung.[4]

Die bereits früher getroffenen Feststellungen werden von Braun hier noch mehrfach unterstrichen. So betont er immer wieder das Unverständnis kirchlicher Mitarbeitender in der Reaktion auf seine Vorstellung von der Notwendigkeit einer Seelsorge an Kindern:

---

1 Braun, Ottheinz: Das sterbende Kind und seine seelischen Probleme, in: Kinderarzt 1976, 155–159; Ders.: Seelsorge am kranken Kind – ein Problem?, in: WzM (29) 1977, 144–154.
2 Vgl. z.B.: Ostermann, Erika: Aufgaben und Defizite der Seelsorge am kranken Kind. Evang. Akademie Hofgeismar, Protokoll 132, Hofgeismar 1977.
3 Symposion „Seelsorge am kranken Kind" in Bad Liebenzell am 23./24.10.1982.
4 Braun, Ottheinz (Hg.): Seelsorge am kranken Kind. Was Ärzte, Psychologen und Seelsorger dazu sagen, Stuttgart 1983.

„Wenn man als Kinderarzt mit Theologen über Seelsorge am kranken Kind spricht, stößt man oft auf ein erstaunliches Unverständnis. Man muss sich dann auf die manchmal auch von führenden Männern der Kirche geäußerte Meinung gefasst machen, dass ein Kind unter zehn Jahren seiner seelsorgerlichen Betreuung im theologischen Sinne noch nicht zugänglich sein. ‚Seelsorge am kranken Kind, was soll das?' So soll der Träger eines kirchlichen Kinderkrankenhauses geantwortet haben, als er nach der dort üblichen Arbeit des Krankenhausseelsorgers gefragt wurde."[5]

Die Notwendigkeit einer Seelsorge für Kinder wird dabei – so Braun – meist mit dem Alter des Kindes in Verbindung gebracht. Solange Kinder noch nicht in der Lage seien, den tieferen Sinn der biblischen Botschaft zu verstehen, sei auch eine seelsorgerliche Begleitung nicht sinnvoll. Dem gegenüber betont Braun die Fähigkeit insbesondere der kranken Kinder, sich mit religiösen Fragen auseinander zu setzen:

„Diese schwerkranken Kinder zeichnen sich durch Eigenschaften aus, die sie für seelsorgerliche Kontakte und Gespräche besonders empfänglich machen. Wir müssen bei ihnen mit Reifungsprozessen rechnen, die auch das Todesverständnis und damit die Einstellung zum drohenden Tod reifen lassen. Sie sind zu Reaktionen befähigt, die man von gesunden Kindern in vergleichbarem Alter im allgemeinen nicht erwarten kann."[6]

Neben der Auseinandersetzung mit dem nahenden Tod nennt Braun bei kranken Kindern auch eine „erhebliche Beeinträchtigung des Selbstwertgefühls, weshalb sie oft an Minderwertigkeitsgefühlen leiden"[7]. Auch existentielle Fragen kommen bei den Kindern auf und werden in dieser oder ähnlicher Formulierung heißen: „Hat mich der liebe Gott noch lieb?"[8]

Braun sieht im Krankenhausaufenthalt – im Gegensatz zu einer Krankheit, die zu Hause behandelt werden kann – eine weitere Notwendigkeit für eine seelsorgerliche Zuwendung:

„Für diese Kinder ist eine Krankheit oder ein Krankenhausaufenthalt immer ein für sie unabschätzbares Ereignis. Sie können seine Bedeutung für ihre Existenz noch nicht richtig beurteilen und haben daher ebenfalls viele Fragen und Ängste."[9]

Für Braun bestehen nach all dem keine Zweifel daran, „dass bei kranken Kindern zahlreiche seelsorgerliche Bedürfnisse vorhanden sind". Dabei unterscheidet er genau zwischen der Seelsorge und den „allgemeinen psychischen Bedürfnissen des kranken Kindes im Krankenhaus":

---

5 A.a.O. 16.
6 A.a.O. 17f.
7 A.a.O. 18.
8 Ders: Hat mich der liebe Gott noch lieb?, in: Zeitenwende (59) 1988, 228–238.
9 Ders: Seelsorge am kranken Kind. Was Ärzte, Psychologen und Seelsorger dazu sagen, 19.

„Seelsorge am kranken Kind definiert sich ... in der Beantwortung der Fragen des Patienten nach den letzten Dingen, soweit das Kind diese in offensichtlicher oder verschlüsselter Form stellt und soweit hier Antworten möglich sind."[10]

Nach diesen ersten Anfängen nimmt der Bekanntheitsgrad der Seelsorge mit kranken Kindern zu.

Parallel dazu bildet sich zunehmend das Bewusstsein für die Bedürfnisse der Kinder im Krankenhaus auch bei Psychologen, Pädagogen und Sonderpädagogen. Innerhalb größerer Krankenhäuser werden die „Psychosozialen Dienste" eingerichtet. Hier handelt es sich um einen oder mehrere Mitarbeiter, die aus psychologischem oder sozialpädagogischem Verstehen heraus dazu beitragen, dass das Kind und seine Eltern die Zeit der Krankheit und des Krankenhausaufenthaltes bewältigen können.

In unterschiedlicher Häufigkeit richten die einzelnen Bundesländer auch die Beschulung für kranke Kinder im Krankenhaus ein. So wird beispielsweise in Bayern die „Schule für Kranke" als zehnter Typ der Sonderschulen eingerichtet. Hierbei handelt es sich nicht um eine Schulart für irgendwie behinderte Kinder.[11] Vielmehr geht es darum, Kinder, die durch einen längeren Krankenhausaufenthalt den Unterricht in ihrer Schule nicht besuchen können, durch gezielten Einzel- oder Gruppenunterricht – je nach Schulart – bei der Rückkehr nach Hause einen möglichst komplikationslosen Anschluss an den Wissensstand ihrer Klasse zu ermöglichen.

Ebenfalls in den 1970-er und 1980-er Jahren werden zahlreiche Selbsthilfegruppen in den Kinderkliniken aktiv. Bereits 1968 wird das „Aktionskomitee Kind im Krankenhaus" in Oberursel gegründet, das in kurzer Zeit in vielen Kinderkliniken durch Elterngruppen tätig wird. Die Zielsetzungen verfolgen eine Verbesserung der Situation für Kinder und deren Eltern in der Klinik. Vor allem sollen die Bedingungen der Besuchszeiten, die Mitaufnahme eines Elternteils sowie das „Rooming-In" für Neugeborene und deren Mütter im Sinne der kranken Kinder in den Kliniken gestaltet werden. Für größere Kinder werden auch „Spielzimmer" auf den einzelnen Stationen gefordert sowie die Möglichkeit, ein Krankenhaus vor einem geplanten Klinikaufenthalt kennenzulernen.[12]

Im Hinblick auf die Kinderseelsorge bedeutet diese Entwicklung zum Teil auch eine Konkurrenzsituation. Im Ganzen kann bis in die 1980-er Jahre hinein nicht von einer flächendeckenden seelsorgerlichen Begleitung in den Kinderkliniken gesprochen werden. Allerdings sind die überwiegend ehrenamtlich arbeitenden Gruppen des Kinderschutzbundes sowie haupt- und nebenamtlich tätige Psychologinnen und Sozialpädagoginnen in nahezu allen größeren Krankenhäusern präsent, so dass der Bereich der Zuwen-

---

10 Ebd.
11 Vgl. zum Ganzen: Baier, Herwig: Von der Hilfsschule zum sonderpädagogischen Förderzentrum, in: Bayerische Schule 1994, 362–364.
12 AKIK – „Aktionskomitee Kind im Krankenhaus", in: Dr. med. Mabuse. Zeitschrift im Gesundheitswesen (19) 1994, 30.

dung außerhalb von Pflege und Medizin schon von diesen Berufsgruppen besetzt ist.

In manchen Häusern kommt es auch zu einer Überschneidung der Berufsgruppen, wodurch die jeweilige Trägerschaft der Kinderseelsorge ausschlaggebend wird. Für die Zeit ab 1980 werden Seelsorgerinnen und Seelsorger in Kinderkliniken und auf -stationen aus verschiedenen Berufsgruppen genannt: So arbeiten neben hauptamtlichen Theologen, die sich im Rahmen ihres Gesamtauftrages in einer Klinik aus persönlicher Betroffenheit engagieren, Mitarbeiterinnen aus sozialpädagogischen und pädagogischen Berufen, vereinzelt auch Kinderkrankenschwestern, die teilweise eine diakonische Qualifizierung haben.[13] Zu dieser Zeit werden in Deutschland erste Arbeiten zur Seelsorge in der Kinderklinik veröffentlicht, die insbesondere die Seelsorge an bestimmten Patientengruppen im Blick haben.[14]

Diese Schwerpunktsetzung entspricht der empirischen Situation in den Kliniken, weil vielfach Seelsorgerinnen für bestimmte Abteilungen oder einzelne Stationen zum Einsatz kommen. Ein bevorzugtes Arbeitsfeld stellt dabei die Kinderonkologie dar.

2. Die Phase der Konzeptionalisierung

Mit der vermehrten Präsenz der Seelsorge im Kinderkrankenhaus wird diese Arbeit der Öffentlichkeit sowohl innerhalb des Krankenhauses als auch im Rahmen der Kirche vorgestellt. Zugleich setzen die Bemühungen um die Entwicklung eines Konzeptes für Kinderkrankenseelsorge ein.

Eine erste Zusammenschau dieser Arbeit erscheint 1987; die Zeitschrift „Wege zum Menschen" widmet ein ganzes Heft der „Seelsorge im Kinderkrankenhaus". In seinem Vorwort konstatiert Michael Klessmann:

„Seelsorge im Kinderkrankenhaus ist ein ziemlich neues Arbeitsfeld im Rahmen der verschiedenen seelsorgerlichen Dienste der Kirche. Es gibt kaum vorgegebene Strukturen und Zielsetzungen, wenig an bewährten Erfahrungen, auf die die in diesem Bereich Tätigen zurückgreifen können. Jede Seelsorgerin, jeder Seelsorger ist hier – in höherem Maß, als das etwa im Allgemeinen Krankenhaus der Fall ist – auf ihre bzw. seine eigene Kommunikationsfähigkeit und Kreativität angewiesen."[15]

---

13 Bentrup, Christel: Versuch einer Situationsbeschreibung der Seelsorge im Kinderkrankenhaus im Bereich der evangelischen Landeskirchen, in: WzM (39) 1987, 386f.

14 Becher, Werner: Erfahrungen bei der Seelsorge für ein sterbendes Kind, in: WzM (31) 1979, 16–27; Naraal, Terje: Kleine Kinder im Krankenhaus – Krisensituation für Eltern und Kind, in: Becher, Werner (Hg.): Kranke Kinder zwischen Familie und Klinik, Frankfurt a.M. 1980, 17–28; Fuchs, Rosemarie: Stationen der Hoffnung: Seelsorge an krebskranken Kindern, Zürich 1984; Bentrup, Christel: Jugendliche mit langwierigen Erkrankungen in der Kinderklinik, in: WzM (39) 1987, 422–424.

15 Klessmann, Michael: Zu diesem Heft, in: WzM (39) 1987, 385.

In dieser Überblicksdarstellung des Themenheftes wird deutlich, dass Kinderseelsorge nicht nur ganz am Anfang, sondern dass ihre reale Lage noch recht unübersichtlich ist.[16]

Dorothea Bobzin unternimmt erstmals den Versuch, für die Kinderseelsorge ein Konzept zu erstellen.[17] Auch sie weist darauf hin, dass sich Seelsorge in der Kinderklinik noch immer nicht von selbst versteht:

„So selbstverständlich wie Seelsorge in Krankenhäusern für Erwachsene seit langem ist, muss sie in Kinderkrankenhäusern und auf Kinderstationen erst noch werden."[18]

In dieser ersten konzeptionellen Darstellung ist bereits angelegt, was zukünftig die Beschreibung von Kinderseelsorge charakterisiert: Nicht nur das Kind selbst wird als Gegenüber und Gesprächspartner in der Seelsorge wahrgenommen. Gleichzeitig gilt die Aufmerksamkeit den Eltern und den Mitarbeitenden der Klinik.

Dementsprechend differenziert Bobzin auch die Aufgabenstellung der Seelsorge im Hinblick auf diese drei Personengruppen. So nennt sie als „Aufgabe im Blick auf die Kinder" das Ausgerichtetsein „auf die verschiedenen Ängste der Kinder ... (z.B. Trennungsangst, Verlustangst, Mutilierungsangst)"[19]. Die Seelsorgerin kann dem Kind helfen, auf dem Hintergrund des Jesuswortes Joh 16,33 die Angst auszuhalten. In Bezug auf die Angst des Kindes nennt Bobzin die Bedeutung der Treue:

„Treue vermittelt sich in zuverlässigen gemeinsamen Erfahrungen, in regelmäßigen Verabredungen, auf die sich die Kinder freuen können. Die Vertrautheit des Wiederkehrenden vermittelt Kindern Sicherheit; sie halten sich fest an Ritualen wie ,zum Schluss immer noch eine Geschichte oder ein Lied oder ein Rätsel oder kuscheln ...'"[20]

Im weiteren wird bereits deutlich, welches in der zunehmenden Reflexion über Kinderseelsorge ihr Gegenstand sein wird: die unterschiedlichen Formen der Kinderseelsorge, ihre kindspezifische Ausrichtung und insbesondere die nonverbale Kommunikation.

Den seelsorgerlichen Auftrag gegenüber den Eltern beschreibt Bobzin folgendermaßen:

„Seelsorgerliche Aufgabe ist es, Eltern zuzuhören, sie so zu begleiten, dass sie ihre Gefühle, Fragen, Zweifel, Ängste und alle Ungereimtheiten ordnen und klären können. Eltern suchen Entlastung von ihren Schuldgefühlen. Die finden sie nur,

---

16 Bentrup a.a.O. 386.
17 Bobzin, Dorothea: Seelsorge im Kinderkrankenhaus – Versuch eines Konzepts, in: WzM (39) 1987, 403–411.
18 A.a.O. 404.
19 A.a.O. 407.
20 A.a.O. 408.

wenn sie sich einem Gegenüber anvertrauen können, um somit reaktionsfähig zu bleiben und ihre Kinder entkrampfter, gelöster, befreiter begleiten zu können."[21]

Schließlich werden die Aufgaben der Seelsorge im Blick auf die Mitarbeitenden formuliert. Dabei wird vor allem das Verständnis für die Arbeitsbedingungen und Kompetenzen der vielen Berufsgruppen, die im Krankenhaus agieren genannt. Bobzin hält in diesem Zusammenhang auch medizinische Grundkenntnisse beim Seelsorger für erforderlich.[22]

Im Hinblick auf die vielen Menschen, die in einem Krankenhaus zusammenwirken, betont Bobzin die Wichtigkeit einer Identität der Seelsorge:

„Der Seelsorger muss in diesem Geflecht seine Kompetenz (und Legitimation) eindeutig und *stetig neu* erweisen."[23]

Neben dem Arbeitsfeld und den Aufgaben gegenüber einzelnen Personengruppen skizziert Bobzin die notwendigen Fähigkeiten eines Kinderseelsorgers, seine Arbeitsbedingungen und die erforderliche Aus- und Fortbildung. Mit diesen Themenkreisen sind bereits in diesem ersten „Versuch eines Konzepts" die für die Fortschreibung dieses Konzepts wichtigen Bereiche angesprochen.

Für die Kinderseelsorge in Deutschland wird der Beitrag des niederländischen Seelsorgers Otto Stange von Bedeutung. Sowohl in seiner Praxis der Kinderseelsorge im Universitätsklinikum Amsterdam wie auch in den jährlich durchgeführten Fortbildungen in Frankfurt kann Stange als Wegbereiter der Kinderseelsorge bezeichnet werden.

In die Phase der Konzeptualisierung fällt das Interview, das Christel Bentrup und Dorothea Bobzin mit ihm führen und in dem genannten Themenheft veröffentlichen. Dort äußert sich Stange zur Frage des Stellenwertes der Seelsorge für Kinder:

„Ich glaube, man hat Kinder die letzten 200 Jahre nur erlebt als kleine Leute, die noch nicht erwachsen sind. Das einzige, was da zu machen war, ist Erziehung. Die Religionspädagogik war ununterbrochen da. Immer kümmerte man sich darum, wie man Kinder zu gläubigen Erwachsenen machen kann. Dass ein Kind ein eigenes Seelenleben hat, war dabei weit im Hintergrund. Kranke Kinder waren lange kranke kleine Erwachsene. Dann hat sich in der Pädiatrie (Kinderheilkunde) in den letzten dreißig Jahren viel gewandelt. Bis vor dreißig Jahren war es so, dass ein krankes Kind entweder nach zwei Wochen gesund war, oder es starb."[24]

Im internationalen Vergleich – was im Hinblick auf die Kinderseelsorge zu dieser Zeit eine Konzentration auf die USA und die Niederlande bedeutet –

---

21 Ebd.
22 Warum sie dies allerdings gegenüber der Seelsorge bei kranken Erwachsenen abgrenzt, bleibt unklar.
23 A.a.O. 409.
24 Stange, Otto: Seelsorge im Kinderkrankenhaus – eine Perspektive aus Holland, in: WzM (39) 1987, 398–403, 401.

konstatiert Stange in Deutschland eine Überrepräsentation von Frauen in der Arbeit der Kinderseelsorge. Hier meint er, ein „typisch ‚deutsches'" Merkmal zu entdecken: „Vielleicht, dass deutsche Männer weniger wissen, was sie mit Kindern anfangen sollen."[25]

Die Grundlinien seines Konzeptes, die in diesem Interview deutlich werden, führt Stange einige Jahre später in einem eigenen Buch aus, auf das noch einzugehen sein wird.[26]

Ebenfalls gehen von der katholischen Seelsorgearbeit Impulse für die Kinderseelsorge aus. In der Entwicklung lassen sich Parallelen zur evangelischen Kirche aufzeigen, die auch in der konzeptuellen Beschreibung zu finden sind. Hier ist insbesondere die interdisziplinäre Veröffentlichung des Würzburger Pastoraltheologen Rolf Zerfaß in Zusammenarbeit mit Ursula Maymann zu nennen.[27] Auch in diesem Buch stehen die konkreten Hilfestellungen bei der täglichen Begegnung mit Menschen im Krankenhaus im Vordergrund.

3. Die EKD-Fachkonferenz

Die Phase der Konstitutionalisierung war im Vollzug der Kinderseelsorge von einer Zunahme haupt- und nebenamtlicher Stellen in den Kliniken geprägt. Auch wenn ein nicht geringer Teil nur befristet oder mit begrenzter Stundenzahl genehmigt wurde, erbrachte die vermehrte Präsenz von Kinderklinikseelsorgern eine Etablierung dieses Arbeitsbereiches der Kirche.

Keineswegs soll verschwiegen werden, dass in dieser Situation auch Probleme für die einzelnen Seelsorger einerseits und für die Würdigung der Kinderseelsorge im strukturellen Bereich andererseits entstanden. So waren immer wieder Seelsorgerinnen in der Klinik zu einem Neuanfang gezwungen, der sowohl in persönlicher als in institutioneller Hinsicht mit großem Arbeits- und Energieaufwand verbunden war. Auch die Akzeptanz der Seelsorge innerhalb einer Klinik wurde erschwert, wenn nach der „Aufbauphase" aus personellen oder finanziellen Gründen keine Fortsetzung dieser Arbeit erfolgte.

Dennoch bildeten sich bei allem Wechsel in diesem Arbeitsbereich feste Gruppen, die sich zunächst in einzelnen Regionen, dann im Kontext ganzer Landeskirchen zum kollegialen Austausch trafen. Der Wunsch nach der Vernetzung der meist vereinzelt arbeitenden Kinderseelsorgerinnen und das Bedürfnis nach einer öffentlichen Darstellung ihrer Arbeit innerhalb der Kirche führten schließlich zu einem Zusammenschluss.

---

25 A.a.O. 403.
26 Ders.: Zu den Kindern gehen. Seelsorge im Kinderkrankenhaus, München 1992.
27 Maymann, Ursula/ Zerfaß, Rolf: Kranke Kinder begleiten. Wie Eltern, Schwestern, Ärzte und Seelsorger helfen können, Freiburg u.a. 1984.

1991 etablierte sich auf Betreiben der Kinderseelsorgerinnen die „Überregionale Fachkonferenz der Seelsorgerinnen und Seelsorger in Kinderkliniken und auf Kinderstationen innerhalb der Gliedkirchen der EKD", die sich von da an bis 1996 jährlich im Institut für Seelsorge in Frankfurt, später in Bethel zusammenfand.

Aufgabe der Fachkonferenz war es nach der Zielvorstellung ihrer Teilnehmenden vor allem, den Austausch der an weit verzweigten Stellen arbeitenden Kinderseelsorgerinnen zu fördern. Des weiteren sollte die Arbeit nach innen – zur eigenen Vergewisserung der Seelsorgerinnen und Seelsorger – und außen – zur Verankerung innerhalb des jeweiligen Krankenhauses wie auch im Kontext der gesamten Kirche – dargestellt werden. Außerdem wurde exemplarisch an einzelnen Schwerpunktthemen Fortbildung angeboten.

Ein wichtiger Aspekt war auch die geistliche Gemeinschaft, die insbesondere für die hohe Belastung, welche die Seelsorge mit Kindern für die einzelnen mit sich bringt, eine entlastende Wirkung hatte.

Im Zuge der wachsenden Bedeutung der Kinderseelsorge formulierte die „Konferenz für Krankenhausseelsorge in der Evangelischen Kirche in Deutschland" eine „Stellungnahme zur Seelsorge im Kinderkrankenhaus"[28]. In vier Punkten werden darin die Eckpfeiler für eine professionelle Arbeit beschrieben:

– Als *Grundlagen* werden die veränderten Verhältnisse in der Kinderklinik beschrieben (Zunahme der Krebs-Erkrankungen, Aids, Langzeitbehandlungen). Angesichts von Krankheiten von Kindern entsteht in besonderem Maße die Frage nach dem Sinn. Kinderseelsorge wendet sich dabei an die Kinder, die Eltern und Angehörigen sowie die Klinikmitarbeiter. Eigens wird betont: „Wenn die Kirche hier durch Seelsorger/innen erfahrbar wird, bekommt sie auch Bedeutung für Menschen, die ihr fern stehen."

– Zu den *Erfordernissen* zählen bestimmte Fähigkeiten der Seelsorgerinnen und Seelsorger: die Fähigkeit zu mehrdimensionaler Kommunikation, eine klare Identität bei gleichzeitiger Rollenflexibilität, große emotionale Belastbarkeit und die Fähigkeit, Schwerpunkte zu setzen und eigene Grenzen anzuerkennen.

– Dass die Seelsorge im Kinderkrankenhaus ständiger *Fortbildung* bedarf, kommt deutlich zum Ausdruck. Als Voraussetzung wird eine seelsorgerliche Ausbildung, wie sie in der allgemeinen Krankenhausseelsorge angeboten wird, angesehen. Darüber hinaus wird die Teilnahme an einem Einführungskurs in Kinderkrankenhausseelsorge und an thematisch orientierten Kursen vorgesehen. Sowohl die Supervision als auch die gegenseitige Hospitation zur fachlichen und persönlichen Stärkung werden empfohlen.

---

28 Ungedrucktes Manuskript vom 7.3.1988.

– Schließlich werden die *Erwartungen an die Gliedkirchen und ihre Konvente* zum Ausdruck gebracht. So soll innerhalb der EKD eine Bestandsaufnahme der Kinderseelsorge erfolgen, die auch die Kinderstationen und Krankenhäuser ohne seelsorgerliche Begleitung beinhalten. Außerdem werden „Neuüberlegungen" des Bettenschlüssels sowie gezielte Hinweise auf Fortbildungsmöglichkeiten angemahnt. Die Stellungnahme schließt mit dem Satz:

„Die Konferenz bittet das Kirchenamt der EKD, in geeigneter Weise die schon vorhandenen Aus- und Fortbildungsmaßnahmen ... zu unterstützen und gleichzeitig auf eine Schwerpunktsetzung innerhalb der Krankenhausseelsorge hinzuwirken."

Von einer Schwerpunktsetzung konnte sicherlich im weiteren nicht die Rede sein. Immerhin bewirkte die Stellungnahme der Konferenz für Krankenhausseelsorge ein ansteigendes Bewusstsein für die Anliegen der Kinderkrankenhausseelsorge.

Um ihre Arbeit zu konstituieren, verabschiedete die Fachkonferenz am 13.12.1991 die „Ordnung für die überregionale Fachkonferenz für Seelsorge in Kinderkliniken innerhalb der EKD"[29]. Sie folgte damit dem Vorbild der „Konferenz für Krankenhausseelsorge in der Evangelischen Kirche in Deutschland", die erstmals 1985 eine Ordnung festlegte.[30] In den folgenden Jahren wurden theologische Aspekte der Kinderseelsorge im Rahmen dieser Fachkonferenz, in einzelnen Regionalgruppen wie auch in Fortbildungsveranstaltungen weiterentwickelt.

Parallel zu der Zunahme der Kinderseelsorge verlief innerhalb der Gesellschaft der Prozess zu einer Entkirchlichung. So bedeutete für viele Menschen, Kinder wie Erwachsene, die Begegnung mit einem Seelsorger in der Klinik eine Erstbegegnung mit einem Mitarbeiter der Kirche überhaupt. Diese Situation akzentuierte die Seelsorge im Kinderkrankenhaus zusätzlich, auch wenn das Arbeitsfeld sich dabei nicht wesentlich von der Seelsorge mit Erwachsenen unterschied. Was Michael Klessmann für die Krankenhausseelsorge allgemein beschreibt, gilt ganz besonders für die Kinderseelsorge:

„Die funktionalen Dienste sind als die kirchliche Entsprechung zur gesellschaftlichen Differenzierung zu verstehen und insofern notwendig, um eine Selbstisolierung der Kirche zu verhindern."[31]

So bleibt festzuhalten, dass sich die Kinderseelsorge in einem überwiegend säkularen Bereich entwickelt, dort gleichzeitig vielerorts die Repräsentanz der Kirche übernommen hat.

---

29 Ungedrucktes Manuskript vom 13.12.1991.
30 Ungedrucktes Manuskript vom 6.3.1985.
31 Klessmann, Michael: Ausblick: Krankenhausseelsorge als Dienst der Kirche in der pluralen Gesellschaft, in: Ders. (Hg.): Handbuch der Krankenhausseelsorge, Göttingen 1996, 270–279, 270.

Die Entwicklungen innerhalb des Krankenhauses und gleichzeitig innerhalb von Kirche und Gesellschaft hat die EKD-Fachkonferenz sorgfältig registriert und analysiert. Eine über mehrere Jahre hinweg kontinuierlich zusammen gesetzte Arbeitsgruppe brachte schließlich eine Konzeption ein, die nicht nur die praktischen und organisatorischen Aspekte im Blick hatte. Insbesondere geht es um eine theologische Begründung der Kinderseelsorge und ihre pastoralpsychologische Umsetzung.[32] Diese Konzeption wurde am 26.5.1995 von der Fachkonferenz verabschiedet. An ihr wird deutlich, wie sich die Kinderkrankenhausseelsorge in wenigen Jahren von einer exemplarischen Tätigkeit in einzelnen Häusern zu einem ausgewiesenen Arbeitsbereich kirchlicher Seelsorge hin entwickelt hat.

4. Seelsorge im Kinderkrankenhaus als Antwort auf eine veränderte Pädiatrie

Wir halten fest: Die Erkenntnis, dass Kinder der Seelsorge bedürfen, ist im Kinderkrankenhaus entstanden. Bevor die weiteren Entwicklungen außerhalb der Klinik betrachtet werden, ist der Blick deshalb noch einmal auf die moderne Kliniksituation zu lenken.

Die Kinderklinik der Gegenwart ist bestimmt von den Veränderungen der Pädiatrie. Diese sollen kurz charakterisiert werden:

Eine zunehmende Dichte der niedergelassenen Kinderärzte und die Verbesserung der ambulanten Diagnostik erbringen eine erhöhte Behandlungsmöglichkeit im ambulanten Bereich. Das bedeutet: Kinder, die in eine Klinik eingewiesen werden, kommen mit schwereren Erkrankungen dorthin als dies bisher der Fall war. Insbesondere Krankenhäuser mit einer medizinischen Schwerpunktsetzung (Häuser der Maximalversorgung und Universitätskliniken) sind davon betroffen.[33]

Durch die veränderte Gesetzgebung im Zuge der Krankenhausreform seit 1972 ist es zu einer Halbierung der Verweildauer der Kinder in der Klinik gekommen. Für die Versorgung der Patienten, insbesondere für deren Pflege bedeutet dies, dass mehr Kinder als früher in gleicher Zeit die Station durchlaufen. Die kurze Verweildauer erschwert in hohem Maße die persönliche Zuwendung, die Bildung von Vertrauen und Akzeptanz bei dem Kind dem pflegerischen und ärztlichen Personal gegenüber. Die Schilderung eines 12-jährigen Jungen (Matthias Bitzer) veranschaulicht seine Empfindungen:

„Die Chefvisite. Der Professor kommt mit seinem großen Gefolge ins Krankenzimmer. Nacheinander treten der Professor, Lernärzte, Ärzte, Schwestern und Lernschwestern ein und stehen alle um mein Bett herum.

---

32 Der Text dieser Konzeption ist im Anhang angeführt.
33 Vgl. zum Ganzen: Blunck, Walter: Die Vereinigung leitender Kinderärzte und Kinderchirurgen Deutschlands, in: der kinderarzt (23) 1992, 1899–1900.

Wie geht es mir dabei? Ich habe ein komisches Gefühl, wenn sie über mich sprechen. Mein Herz klopft stärker, weil ich die lateinischen Wörter nicht verstehe. Darum habe ich ein verunsichertes Gefühl. Ich weiß nicht, ob sie über die Folgen meiner Krankheit oder über die Röntgenbilder reden. Ich traue mich nicht zu fragen, weil es so viele sind.

Wenn sie draußen sind, bin ich einerseits froh, daß sie gegangen sind. Andererseits habe ich keine Ahnung, was mit mir los ist."[34]

Im Bereich der Kinderchirurgie haben sich die Operationsmethoden in den letzten dreißig Jahren erheblich ausdifferenziert und verbessert. Die Folge davon sind vermehrte kleinere ambulante Operationen einerseits, schwere und mit langem Krankenhausaufenthalt verbundene stationäre Eingriffe andererseits.

Die Zahl chronisch kranker Kinder nimmt zu. Stoffwechselkrankheiten, allergische und psychosomatische Erkrankungen können – im Vergleich zur Medizin noch vor dreißig Jahren – heute erfolgreich therapiert werden, bedeuten für die Kinder jedoch einen häufigen und oftmals langen Krankenhausaufenthalt.

Die Tumor- und Leukämieerkrankungen bei Kindern nehmen zu. Der schwerwiegende Krankheitsverlauf, die differenzierte Behandlung einschließlich der Auswirkungen auf das gesamte Sozialleben der Familie sind einschneidende Erfahrungen eines Kindes und seines Umfeldes.

An dieser Stelle ist eine der aktivsten Selbsthilfegruppen innerhalb der Kinderklinik zu nennen: die „Elterninitiative Krebskranker Kinder". Sie wurde 1980 gegründet und etablierte sich im Laufe der 1980-er Jahre an jeder Klinik mit einer Kinderonkologie als eigenständiger Verein.

Ausgangspunkt und Initiative sind Eltern, die selbst eine krebskrankes Kind und die damit verbundenen Therapiewochen erlebt haben. Dadurch sind sie Eltern in einer vergleichbaren Situation sehr nahe. Insbesondere unterstützen die Vereine – lokal zu den jeweiligen Kliniken organisiert – die Eltern, die sich neu mit der Diagnose Krebs auseinandersetzen müssen.

Die konkrete Hilfe besteht in Gesprächen unter Eltern und Mitarbeitenden der Stationen, gleichzeitig in materieller Unterstützung. Für Eltern, die von auswärts kommen, ist in unmittelbarer Kliniknähe eine „Elternwohnung" angemietet, in denen Eltern und eventuell auch Geschwisterkinder für die Zeit des Klinikaufenthaltes des krebskranken Kindes günstig wohnen und sich immer wieder auch vom Krankenhausgeschehen zurückziehen können.

Im Laufe der Jahre sind die verschiedenen Ortsgruppen der Elterninitiative zu Vermögen gekommen, so dass sie mittlerweile auch Stellen für professionelle Mitarbeitende (z.B. Erzieherinnen, Sozialpädagogen) in der Klinik finanziell übernehmen.

---

34 Bitzer, Matthias: Die Chefvisite, in: Dr. med. Mabuse. Zeitschrift im Gesundheitswesen (19) 1994, 22.

In besonderer Weise ist von den Veränderungen der Medizin die Intensivmedizin betroffen. In der Kinderklinik bedeutet das vor allem einschneidende Veränderungen im Bereich der Neonatologie.

„Kinder unter 1000 g Geburtsgewicht, die vor der 27. Schwangerschaftswochen geboren werden, hatten vor 15 Jahren kaum Überlebenschancen. Heute kann über die Hälfte von ihnen überleben. 20–30% von ihnen haben behandlungsbedürftige Entwicklungsstörungen: ihr Risiko wächst, je niedriger das Geburtsgewicht und je kürzer die Schwangerschaftsdauer ist ... Frühgeborene Kinder mit einem Geburtsgewicht von 1000–1500 g, die in der Regel zwischen der 27. und 30. Schwangerschaftswoche geboren sind, können zu 90% überleben. Die allermeisten unter ihnen entwickeln sich gesund und normal. Bei 10–25% der Kinder treten behandlungsbedürftige Entwicklungsstörungen sehr unterschiedlichen Schweregrads auf."[35]

Die Versorgung frühgeborener Kinder hat sich zunehmend verbessert. So ist in vielen Städten an das entsprechend ausgestattete Kinderkrankenhaus ein sogenannter „Babynotarztdienst" angeschlossen. Seine Aufgabe besteht darin, bei Risikogeburten in umliegenden Krankenhäusern schon bei der Geburt zur Stelle zu sein, um das neu- oder frühgeborene Kind sofort aufzunehmen, notärztlich und in der Kinderklinik dann intensivmedizinisch zu versorgen.

Hier entstehen neben den medizinischen Vorteilen für Kind und Mutter natürlich auch menschliche Nöte. Zum einen rechnen Eltern noch nicht mit der Geburt, sind oft auch noch nicht innerlich dazu bereit. Zum anderen bekommen sie ein Kind, das sie aber gleichzeitig noch nicht „haben", weil es in einer anderen Klinik als die Mutter, oft viele Kilometer weit weg vom Geburtsort, in einer Kinderklinik untergebracht ist. Die Atmosphäre der Intensivstation, das winzige, unreife Kind und die Sorge um die Zukunft bedeuten für die Eltern eine große Belastung.

Die genannten Entwicklungen spiegeln durchaus die Erfolge der modernen Medizin wieder. Sie stellen für betroffene Kinder und deren Familien einen großen Gewinn dar. Für verschiedene Erkrankungen gilt sogar, dass die verbesserte Medizin Leben ermöglicht, wo in früheren Jahren nur geringe Überlebenschancen möglich waren.

Gleichzeitig bedeuten diese medizinischen Optionen Lebensumstände, die für die Kinder sehr belastend sind. Die konzentrierte und personalintensive Betreuung bringen eine Vielzahl von tätigen Personen, technischen Geräten, aus der Sicht des Kindes unzusammenhängend wirkende Abläufe mit sich. Von diesen Bedingungen sind auch die Eltern betroffen. Die Anwesenheit im Krankenhaus, das Erleben des Schmerzes, der Hilflosigkeit und Angst ihres Kindes stellen eine hohe Belastung dar.

---

35 Sarimski, Klaus: Frühgeborene in den ersten Lebenswochen, Heidelberg o.J. 10f.

In gewissem Sinn könnte man zusammenfassend sagen: Die Erfolge der Medizin und das Selbstverständnis der Kinderkrankenschwestern und -pfleger gestalten das moderne Kinderkrankenhaus. Die Nebenfolgen dieser Erfolge rufen die psychosozialen Dienste und eben auch die Seelsorge auf den Plan.[36]

---

36 Ullrich, Gerald: Zwischen Trauma und Tagesordnung. Das Kind im Krankenhaus in den 90-er Jahren, in: Dr. med. Mabuse. Zeitschrift im Gesundheitswesen (19) 1994, 23–27.

Kapitel 2

Die Forschungslage der Kinderseelsorge

1. Die Seelsorge in der Kinderklinik

Mit der zunehmenden Ausweitung und Entwicklung der Seelsorge in der Kinderklinik wurde diese Tätigkeit im Rahmen von Publikationen reflektiert. Die Auswahl der hier untersuchten Veröffentlichungen kann nur exemplarisch erfolgen. Für die Auswertung der Darstellung von Seelsorge im Kinderkrankenhaus werden folgende Autoren mit herangezogen: Michael Herbst, Jutta-Ute Schwarz, Barbara Städtler-Mach, Otto Stange.[1]

Bei den Veröffentlichungen fällt auf, dass die eher praktischen Fragen dominieren: Wie soll die Seelsorge gestaltet werden? In welcher Weise, mit welchen Methoden ist dem kranken Kind zu begegnen? Welchen Stellenwert haben in der seelsorgerlichen Begegnung die Eltern? Wie sind die Mitarbeitenden der Station mit einzubeziehen?

Der konkreten Lage der Kinderseelsorge in den Kliniken entsprechend kommt es dabei zu Beginn vor allem zu einer Darstellung der täglichen seelsorgerlichen Arbeit mit kranken Kindern und der besonderen Situation in dem komplexen Geschehen eines Krankenhauses. Darüber hinaus stehen die Person der Seelsorgerin, die nötigen Voraussetzungen für ihre Arbeit, Grenzen und Möglichkeiten im Blickpunkt. Schließlich wird die Seelsorge mit Kindern auch im Hinblick auf ihre theologischen Aussagen und deren Bedeutung hin analysiert.

1.1. Die Reflexionen des praktischen Vollzugs

Eine Gemeinsamkeit aller untersuchter Publikationen ist der Schwerpunkt in der anschaulichen Schilderung von kranken Kindern, ihren Gesprächen und non-verbalen Äußerungen. Die Art, wie das Kind auf die Seelsorgerin zugeht oder sie im Bett erwartet, der Verlauf der Gespräche, die kindliche

---

1 Herbst, Michael: Ich bin so traurig – Ich habe mein Herz in eine große Schüssel gelegt. Seelsorge an schwerkranken und sterbenden Kindern im Kinderkrankenhaus, in: Glaube und Lernen (9) 1994, 70–86; Schwarz, Jutta-Ute: Bericht über den Modellversuch „Integrierte Seelsorge" vom 1.9.1989 an der Tübinger Universitätskinderklinik, in: BThZ (10) 1993, 236–248; Stange, Otto: Zu den Kindern gehen. Seelsorge im Kinderkrankenhaus, München 1992; Städtler-Mach, Barbara: Seelsorge mit Kindern. Erfahrungen im Krankenhaus, Göttingen 1998.

Weise einer Beziehung – all dieses steht in den unterschiedlichen Beiträgen im Vordergrund.

Zum einen wird dadurch die Seelsorge mit Kindern vorstellbar und auch in ihrer Lebendigkeit präsent. Zum anderen ist der Grund für diese Darstellungsweise sicher auch in der emotionalen Betroffenheit der Seelsorgenden zu sehen: Von der Begegnung mit einem kranken Kind lässt sich nicht angemessen sprechen, wenn nur in abstrakter Weise geredet wird.

„Die Sprache der Kinder über die letzten Dinge ist nicht die Sprache der Erwachsenen. Sie benutzen Metaphern, wenn sie vom Sterben sprechen."[2]

Ein zweites Merkmal charakterisiert alle vier genannten Veröffentlichungen: Die Überlegungen zur konkreten Gestalt der Seelsorge mit Kindern stehen einer wie auch immer beschriebenen theologischen Qualifizierung dieser Tätigkeit gegenüber im Vordergrund.

Dieser Tatbestand lässt sich leicht erklären. Gerade zu Beginn einer neuen Tätigkeit ist die Erstellung eines Profils oder Leitbilds von großer Bedeutung. Insbesondere bei einem Modellversuch wie dem an der Tübinger Universitätsklinik entsteht hier eine große Herausforderung. Jutta-Ute Schwarz resümiert:

„Den Beginn in der Klinik erinnere ich immer noch als überwältigendes Chaos, das zuerst nur von den vorgegebenen Arbeitsstrukturen gebändigt wurde. Die Kinder bestimmen das Haus; sie sind unübersehbar da, nicht wie Erwachsene hinter verschlossenen Türen weggesperrt. Auf der Station und in den Klinikkorridoren, zur Diagnose oder zur Therapie. Neugierige, zutrauliche, abgewandte Kinder und Jugendliche, gesund werdende und sterbende, Kinder auch mit Krankheiten, deren Tatbestand oder Benennung ich nie zuvor gehört hatte."[3]

Wer die Seelsorgerin in einem längst fest gefügten System Krankenhaus ist, was ihr Beitrag in diesem Kontext sein kann und wie der kirchliche Auftrag sowohl in Bezug auf das (überwiegend säkularisierte) Krankenhaus als auch im Rahmen des ebenfalls längst beschriebenen Systems Kirche sich vollzieht, muss von jeder und jedem einzelnen geklärt werden. Wer als Klinikseelsorger in einer Kinderklinik der erste Stelleninhaber dieses Hauses ist (Städtler-Mach, Stange), muss gleichsam sein Feld beschreiben und die Abgrenzungen festlegen. Zweifellos ist die Alltagspraxis dabei durch viele praktische Probleme gekennzeichnet.

1.1.1. Die Seelsorge in den einzelnen Abteilungen

Die umfassenden Darstellungen der Seelsorge, die eine gesamte Klinik im Blick haben, beschreiben die seelsorgerliche Vorgehensweise differenziert nach den einzelnen Abteilungen (Städtler-Mach, Stange). Wo nur von der

---

2 Herbst a.a.O. 78.
3 Schwarz a.a.O. 238.

Seelsorge auf einer bestimmten Station oder schwerpunktmäßig von einer bestimmten Patientengruppe gesprochen wird, ergeben sich diese Besonderheiten ohnehin.

Zwei Gründe können als Ursache für die unterschiedliche Auflistung nach einzelnen Krankheitsbildern bzw. Krankenhaus-Abteilungen genannt werden: Zum einen geschieht die Seelsorge stationsorientiert und folgt praktisch der Einteilung in Kliniken (bei größeren Zentren) und Stationen, wie sie der ärztliche und pflegerische Dienst vornehmen. So fordert Otto Stange:

„Die Seelsorge auf der Kinderabteilung muß im medizinischen Kontext ihre Gestalt bekommen."[4]

Gleichzeitig sieht er in dieser Parallelisierung der Seelsorge zur Medizin auch eine Problemanzeige:

„Es geht in der Seelsorge ja nicht um die Krankheit, sondern um den Menschen, der krank ist."[5]

Ein zweiter Grund für die krankheitsorientierte Darstellung liegt in der Forderung nach einer den jeweiligen Erkrankungen und den damit verbundenen Erlebnisweisen angemessenen Seelsorge. Ich selbst habe den Unterschied der einzelnen Stationen im Hinblick auf die Seelsorge mehrfach beschrieben.

Ob ein Kind überraschend, z.B. durch einen Unfall, in eine Klinik eingewiesen wird, oder ob ein Aufenthalt geplant ist, hat erhebliche Konsequenzen für die Seelsorge.

„Die Unterhaltungen mit akut kranken Kindern sind bei der ersten Begegnung fast immer davon bestimmt, daß die Ereignisse, die bis zur Einlieferung in die Klinik und in den Tagen danach eingetreten sind, detailliert erzählt werden ...

Daß dieses Wiederholen und ‚Durcharbeiten' eine ‚erste Form der Verarbeitung ist, wird die Seelsorgerin schnell erkennen."[6]

Dem gegenüber entsteht in der Seelsorge mit chronisch kranken Kindern eine ganz andere Beziehung. Die mit ihrer Erkrankung verbundenen mehrfachen, teilweise sogar häufigen Aufenthalte in der Klinik ergeben eine andere Seelsorgesituation:

„Die Gespräche mit chronisch kranken Kindern sind durch *Vertrautheit* gekennzeichnet ... Durch die größere Zahl der Gespräche erfahre ich als Seelsorgerin im Laufe der Zeit immer mehr über das Kind, so daß ich über die Spanne von einigen Jahren hinweg durchaus ein ganzes Stück der Lebensgeschichte dieses Kindes begleite."[7]

---

4 Stange a.a.O. 41.
5 A.a.O. 42.
6 Städtler-Mach a.a.O. 52.
7 A.a.O. 58.

Immer wieder wird in den Reflexionen die Bedeutung der Station auch im Hinblick auf das Personal genannt. Da die Seelsorge sich nicht nur an Kinder und Eltern richtet, sondern sich auch für das Personal zuständig sieht, werden die Mitarbeitenden einzelner Abteilungen auch im Hinblick auf die Seelsorge als relevant bezeichnet. So beschreibt beispielsweise Jutta-Ute Schwarz in ihrer Darstellung der Seelsorge in der Kinderklinik die Schwestern der Intensivstation als für sie sehr wichtig:

„Ausgerechnet die Schwestern der F, die als besonders selbstbewußt und darum als manchmal schwierig gelten, holen mich über die Schwelle, zeigen mir am allerersten Tag meinen Platz am Bett eines schwerkranken Kindes, schaffen Raum und Möglichkeit, gemeinsam zu arbeiten."[8]

Summarisch lässt sich festhalten: Die Beschreibungen von Kinderseelsorge in der Klinik sehen die jeweiligen Stationen sowohl im Hinblick auf die Erkrankungen der Kinder, die dort behandelt werden, als auch im Hinblick auf die dort tätigen Mitarbeitenden als bedeutsam an.

1.1.2 Die Seelsorge mit sterbenden Kindern

In der Literatur über Seelsorge in der Kinderklinik nimmt die Darstellung der Seelsorge mit sterbenden Kindern einen besonderen Raum ein. Auch hier stehen vielfach die Begegnungen, letzten Gespräche und die reale Abschiedssituation als ganz persönlich gefärbte Erzählungen im Vordergrund.[9]

Hinterlässt die Begegnung mit einem kranken Kind schon vielfach tiefen Eindruck bei den Seelsorgerinnen, so geschieht dies beim sterbenden Kind noch in viel höherem Maße. Dazu trägt sicherlich bei, dass das Erleben vom Tod eines Kindes für Erwachsene eine Grenzerfahrung darstellt.

„Die Begleitung der schwerkranken und sterbenden Kinder im Kinderkrankenhaus ist nicht so etwas wie eine erwerbbare ‚Handlungskompetenz'. Immer wieder wird es darauf ankommen, daß Seelsorger sich auf die betroffenen Menschen einlassen, ihr Leiden an sich heranlassen, die Infragestellung ihres eigenen Lebens- und Weltkonzeptes zulassen ... Es bleibt eine höchst zerbrechliche Arbeit."[10]

Weiterhin wird die Bereitschaft, von derartigen seelsorgerlichen Begegnungen zu berichten dadurch gefördert, dass dem Sterben von Kindern in der Vergangenheit innerhalb der Seelsorge-Literatur praktisch kein Platz eingeräumt wurde.

---

8 Schwarz a.a.O. 239.

9 Allerdings ist darauf hinzuweisen, dass Bücher zum Thema Sterben, insbesondere auch über das Sterben von Kindern, in den vergangenen Jahren in großer Fülle erschienen sind. Im Vordergrund stehen dabei persönlich gehaltene Berichte, vielfach auch von Eltern.
Exemplarisch seien genannt: Wölfing, Marie-Luise: Komm, gib mir deine Hand. Briefe an mein sterbendes Kind, Düsseldorf 1985; Leach, Christopher: Abschied nehmen. Ein Vater trauert um seinen Sohn, München 1990.

10 Herbst a.a.O. 73.

1.2. Die Darstellung des Systems Krankenhaus

Nahezu alle Seelsorgerinnen in der Kinderklinik thematisieren dieses komplexe Geschehen „Krankenhaus", das sie als den Kontext ihrer Arbeit wahrnehmen. Gerade zu Beginn der Tätigkeit – und es ist festzuhalten, dass die meisten Seelsorgerinnen als Wegbereiter in ihrer Klinik gearbeitet haben –, wird das eigene Krankenhaus als kaum überschaubarer Komplex wahrgenommen. Die sensiblen, auf den einzelnen Menschen ausgerichteten Begegnungen in der Seelsorge stehen einem von technischen Abläufen und starker Hierarchie geprägten Haus diametral gegenüber. Die Veröffentlichungen zeigen durchweg, dass das Aushalten dieser Spannung für die Seelsorgerinnen als große Herausforderung erlebt wird.

„Die Schwestern – so Jutta-Ute Schwarz – machen mir ein bißchen Angst, sie blitzen vor Kompetenz und Sicherheit. Ich bedarf dringend der Erinnerung an meine Hilfsschwesternschulung, damals im Diakonissenkrankenhaus."[11]

Stange differenziert die Wahrnehmung des Krankenhauses nach den verschiedenen Mitarbeitenden. Die Beziehung zwischen dem „Pastor" – Stange bezeichnet den Seelsorger immer mit diesem Terminus – und den einzelnen Berufsgruppen wird von ihm unterschiedlich gewertet.

Was die „Mediziner" betrifft, hält Stange es nicht für nötig, mit allen Kontakt zu haben. Seiner Meinung nach ist dem Pastor häufig „viel mehr mit informellem Kontakt geholfen"[12]. Kritisch ist Stange bezüglich der Psychologen:

„Die Kontakte zwischen klinischen Psychologen und Krankenhauspastoren verlaufen nicht überall gleich freundlich."[13]

Als Begründung für diese Beobachtung gibt Stange an, dass beide Berufsgruppen „innerhalb des Krankenhauses nicht über gefestigte Positionen ... verfügen" und dass die Arbeitsgebiete der beiden sich überlagern.[14]

Der Kontakt zu den Pflegenden wird besonders von Städtler-Mach betont:

„Aus meiner Erfahrung ist der Kontakt zu den *Pflegepersonen* – gleichgültig ob examiniert oder noch in Ausbildung – am wichtigsten. Die Kinderkrankenschwestern sind von allen die meiste Zeit um die Kinder herum, erleben die Besuche, die häufig zum Verständnis des Kindes wichtig sind, kommen den Kindern durch ihre pflegerischen Maßnahmen körperlich am nächsten. Die Schwestern sind meist auch die ersten Ansprechpartnerinnen für Kinder und Eltern, genießen in der Regel großes Vertrauen und bieten für die Kommunikation mit Kindern und Eltern niedrige Einstiegsschwellen. Das Wissen der Kinderkrankenschwestern

---

11 Schwarz a.a.O. 239.
12 Stange a.a.O. 62f.
13 A.a.O. 63.
14 Ebd.

um die Kinder, die sie pflegen, ist groß und sollte von der Seelsorgerin unbedingt genutzt werden."[15]

Zusammenfassend lässt sich festhalten, dass die Bedeutung des gesamten Krankenhausgeschehens in allen Veröffentlichungen registriert wird. Die jeweilige Bewertung fällt dabei unterschiedlich aus. Als entscheidend für eine positive Grundeinstellung wird in jedem Fall das Gelingen persönlicher Beziehungen bezeichnet.

1.3. Die Reflexionen zur eigenen Identität

So erscheint es außerordentlich folgerichtig, dass die Darstellungen der Seelsorge in der Kinderklinik die Identität der Seelsorgerin deutlich thematisieren. Die Frage, wer sie ist oder warum sie kommt, wird vor allem durch die Kinder selbst gestellt – die Antwort darauf ist offensichtlich keineswegs ganz einfach.[16]

Doch nicht nur im Gegenüber zu den Patienten stellt sich die Identitätsfrage. Gerade das moderne Krankenhaus, das einer Fülle von Berufen und Dienstleistungen den je eigenen Platz zuweist, macht es erforderlich, die Funktion und den Platz der Seelsorge zu beschreiben.

Auch dies wird keineswegs konfliktfrei erlebt. Im Kontext zu Kinderkrankenschwestern und Ärzten, aber auch in der Zusammenarbeit mit den Mitarbeitenden des Psychosozialen Dienstes, ist zu klären, was die Seelsorgerin macht und wodurch sie sich von anderen unterscheidet.

In der Darstellung dieses Punktes wird immer wieder die Akzeptanz der Seelsorge erwähnt. In den alltäglichen Vollzügen der Klinik scheint sie schwieriger zu erreichen zu sein als durch die Sterbebegleitung.

Ganz offensichtlich stellt die Seelsorge mit Sterbenden, die Begleitung dieser Kinder und ihrer Angehörigen einen Bereich dar, der ohne Probleme des übrigen Personals an die Seelsorge „delegiert" wird. Ist es im Ablauf der Stationen, in denen die Möglichkeiten der Medizin erfolgreich sind, für die Seelsorge eher schwierig, sich in das gesamte Geschehen einzubinden, so geschieht dies bei der Sterbebegleitung offenbar ohne Probleme.[17]

Doch bleibt festzuhalten: Die Identitätsbildung der Kinderklinikseelsorgerin erfordert eine starke Auseinandersetzung mit den eigenen Vorstellungen, Zielen und Fähigkeiten. Von der Klinik aus wird sie in der Regel nicht vorgegeben – hier ergibt sich eher das Problem der Akzeptanz.

---

15 Städtler-Mach a.a.O. 36.
16 A.a.O. 11–16.
17 Besonders Schwarz betont diese Erfahrung: a.a.O. 244f.

1.4. Theologische Überlegungen

Auch wenn die praktisch orientierten Fragen in den Darstellungen von Kinderseelsorge in der Klinik im Vordergrund stehen, lassen sich doch einige theologische Komplexe ausmachen, die immer wieder thematisiert werden.

Von großer Bedeutung ist ganz offensichtlich das Verständnis von der Person des Seelsorgers und der Seelsorgerin, in einzelnen Veröffentlichungen auch deutlich als „Amtsverständnis" benannt.

Wer der Seelsorger ist, wird natürlich unterschiedlich beantwortet. So spricht Stange von einem „professionellen Verkündiger ..., der im Hinterkopf behält, dass den Horizont dieses Gesprächs der Inhalt der Schrift bildet".[18] Und weiter:

„... es ist nicht das Bedürfnis des Menschen, das den Pastor in Bewegung setzt, sondern eine Botschaft an die Menschen."[19]

Die Beziehung des Amtes zur Verkündigung ist ebenso unumstritten wie die Einordnung der Seelsorge in die Kirche:

„Bei diesem Amt geht es um Aktivitäten, die speziell kirchlich sind, die nur innerhalb der christlichen Gemeinde vorkommen."[20]

Und weiter:

„Das seelsorgerliche Handeln ist also letztlich eine delegierte Funktion der versammelten Gemeinde."[21]

Die Position Stanges, die sich einem kerygmatischen Verständnis von Seelsorge verpflichtet weiß, bezieht auch die Sakramente mit ein:

„Neben der Seelsorge steht das sakramentale Handeln ... Sakramente und Seelsorge ergänzen einander."[22]

Dem steht das Verständnis von Amt bei Schwarz diametral gegenüber:

„Wenn es wirklich stimmt, was christliche Dogmatik lehrt, was Dietrich Bonhoeffer mit der präzisen theologischen wie politischen Wendung für die Kirche heute phantasierte und einforderte: religionsloses Reden von Gott und in der Welt Kirche sein für die Welt, dann müßte das auch praktizierbar sein im Alltag. D.h.: die Macht ablegen, die immer noch mit dem Amt verbunden ist, aber das Recht in Anspruch nehmen; der Vereinzelung, der Sonderstellung, der bösen Doppelung der Eliteidee mit allen Konsequenzen absagen, den Dienst erst einmal als Beruf auffassen, als professionelles Denken und Handeln. Bedeutet: Werden

---

18 Stange a.a.O. 13.
19 A.a.O. 18.
20 A.a.O. 14.
21 A.a.O. 15.
22 Ebd.

wie alle anderen im Krankenhaus Tätige; nicht mehr, aber auch nicht weniger sein."[23]

Zum Seelsorgeverständnis explizit äußert sich auch Herbst. Er konstatiert den „Umschwung" von der Seelsorge als Verkündigung zu dem Verständnis, das „dem seelsorgerlichen Gespräch ein eigenes Gewicht" gibt. Nach Herbst ist es im Zuge dieser Umorientierung zu einer „Verhilfswissenschaftlichung der Theologie" gekommen:

„Die Seelsorger wurden immer kompetenter im Psychologischen und immer sprachloser im Theologischen."[24]

Infolgedessen – so Herbst – „fällt der Seelsorger als Zeuge aus". Im Vordergrund der Seelsorge beim sterbenden Kind stehe das Begleiten und Dasein, von Jesus Christus sei jedoch nicht die Rede.

Demgegenüber betont Herbst, dass es darum ginge, „die eigene Verunsicherung im Blick auf das Evangelium zu erkennen und neu danach zu fragen, wie im seelsorgerlichen Kontakt das Evangelium laut werden kann"[25]. Für ihn ist deshalb die Parăsia für die Seelsorge am Bett des sterbenden Kindes notwendig.

Städtler-Mach referiert in der genannten Veröffentlichung kein ausdrückliches Seelsorgeverständnis. Eher lässt sich die zweifellos zu Grunde liegende Konzeption „zwischen den Zeilen" erkennen, wenn es da etwa heißt:

„Warum gehe ich als Seelsorgerin zu kranken Kindern? ... Ich bekunde durch meine Nähe und die Zeit, die ich dableibe, meine Anteilnahme ... Ich tue das aus dem echten Wunsch heraus, dieses Anliegen dem Kind zu vermitteln, aber nicht nur deshalb. Ich habe einen kirchlichen Auftrag dazu ... Ich habe die Aufgabe, nach den Kindern in meinem Krankenhaus zu sehen, und es ist nicht beliebig oder gar gleichgültig, ob ich dieser Aufgabe nachkomme oder nicht."[26]

So bleibt abschließend festzuhalten: Die Darstellungen der Seelsorge in der Kinderklinik sind stark sowohl an dem entsprechenden Kontext als auch an den konkreten Vollzügen in der Begegnung mit dem einzelnen Kind orientiert. Im Mittelpunkt der theologischen Reflexion stehen anthropologische Fragen und die Überlegung nach einer Identität oder dem Profil der Seelsorgerin.

---

23 Schwarz a.a.O. 237.
24 Herbst a.a.O. 82.
25 Ebd.
26 Städtler-Mach a.a.O. 12.

2. Entwürfe zu einer spezifischen Seelsorge mit Kindern

Gehen die bisher besprochenen Publikationen konkret auf die Seelsorge mit kranken Kindern ein, sind im folgenden Seelsorgeentwürfe für eine allgemeine Seelsorge mit Kindern zu betrachten. Im einzelnen werden zwei Publikationen referiert, die sowohl in ihrem Ansatz wie auch in Umfang und Aussagen zu sehr verschiedenen Konzepten von Kinderseelsorge kommen. Hierbei handelt es sich um dezidierte Kinderseelsorge-Entwürfe.

Schließlich wird dem Thema der Kinderseelsorge noch in den zwei neuesten Lehrbüchern der Poimenik nachgegangen. Die Grundfragen lauten dabei: Ist Seelsorge mit Kindern überhaupt ein Thema der allgemeinen Seelsorgelehre? Welchen Raum nimmt dieser spezielle Bereich in einem aktuellen Lehrbuch ein? Zu welchen Aussagen kommen die Autoren hinsichtlich der spezifischen Situation von Kindern einerseits und den theologischen Prämissen zum Kind andererseits?

2.1. Kinderseelsorge in der Pastoralpsychologie: Richard Riess[27]

Bei dieser Publikation handelt es sich um ein umfangreiches Werk, das der Seelsorge und Beratung von Kindern und Jugendlichen von einer Fülle von Aspekten her Anstöße geben und zum Weiterdenken anregen will. Neben den Beiträgen der einzelnen Autorinnen und Autoren liefert der Herausgeber Richard Riess einen Grundsatzartikel unter dem Titel: „‚Wenn ihr nicht werdet wie die Kinder ...'. Einsichten und Ausblicke zum Konzept der verletzlichen Jahre."[28]

Der Ausgangspunkt dieses Konzeptes ist mit dem Titel erfasst: „Die verletzlichen Jahre" charakterisieren ein Verständnis von Kindheit, das sich mit einer einzigen, womöglich rein analytischen Beschreibung von Kindheit nicht erfassen lässt. Kindheit wird hier von Erwachsenen in einer doppelten Blickrichtung betrachtet: Zum einen wird die Realität von Kindern wahrgenommen, beschrieben und zu verstehen gesucht. Zum andern – und dies gleichzeitig – wird dem Blick auf die eigene Kindheit des Erwachsenen Rechnung getragen. Damit ist nicht die Erinnerung an vergangene Zeiten gemeint, sondern ein Gewahrwerden all dessen, was auch dem Erwachsenen an Kindsein noch gegenwärtig ist.

In dieser doppelten Schau wird das Spannungsfeld erkennbar, das mit den „verletzlichen Jahren" gemeint ist: Auf der einen, der kindbezogenen Seite werden die Krisen des Lebens beschrieben, unterschieden als „normativ" und „kontingent" beziehungsweise „akzidentiell".[29]

---

27 Riess, Richard/ Fiedler, Kirsten (Hg.): Die verletzlichen Jahre. Handbuch zur Beratung und Seelsorge an Kindern und Jugendlichen, Gütersloh 1993.
28 Riess, Richard: „Wenn ihr nicht werdet wie die Kinder...". Einsichten und Ausblicke zum Konzept der verletzlichen Jahre, in: Riess/ Fiedler (Hg.) a.a.O. 757–779.
29 A.a.O. 763.

Riess weist ausdrücklich darauf hin, dass dieser lebensgeschichtliche Aspekt der Kindheit eng mit dem gesellschaftlich-kulturellen Prozess, in dem wir uns befinden, verbunden ist.

„Alles – so scheint es im Augenblick – beginnt zu wackeln. Alles beginnt sich zu wandeln. Wie lange reicht der Atem des heutigen Menschen aus, seinen Kindern und Kindeskindern nicht eine heillose Welt zu überlassen? Gibt es Mittel und Wege, um mit dem *Zwiespalt unseres Zeitalters* umzugehen, der zwischen dem Außen und Innen und zwischen dem Alten und Neuen aufgerissen ist?"[30]

Auch die Sicht des Erwachsenen auf die eigene Kindheit, besser: die Haltung des Kindes, die im Erwachsenen wirkt, trifft auf ein Spannungsfeld: Auf der einen Seite nimmt der erwachsene Mensch die Realität des Lebens deutlich wahr:

„Längst ist das selige Lächeln im Angesicht der Mutter verflogen, die Ahnung einer ‚anderen' Welt erloschen und die Erinnerung an eine Art ‚Paradies' verblaßt. Der Traum von einer ‚heilen Welt' ist weithin an der Heillosigkeit der Tatsachen zerbrochen."[31]

Auf der anderen Seite sind in diesem illusionslosen Erwachsenen auch andere Kräfte wirksam, die aus der Kindheitszeit im Menschen liegen: „die produktive Kraft von Sehnsucht, Vision und Wunsch".[32]

Von daher kommt – so Riess – in seinem Konzept „der verletzlichen Jahre" eine „Paradoxie" zum Ausdruck:

„Die verletzlichen Jahre werden genau in dem Zeitraum placiert, in dem der Glaube an die Unversehrtheit, Unverletzlichkeit und – mehr noch – Unsterblichkeit besonders groß ist. Dieses Verständnis entspringt jedoch eher der Außenansicht und der Rückschau von Erwachsenen. Von innen her – vor allem vom Kindsein her – betrachtet ist es korrekter zu behaupten: *Am Anfang war der Traum*, die Ahnung, daß diese Welt ‚in Ordnung' ist und allen Widerfahrnissen zum Trotz in Ordnung bleibt."[33]

Mit dieser anthropologischen Prämisse lässt sich Riess als ein Vertreter der Pastoralpsychologie charakterisieren: Der Ausgangspunkt der Betrachtungsweise nimmt das Kind unter gesellschaftlichen und psychologischen, genauer: psychoanalytischen Bestimmungen in den Blick.

In welcher Weise kommt nun der seelsorgerliche Ansatz zum Tragen?

Zum einen sieht Riess Leitbilder, die er für die Orientierung der heranwachsenden Menschen für unerlässlich hält, in den Gestalten der Bibel gegeben. Insbesondere in den Kindheitsgeschichten Jesu erkennt er „*paradigmatische Lebensmuster,* die wie zeitlose Leitbilder der Verletzlichkeit anmu-

---

30 A.a.O. 764.
31 A.a.O. 759.
32 Ebd.
33 A.a.O. 760.

ten können."³⁴ So deutet er beispielsweise die „Flucht nach Ägypten" auf vier Ebenen: der geschichtlichen, der mythologischen, der anthropologischen und der persönlichen.

Die zuletzt genannte Ebene charakterisiert die Nähe zum Erleben eines Kindes – und eines kindlich zu verstehenden Erwachsenen – in eindrucksvoller Weise:

„Noch bin ich im Schoß und im Schutz der Familie geborgen. Aber jeder Schritt weiter bedeutet auch für mich ein Unter-wegs-sein, ein Auf-dem Weg-sein und – eines fernen Tages – einen Aufbruch in die Einsamkeit."³⁵

Zum anderen beschreibt Riess Beratung und Seelsorge als „Werkzeuge des Wachstums"³⁶. Dabei unterscheidet er die Beratung nicht von der Seelsorge, wie er sich überhaupt nicht „mit definitorischen Bestimmungen auf(zu)halten" will. Lediglich als „Arbeitshypothese" wird formuliert, was Beratung und Seelsorge sind:

„Eine solide Beratung und eine gute Seelsorge tragen auf verschiedenartige Weise zu dem umfassenden Wachstumsprozeß von verschiedenartigen Menschen bei – seien es Kinder, seien es Jugendliche." ³⁷

Inhaltlich werden diese Prozesse dann doch näher bestimmt. So „verschränken sich – so Riess – *personhafte, kontextuale und strukturelle Faktoren* zu einer Fülle von Sichtweisen". Inhaltlich gehe es dabei um „*Förderung von Leben*, von offenen Lebensprozessen und neuen Lebensräumen"³⁸.

Dieses Seelsorgeverständnis stelle „die organismische Verankerung und die systemische Verflechtung des menschlichen Lebens" dar, die Riess in biblischen Bildern vorgebildet sieht, so beispielsweise im Baum (Psalm 1) oder im Weinstock (Joh 15)³⁹.

Deutlich wird dieser Gedanke auch in seiner Berufung auf eine „Anthropologie der Weltoffenheit", die Riess verfolgt. Mit diesem abschließenden Gedanken kommt er nochmals zum Ausgangspunkt zurück:

„Das höchst lebendige Leben des Kindes ist oft in das langsam wachsende Leben des Erwachsenen hinein aufgehoben: mit seinem schöpferischen Potential und seinem Reichtum, seiner Erschütterung und seinem Rückfall. So entsteht ein Ineinander an Zeit – an Erinnerung und Erlebnis und Entwurf, eine *Synchronie*, keine Spaltung. Die Wirklichkeit, wie wir sie aus der Kindheit empfangen, bleibt von der Kindheit her durchscheinend und auf die Kindheit hin durchlässig."⁴⁰

---

34 A.a.O. 766.
35 A.a.O. 770.
36 A.a.O. 771.
37 Ebd.
38 A.a.O. 773.
39 A.a.O. 774.
40 A.a.O. 776.

Mit seinem Ansatz – der Wahrnehmung des Kindes durch den Erwachsenen und gleichzeitig vom „Kind im Erwachsenen" – unterstreicht Riess diese doppelte Sicht hier mit dem abschließenden Gedanken eines immerwährenden Werdens aller Menschen.

Diesem Grundsatzbeitrag des Herausgebers entsprechen die meisten der Beiträge in diesem Handbuch. Insbesondere die Verflechtung der Sicht des erwachsenen mit der des kindlichen Menschen kommt immer wieder zum Vorschein.

Ein wesentliches Charakteristikum dieses Handbuchs ist seine stilistische Gestaltung. Neben der Vielzahl der Autorinnen und Autoren, die ein buntes Spektrum der Sichtweisen entfalten, gewinnt das Handbuch seinen Reiz durch verschiedene literarische Gattungen. So sind neben rein analysierenden und reflektierenden Texten auch eher belletristische Formen zu finden. Fallbeispiele und Kinderbilder lassen genau die Lebendigkeit aufscheinen, die Riess in seinem Hauptartikel als Charakteristikum der Beschäftigung mit dem Kind herausstellt.

Dieses Handbuch gibt vor allem einen Überblick über die verschiedenen Lebensabschnitte des Kindes- und Jugendalters, die Krisen des Wachsens sowie die speziellen Lebensumstände von Kindern und Jugendlichen heute. Dadurch wird das Thema Kinderseelsorge in einer Weise entfaltet, die so vorher nicht existiert hat und seit dem Erscheinen dieser Publikation auch nicht erreicht wurde. Insofern kann diese Veröffentlichung als Meilenstein in der Forschung zur Kinderseelsorge gelten.

Gleichzeitig wird deutlich, dass die Vielfalt der Darstellungen eine einheitliche Konzeption nicht zulässt. Bestenfalls – das ist jedoch schon wesentlich – lassen sich die Autorinnen und Autoren in die Tradition der Seelsorgebewegung einordnen. Insofern – und das zeigt auch die Riess'sche Darstellung des Konzeptes der „verletzlichen Jahre" – handelt es sich um eine Konzeption innerhalb dieses Seelsorgeverständnisses.

2.2. Kinderseelsorge in der Biblisch-therapeutischen Seelsorge:
    Michael Dieterich

Einen ganz anderen Ansatz vertritt Michael Dieterich in seiner Veröffentlichung.[41]

Er wird bereits im Vorwort klar formuliert:

„Was die Seelsorge anbelangt, so haben wir einen weiten Ansatz gewählt, der biblisch gesehen Heil *und* Heilung des Menschen als seelsorgerliche Aufgabenstellung sieht. Wir sind uns darüber im klaren, daß der Weg zum Heil nur über Jesus

---

41 Dieterich, Michael (Hg.): Praxisbuch Seelsorge mit Kindern: in Liebe leiten, Neuhausen – Stuttgart 1994.

Christus möglich ist. Es ist die wichtigste Aufgabe der Christen, den Menschen diesen Weg zu zeigen."[42]

In einem ersten Teil begründet Dieterich das Selbstverständnis der Biblisch-therapeutischen Seelsorge.

Der Ausgangspunkt ist eine zweifache Wirklichkeit: Zu der sichtbaren und empirisch erklärbaren Welt kommt als zweite Dimension die Wirklichkeit Gottes. Der gläubige Mensch – so Dieterich – anerkennt diese Doppelung. Bei Problemen können die Ursachen sowohl im einen wie im anderen Bereich liegen.

Um ihre Herkunft festzustellen, ist eine „ganzheitliche Diagnostik in der Seelsorge" erforderlich. Dazu erstellt Dieterich ein Modell: Biologie/Körper – Sozialisation/Lernen – unsichtbare Welt Gottes und des Feindes. In diesen drei Dimensionen vollzieht sich das Leben, daher muss bei der ganzheitlichen Diagnostik in einem Dreischritt vorgegangen werden:

„Ebene 1: Zuerst die biologischen und körperlichen Gegebenheiten überprüfen.
Ebene 2: Danach überprüfen, ob die Störungen durch Lernprozesse im Elternhaus und in der Schule entstanden sein könnten.
Ebene 3: Abschließend den geistlichen Horizont ausleuchten."[43]

In der Entfaltung dieser drei Ebenen zeigt Dieterich eine deutliche Nähe zur Pädagogik. So werden Erziehungsstile vorgestellt und Erziehungsmuster hinterfragt. Schließlich wird der Lebensstil eines Menschen nach seiner Wirklichkeitsauffassung beurteilt: So gibt es – nach Dieterich – ein „primäres und ein sekundäres Bezugssystem". Das primäre beinhaltet Meinungen und Sichtweisen, die in der Kindheit entstanden sind, während das sekundäre Bezugssystem die Wertvorstellungen umfasst, die später erworben werden.

Wird nun das sekundäre Bezugssystem christlich geprägt, steht es möglicherweise dem primären Bezugssystem unvereinbar gegenüber.

„Beziehen wir dieses Konzept auf den Christen, so dürfen wir davon ausgehen, daß bei der Entscheidung für Jesus Christus insbesondere das sekundäre Bezugssystem angesprochen wird. Dies bedeutet ganz praktisch, daß Menschen in der Nachfolge Christi von der Heiligen Schrift her wissen, daß der Schuldbrief zerrissen ist', daß sie durch das stellvertretende Opfer auf Golgatha den Weg zum Vatergott finden durften ... Was nicht selten Probleme machen kann, ist derjenige Anteil des Lebensstils, der mit seinen frühkindlichen Erfahrungen weitgehend das Lebenskonzept bestimmt ..."[44]

Von daher kommt der „Ebene 3" der „ganzheitlichen Diagnostik" eine besondere Bedeutung zu. In der Seelsorge wird es darum gehen, das jeweilige „Lebensstilkonzept" eines Kindes zu erfassen und entsprechend zu korrigieren.

---

42 A.a.O. 7.
43 A.a.O. 21.
44 A.a.O. 37.

Als Beispiel sei das Lebensstilkonzept „Ich muss immer das Beste für Jesus tun" und die Erwiderung darauf benannt:

„Ist diese Leitlinie im Lebensstilkonzept verankert, kann sie vom Erwachsenen nicht eingelöst werden. Menschen hinken dann in ihrem Anspruch immer hinter der aktuellen Leistung hinterher. Nicht selten sind Erschöpfungsdepressionen die Folge eines derartigen Lebensstils. Wie wichtig ist es deshalb, daß Erzieher die Kinder lehren: ‚Ich muß dies ja gar nicht für Jesus tun, denn er tat das Beste für mich.'"[45]

In einem weiteren Gedankengang reflektiert Dieterich die Frage, ob Seelsorge und Okkultismus vereinbar seien. Dabei referiert er die gegenwärtig aktuellen Standpunkte, wonach zwischen der Position „Für das Okkulte gibt es keinen Platz" und der Gegenposition „Alle nicht erklärbaren Phänomene haben eine dämonische Ursache" ein breites Spektrum von Antworten denkbar ist.

Seine eigene Position beschreibt er aufgrund des „biblischen Weltbild(es), d.h. vom Sieg Jesu über die Mächte der Finsternis".[46] Der Sieg Jesu ist der Grund dafür, dass Menschen keine Angst mehr zu haben brauchen.

Wenn – so lässt sich der Abschnitt über „Diagnostik" zusammenfassen – die Probleme des Kindes unter dem medizinisch-biologischen Blickwinkel betrachtet wurden, dann die Hintergründe von Familie und Erziehung beleuchtet wurden und schließlich der geistliche Bereich befragt wurde, kann die „Therapie" eingeschlagen werden.

Dabei beruft sich Dieterich auf die sechs verschiedenen Zugänge, die er im allgemeinen Konzept der Biblisch-therapeutischen Seelsorge entwickelt hat und folgendermaßen auflistet: Trösten, Ermahnen, Beichte und Buße, Lernen, Miteinander reden, an Vergangenheit und Zukunft arbeiten.[47]

Wie Dieterich in seiner Grundkonzeption der Biblisch-therapeutischen Seelsorge darstellt, dienen zur Seelsorge die unterschiedlichsten Methoden:

„Elemente aus der Verhaltenstherapie, der Gesprächspsychotherapie, der Individualpsychologie, der Psychoanalyse, der Logotherapie usw. können also hilfreich zu den bekannten Formen der Seelsorge, wie Trost, Ermahnung und Beichte in diese ganzheitliche Aufgabe der Biblisch-therapeutischen Seelsorge aufgenommen werden. Wichtig ist dabei, daß man die richtige Form der Seelsorge zum richtigen Zeitpunkt einsetzt."[48]

Der „Selbst- und Fremdwahrnehmung" des Seelsorgers gilt der zweite Grundsatzbeitrag. Dabei stellt Dieterich tiefenpsychologische Grundkenntnisse über Persönlichkeitsmerkmale und psychische Tiefenstruktur vor und

---

45 A.a.O. 38.
46 A.a.O. 47.
47 A.a.O. 61 Vgl. zum Ganzen: Dieterich, Michael: Psychotherapie, Seelsorge, Biblisch-therapeutische Seelsorge, Neuhausen – Stuttgart 1987.
48 A.a.O. 61.

gibt anschließend sehr konkrete Hilfen zur Selbsteinschätzung durch Klassifizierungen und Tests.

Neben dieser theologischen Grundlegung stellt der Herausgeber in zwei Artikeln grundlegende Erkenntnisse zur Entwicklungspsychologie dar. Insbesondere der religiösen Entwicklung wird dabei Aufmerksamkeit geschenkt.

Der zweite Teil der Veröffentlichung setzt sich aus Beiträgen mehrerer Autorinnen und Autoren zusammen, die einzelne Aspekte der Seelsorge mit Kindern und Jugendlichen beschreiben und reflektieren. Auch hier wird die Darstellung durch zahlreiche Fallbeispiele aufgelockert und gibt die Lebendigkeit der Kinder wieder.

Bei einer Würdigung dieses Ansatzes wird der Hauptgedanke eine Wertschätzung dessen sein, dass der Autor dem Thema „Seelsorge mit Kindern" überhaupt eine solche umfangreiche Reflexion gewidmet hat. Die Beiträge aus der Praxis lassen auch sehr deutlich werden, dass eine warmherzige Einstellung Kindern gegenüber vorhanden ist.

Der theologische Ansatz geht allerdings kaum auf die spezifische Situation von Kindern ein. Die „Diagnostik" nach drei Ebenen ist lediglich der Zuschnitt einer Konzeption für Erwachsene auf kindliche Lebensumstände. Dass bei der Not eines Kindes auch nach seinem familiären Umfeld gefragt wird, erscheint geradezu selbstverständlich.

Das wird vor allem bei der direkten Übertragung der seelsorgerlichen Möglichkeiten auf die Kinderseelsorge deutlich. Bei den genannten sechs Varianten handelt es sich in keiner Weise um Formen der Zuwendung, die besonders kindgerecht erscheinen.

Problematisch erscheint auch die unklare Unterscheidung zwischen Seelsorge und Religionspädagogik. Sicherlich kann es in „pädagogischen Situationen" auch zu seelsorgerlichen Möglichkeiten kommen. Religionsunterricht und Jugendstunde bieten auch Gelegenheiten, Kinder in ihren Krisen und Nöten wahrzunehmen und ihnen im Gespräch oder auf andere Weise hilfreiche Zuwendung zu vermitteln.

Dieterich wählt jedoch eine andere Herangehensweise: Sowohl inhaltlich – mit der „Therapie" im Hinblick auf die drei Ebenen – wie auch formal bewegt er sich in pädagogischen Kategorien. Am deutlichsten wird dies in seiner „Seelsorgerlichen Lehreinheit", für die er – ganz entsprechend einer pädagogischen Zielvorstellung – eine „Zielsetzung" formuliert:

„Die Kinder sollen vor dem Hintergrund ihrer persönlichen Entwicklung begreifen, daß man durch böses Handeln in große Schuld kommen kann, eigentlich verurteilt werden müßte und dann die Strafe ohne eigenen Verdienst erlassen bekommt."[49]

---

49 A.a.O. 133.

So lässt sich abschließend zusammenfassen:

Die vorliegende Konzeption scheint bei aller Wertschätzung der Aufnahme humanwissenschaftlicher Erkenntnisse doch auf die Besonderheit der Kinderseelsorge nicht sensibel genug zu reagieren. Zwar wird eine Fülle von psychologischen, tiefenpsychologischen und psychoanalytischen Grundkenntnissen in Anschlag gebracht. Doch geht die theologische Verankerung der Seelsorge wieder dahinter zurück: In der Zielsetzung und – damit verbunden – der Wahl der Mittel wird deutlich, dass das Kind in seiner *praktisch-theologischen* Relevanz nicht ausreichend wahrgenommen wird.

Die Möglichkeiten, die für die Praxis aufgezeigt werden, zeigen außerdem ganz deutlich, dass ein im theoretischen Teil nicht eigens ausgewiesener missionarisch-diakonischer Anspruch zur Geltung gebracht wird.

3. Kinderseelsorge in aktuellen Entwürfen allgemeiner Seelsorgelehre

Die zu Beginn dieses Kapitels aufgeführten Fragestellungen nach dem Raum, den die Kinderseelsorge in Entwürfen allgemeiner Seelsorgelehre einnimmt und den Aussagen sowohl hinsichtlich der spezifischen empirischen Situation von Kindern als auch zu den theologischen Prämissen sollen nochmals in Erinnerung gebracht werden. Beide Aspekte sind dabei im Blick, wenn im Folgenden die letzten beiden umfassenden Veröffentlichungen der Poimenik untersucht werden.

3.1. Klaus Winkler: Seelsorge[50]

Zunächst ist nach dem Ansatz des Werkes und nach seiner Zuordnung in den poimenischen Grundrichtungen zu fragen. In seinem Vorwort weist Winkler darauf hin, dass dieses Buch sowohl als „Lehrbuch" wie als „Kompendium" zu lesen ist. Während es bei dem Charakter des Lehrbuchs um grundsätzliche Ansatzpunkte gehe, zeige das Kompendium die Möglichkeiten auf, „sich im Rahmen der Seelsorge einem bestimmten Spezialgebiet zu widmen".[51] Aufgrund des Anspruchs des Autors, der hier zum Ausdruck kommt, ist schnell deutlich, dass unser Anliegen, ein „Spezialgebiet" der Seelsorge gesondert zu betrachten, gewiss nicht unangemessen ist.

Zweifellos sind die Ausführungen Winklers zum Spezialgebiet der Kinderseelsorge nicht losgelöst vom Gesamtverständnis der Seelsorge zu betrachten. Vielmehr gilt es, in der gebotenen Kürze das Verständnis von Seelsorge bei Winkler zu beschreiben, um die Besonderheiten der Kinderseelsorge zu verstehen.

---

50 Winkler, Klaus: Seelsorge, Berlin/New York 1997.
51 A.a.O. VII.

Im Eingangsabschnitt „A. Hinführung" gibt Winkler ein Vorverständnis von Seelsorge wieder, das er als „vorläufige Definition" betitelt.[52] Demnach beinhaltet Seelsorge ein doppeltes Verständnis: Zum einen ist Seelsorge „allgemein ... zu verstehen als Freisetzung eines christlichen Verhaltens zur Lebensbewältigung." Darüber hinaus ist Seelsorge „im besonderen ... zu verstehen als die Bearbeitung von Konflikten unter einer spezifischen Voraussetzung".

Für unseren weiteren Zusammenhang ist von Bedeutung, dass Winkler hier bereits die Nähe der Seelsorge zur Religionspädagogik (durch die Kategorie der „Freisetzung") und zur Ethik (durch die Kategorie des „Verhaltens") thematisiert. Der Vollständigkeit halber sei noch die angesprochene „Nähe" der Seelsorge zur Philosophie, zur (Sozial-)Psychologie sowie zu Systematischen Theologie benannt.

Diese Nähe zu einem pädagogischen Ansatz durchzieht das Seelsorgeverständnis im Ganzen. Dem entspricht der gesamte Abschnitt „III. Die seelsorgerliche Aufgabe heute: Gespräch mit vorausgesetztem Ziel".[53]

Zu dieser Sicht kommt auch Christoph Morgenthaler in seiner Rezension des Winkler'schen Seelsorgebuches:

„Winklers Verständnis von Seelsorge scheint mir stark von einem pädagogischen Impetus und einem Anspruch, verändernd wirken zu wollen, durchzogen: Winkler versteht Seelsorge ... als ‚Bildungsaufgabe' ... . Sie hat eine deutliche Affinität zur (Religions-)*Pädagogik.*".[54]

Betrachten wir nun die Stellung der Kinderseelsorge in Winklers Gesamtkonzept: Grundsätzlich ist festzuhalten, dass Winkler der „Seelsorge an Kindern und Jugendlichen" einen relativ umfangreichen Raum gibt. Er ordnet diese Thematik in den Abschnitt über „Seelsorge in einzelnen Lebensphasen" ein:

„Die in allen Lebensabschnitten notwendige Lebensbewältigung führt unter dem Vorzeichen der erreichten Lebensstufe auch zu gesonderten Konfliktsituationen und Konfliktkonstellationen. Das macht eine darauf ausgerichtete Differenzierung seelsorgerlichen Handelns notwendig."[55]

Zunächst stellt Winkler fest, dass „das Bemühen um einen gezielt seelsorgerlichen Umgang mit Kindern nicht zufällig erst jüngeren Datums (ist)." Die Gründe dafür sieht er zum einen in dem „besonderen" Verhältnis der Christen zum „Kindheitsstatus", zum anderen in der unrealistischen Sicht von Kindheit. Da jedoch die „Welt des Kindes" keine „heile Welt" darstelle, sei die Seelsorge dort „dringend erforderlich".[56]

---

52 A.a.O. 3ff.
53 A.a.O. 247ff.
54 Morgenthaler, Christoph: Klaus Winkler, Seelsorge, in: WzM (51) 1999, 303–310, 308.
55 A.a.O. 363.
56 A.a.O. 364.

In der Darstellung der Seelsorge mit Kindern beschreibt Winkler ein Spannungsfeld zwischen der Notwendigkeit von religionspädagogischen Maßnahmen einerseits und dem Bezug auf die „*therapeutische* Ausformung der modernen Kinder- und Jugendlichenpsychologie" andererseits.[57] Hier bezieht er sich stark auf den bereits skizzierten Ansatz von Riess in dessen Konzept der „Verletzlichen Jahre".

Im Hinblick auf die religionspädagogischen Maßnahmen konstatiert Winkler eine hervorgehobene Bedeutung der Gemeinde: Zu unterscheiden sei zwischen der auf die Gemeinde bezogenen religionspädagogischen und der poimenischen Tätigkeit.[58] Die konkrete Differenzierung im Vollzug wird jedoch nicht näher deutlich.

Konkreter wird Winkler im Abschnitt der „Grundsätzlichen Zielsetzung einer Kinder- und Jugendlichen-Seelsorge". Das Ziel dieser Seelsorge wird mit „Gottesbeziehung und Kreativität" beschrieben:

„Der wesentliche Punkt liegt für uns im möglichst angstfreien Umgang mit progressiver Phantasietätigkeit in Korrelation mit konstruktiven Regressionsmöglichkeiten."[59]

Im Rückgriff auf Michael Balint unterscheidet Winkler zwischen der malignen und benignen Regression. Die benigne Regression „als eine zwischenzeitliche Rückzugsmöglichkeit aus der (über-)anstrengenden Alltagswelt, um gleichsam ‚in Ruhe' zu jenen Kraftquellen zurückzukehren, die in früheren ... Daseinsbereichen liegen" kann nach Winkler zu einer „benignen Frömmigkeitshaltung" führen.[60]

Dahin zu gelangen, stellt für Winkler ein Ziel der Seelsorge dar. Daneben – so Winkler – ist die Seelsorge mit Kindern auch „Gewissensbildung und Gewissenspflege". Hier knüpft er an Reinmar Tschirch an, der als eine Aufgabe der Eltern formuliert, das Gewissen der Kinder zu prägen.

Mit dem Aspekt der Angstfreiheit und dem der Gewissensbildung sieht Winkler als drittes das „Gefühl der Dankbarkeit" im Rahmen der Verhältnisbestimmung von Gottesbeziehung und Kreativität im Leben des Kindes eng verknüpft:

„Vorhandene und aktiv wahrgenommene Kreativität kann eine Affinität zu selbstbezogenen Größenvorstellungen bekommen, die jede Abhängigkeit von Gott als störende Begrenzung erleben lassen. In diesem Zusammenhang ist Dankbarkeit – christlich gesehen – eine unverzichtbare Einstellung, um solch ein narzißtisch getöntes ‚Selber-sein-wie-Gott' des kreativen Menschen zu kompensieren ... Seelsorge an Kindern und Jugendlichen hat deshalb ‚unter allen Umstän-

---

57 A.a.O. 368.
58 A.a.O. 367.
59 A.a.O. 372.
60 A.a.O. 373.

den' bzw. im Zusammenhang mit allen Gegebenheiten auf die *Freisetzung von Dankbarkeit* hinzuwirken."[61]

Abschließend stellt Winkler die Seelsorge in das Spektrum bereits vorhandener säkularer und kirchlicher Beratungsarbeit und betont die Notwendigkeit einer Profilbildung. Hier endet die Darstellung der Kinder- und Jugendseelsorge mit der Auseinandersetzung mit dem Ansatz der Kirchlichen Beratungsarbeit von Helmut Halberstadt und dem Konzept von Kinderseelsorge von Michael Dieterich.

Was trägt nun die Winkler'sche Darstellung der Kinderseelsorge zu einer Theoriebildung bei?

Zunächst ist die Tatsache, dass Winkler Seelsorge in einzelnen Lebensabschnitten thematisiert und dabei auch die Kinder berücksichtigt, zweifellos positiv zu sehen. Dass ein Lehrbuch mit dem Impetus, Seelsorge in ihrer theologischen und pastoralpsychologischen Grundlegung, ihrer Darstellung in Geschichte und Gegenwart und schließlich in der Beschreibung der konkreten Tätigkeitsfelder die Seelsorge mit Kindern berücksichtigt, ist neu und allein schon deshalb erwähnenswert. Der Verfasser nimmt damit die jüngsten Entwicklungen eines Spezialbereiches der Seelsorge mit auf. Dabei benennt er auch die Anstöße, die aus der Seelsorge mit kranken Kindern erfolgen:

„Fragt man aufs Ganze gesehen nach einer spezifischen seelsorgerlichen Kompetenz in Bezug auf Kinder und Jugendliche, so wird deutlich, daß gerade von der entsprechenden Arbeit im Krankenhaus wesentliche Impulse für Wahrnehmungs- und Handlungsdifferenzierungen im gesamten Bereich der Kinder- und Jugendlichen-Seelsorge ausgehen können."[62]

Gleichzeitig ist danach zu fragen, in welcher Weise dieser Seelsorgebereich von Winkler inhaltlich verstanden wird und wie er die vorhandenen, von ihm auch benannten konzeptionellen Reflexionen rezipiert.

Hier ist bei dem Autor kein spezifisches Verständnis für Seelsorge *mit Kindern* auszumachen. Weder nimmt Winkler in ausformulierter Weise die speziellen Lebensbedingungen der Kinder auf – obgleich er die Notwendigkeit, dies zu tun, ja eingangs festhält –, noch benennt er bestimmte methodische Erfordernisse. Seine Ausrichtung an eher religionspädagogischen Fragestellungen wie beispielsweise der Gewissensbildung macht deutlich, dass er wohl in erster Linie an größere, mindestens sprachfähige und weitgehend gesunde Kinder denkt. Damit trifft er eine Eingrenzung, die dem weiten Spektrum von realen Kindern nicht gerecht wird. Von daher wird auch deutlich, dass eine Abhandlung, die Kinder und Jugendliche gleichzei-

---

61 A.a.O. 375f. – Dieser Gedanke erinnert an die Ausführungen zur Dankbarkeit von Melanie Klein: Klein, Melanie: Neid und Dankbarkeit (1958), in: Dies.: Das Seelenleben des Kleinkindes und andere Beiträge zur Psychoanalyse, Stuttgart 4. Aufl. 1991, 225–242.

62 A.a.O. 371 Anm. 27 Hier führt Winkler auch differenziert den Grundsatzbeitrag von Dorothea Bobzin an: „Seelsorge im Kinderkrankenhaus – Versuch eines Konzepts".

tig berücksichtigt, den empirischen Erfordernissen der jeweiligen Lebenszeit nur schwer nachkommen kann.

Doch auch in der theologischen Reflexion ist keine Argumentation zu sehen, die die spezifische Situation des Kindes in den Blick nimmt. Aufgrund der Forderung, die der Verfasser selbst an eine Konzeption von Seelsorge stellt[63], wäre dies durchaus vorstellbar. Die drei Grundannahmen vom Menschen als einem Geschöpf Gottes, als einem, der der Erlösung bedürftig und als einem, der zur Erkenntnis Gottes fähig ist, die der Verfasser als Voraussetzungen biblischer Anthropologie beschreibt, berücksichtigen eine eigene Anthropologie des Kindes nicht.

Dass Winkler in der Darstellung der Kinderseelsorge auf methodische Überlegungen nicht eingeht, scheint aufgrund dieser anthropologischen Vorüberlegungen geradezu folgerichtig: Wenn vom Kind nichts wesentlich anderes Anthropologisches zu bedenken ist als vom „Menschen allgemein", ist dies wohl auch im praktischen Vollzug so zu folgern.

Hierin liegt die Schwäche dieses Beitrages zur poimenischen Diskussion. Das Kind wird in seiner anthropologischen und auch in seiner pastoralpsychologischen Besonderheit wenig wahrgenommen. Was über die inhaltliche Zielsetzung der Seelsorge mit Kindern dargestellt wird, kann so letztlich auch für die Seelsorge mit Erwachsenen gelten: Angstfreiheit, Hilfe zur Gewissensbildung und Freisetzung von Dankbarkeit sind keine spezifischen Ziele der Seelsorge mit Kindern.

Dass die Bezüge zur Praxis lediglich in Beschreibungen und Literaturhinweisen auf andere Autoren erscheinen, mag ein Hinweis auf die mangelnde Praxiserfahrung des Autors in der Seelsorge mit Kindern sein. Dies ist verständlich, macht jedoch gerade die Notwendigkeit einer Verknüpfung von Praxis und Theorie der Seelsorge mit Kindern sinnfällig.

3.2. Jürgen Ziemer: Seelsorgelehre[64]

Innerhalb aktueller Gesamtdarstellungen poimenischer Literatur soll die „Seelsorgelehre" von Jürgen Ziemer auf ihren Beitrag zur Kinderseelsorge hin untersucht werden. Auch hier handelt es sich um einen Ansatz, der der Pastoralpsychologie zuzuordnen ist. Dabei betont der Verfasser, insbesondere die sozialen Faktoren neben den psychologischen Gesichtspunkten mit zu berücksichtigen:

„Stärker als in dieser (i.e. pastoralpsychologischen, d.Verf.) poimenischen Tradition bisher üblich geht es in der vorliegenden Einführung in die Seelsorgelehre darum, auch die kontextuellen Faktoren, die für Selbsterfahrungen des Einzelnen

---

63 Vgl. dazu den Abschnitt „II. Die Entscheidungen im Rahmen einer sachgemäßen Theologie". A.a.O. 15ff.
64 Ziemer, Jürgen: Seelsorgelehre. Eine Einführung für Studium und Praxis, Göttingen 2000.

relevant sein könnten, in die Darstellung einzubeziehen. Individuelle Probleme haben oft soziale Ursachen. Seelsorgliches Handeln geschieht immer in einer konkreten gesellschaftlichen und kulturellen Situation."[65]

Ziemer behält diesen Rahmen an seiner Darstellung von Anfang an im Blick. Er charakterisiert zunächst die Wirklichkeit des modernen Menschen, um dann aufzuzeigen, inwiefern Seelsorge – auch im Blick auf ihre Geschichte – Antwort auf die jeweiligen Herausforderungen ihrer Zeit zu geben imstande ist.

Für unsere Gegenwart beschreibt der Autor fünf Perspektiven, innerhalb derer sich das Leben abspielt[66]: So nennt er den „lebensbedrohlichen Sicherheitsverlust", die „Modernisierung gesellschaftlichen Lebens", die „ambivalenten Wendeerfahrungen" (bezogen auf die Wiederherstellung der deutschen Einheit 1989/90), die Entwicklung „einer neuen Moral" und den „Wandel der Kirchen". Diese Prozesse beschreiben das „Leben im Ungewissen" des heutigen Menschen:

„Leben im Ungewissen – das ist die Leit-Erfahrung in der modernen Gesellschaft. Seelsorgerinnen und Seelsorger, die den Kontext ihrer Arbeit wirklich wahrnehmen, werden deshalb ihren besonderen Auftrag darin sehen, Menschen wieder zu begründeten Gewissheiten zu verhelfen. Das aber wird nicht mit restaurativen Beschwörungsformeln zu erreichen sein, sondern nur durch ein sensibles Eingehen auf die kontextuell und biographisch bedingten Ungewissheiten, wie sie sich in konkreten Problemlagen nach Seelsorge fragender und suchender Menschen niederschlagen."[67]

Ziemer leitet aus dieser Situation „Poimenische Herausforderungen" ab und zeigt auf, mit welchen „Hauptströmungen gegenwärtiger Seelsorgelehre" darauf geantwortet wurde.[68] Schließlich charakterisiert er sein eigenes Seelsorgeverständnis, indem er „Konturen" – ohne Anspruch auf Vollständigkeit – in vierfacher Richtung aufzeigt:

„Das theologische Konzept einer pastoralpsychologisch orientierten Seelsorgelehre möchte erfahrungsbezogen, hermeneutisch, interdisziplinär und integrativ sein."[69]

Neben diesen pastoralpsychologischen Konturen beschreibt Ziemer die „Aspekte eines theologischen Seelsorgeverständnisses"[70]. Als grundlegende Dimension nennt der Autor die „Seelsorge als Gottesbegegnung". In der Seelsorge – so Ziemer – geht es um den Menschen, der als Einzelner vor Gott in den Blick kommt. Dabei ist die Begegnung von zwei Menschen, die in der Seelsorge aufeinander treffen, offen für die Begegnung mit Gott.

---

65 A.a.O. 17.
66 A.a.O. 21–39.
67 A.a.O. 37.
68 A.a.O. 77–95.
69 A.a.O. 96.
70 A.a.O. 109–127.

Diese Offenheit gilt es zu sehen und gleichzeitig ihre Unverfügbarkeit zu respektieren:

„Gottesbegegnung ist eine Möglichkeit, keine methodisch zu sichernde Selbstverständlichkeit."[71]

Im einzelnen nennt Ziemer den emanzipatorischen, den ethischen, den ekklesiologischen und den diakonischen Aspekt als grundlegend für die Seelsorge. Die Frage nach der Psychologie für die Seelsorge, nach dem Proprium, die Ausführungen zum Gespräch in der Seelsorge, zum seelsorgerlichen Beruf und zu „Lebensthemen in der Seelsorge" werden in unserem Zusammenhang nicht näher betrachtet. Vielmehr soll die Aufmerksamkeit auf die Darstellung der Kinderseelsorge bei Ziemer gelegt werden.

Auch Ziemer betont zunächst, wie wichtig es ist, die einzelnen Lebensalter getrennt zu betrachten. Dabei hat er von Anfang an die Kindheit mit im Blick:

„Jedes Lebensalter des Menschen hat seine eigene Botschaft, seine eigenen Chancen, Herausforderungen und Gefährdungen. Das gilt auch schon für jene frühen Jahre, an deren aktiver Gestaltung wir scheinbar so wenig Anteil haben. Man muß nicht Psychoanalytiker sein, um anzuerkennen, dass die ersten Lebensjahre für die seelische Ausstattung eines Menschen von unvergleichlicher Bedeutung sind."[72]

Insofern ist es folgerichtig, dass Ziemer die Seelsorge mit Kindern gegenüber derjenigen mit Jugendlichen und jungen Erwachsenen abgrenzt. Dennoch fragt er zunächst, „inwiefern Kinder ein Thema der Seelsorge sind".

Auch seiner Meinung nach „gehören wohl in keiner Lebensphase das Pädagogische und das Seelsorgerlich-Diakonische so eng zusammen wie für das Kindesalter"[73]. Somit weist er auf die pädagogischen Situationen hin – z.B. Christenlehre – und stellt gleichzeitig die Bedeutung einer *Seelsorge* mit Kindern fest:

„Und dennoch ist es möglich und notwendig, sie als Partner der Seelsorge zu verstehen."[74]

Für die Seelsorge mit Kindern nennt Ziemer als Grundlegung „das Vertrauensthema". Im Anschluss an den von Erik H. Erikson geprägten Begriff des Urvertrauens betont Ziemer die Notwendigkeit dieses Erlebens. Allerdings sieht er das Vertrauen im Kind durch viele Faktoren gefährdet: Ängste, Mangelerfahrungen, Krankheitserlebnisse und soziale Probleme können den Kindern dieses Urvertrauen nehmen oder gar zerstören.

So kommt der Autor zu der Frage, was Kinder in der Seelsorge „brauchen". Dabei hält er es für das Wichtigste, in einer grundsätzlich kinder-

---

71 A.a.O. 109.
72 A.a.O. 247.
73 A.a.O. 251.
74 A.a.O. 252.

freundlichen Welt leben zu können.⁷⁵ Darüber hinaus beschreibt er seelsorgerliches Verhalten einem Kind gegenüber mit folgenden Faktoren: Das Kind soll ernst genommen werden, ihm soll ehrlich begegnet werden, für das Kind soll Zeit zur Verfügung stehen und zu den Eltern soll Kontakt hergestellt werden.

Mit diesen Charakteristika macht Ziemer deutlich, dass er die Seelsorge mit Kindern von der mit Jugendlichen und Erwachsenen der verschiedenen Altersstufen abzusetzen weiß. Das Kind erscheint hier als gesondert wahrgenommener Mensch, dessen spezifische Bedingungen im empirischen Bereich grundlegend für die seelsorgerlichen Bezüge sind. Nicht die Zielvorstellung einer pädagogischen Maßnahme, die immer noch das „Werden" im Blick hat, ist hier leitend. Ziemer geht es um das Verstehen von Menschen in ihrer jeweiligen Lebenssituation, was bezogen auf Kinder eine deutliche Unterscheidung zu Erwachsenen bedeutet.

Insbesondere die Betonung von Ernstnehmen und Zeit haben gibt über die anthropologische Einschätzung des Kindes bei Ziemer Aufschluss: Ihm geht es um die konkrete Situation des Kindes und die erlebten Gefährdungen der Lebensgewissheit. Auch wenn im Rahmen des Gesagten keine theologische Anthropologie des Kindes entfaltet oder zumindest angedeutet wird, lässt sie sich durch diese vier Verhaltensweisen gleichsam von hinten her erschließen:

Das Ernstnehmen des Kindes ist nur dann wirklich sinnvoll, wenn es eine Wertschätzung des Kindes als „vollen" Menschen voraussetzt. Die geforderte Ehrlichkeit bringt dabei die ethische Komponente ins Menschenbild: Weil das Kind nicht irgendwie „minderwertig" ist, gehören zur seelsorgerlichen Begegnung der Respekt und die Aufrichtigkeit.

Der Hinweis auf ausreichend Zeit bringt eine weitere Komponente der Anthropologie ins Spiel. Da das Kind in einer anderen Weise die Welt erlebt, in anderen Zeitverhältnissen lebt und seine Umwelt wahrnimmt, ist es ein Ausdruck von Respekt gegenüber dem Kind, seine eigene Ausformung von Zeit zu berücksichtigen. Am deutlichsten kommt dies sicherlich im Spiel zum Ausdruck.

Das Erfordernis, mit den Eltern des Kindes Kontakt zu pflegen, berücksichtigt noch einmal eine spezifische kindliche Lebenssituation. Kinder begegnen in der Seelsorge – wie auch sonst – nicht als einzelne, selbständige und eigenverantwortliche Menschen. Sie sind in hohem Maße auf den Zusammenhalt mit anderen – in der Regel mit der Herkunftsfamilie –, auf deren Fürsorge und Verantwortlichkeit angewiesen. So wie sie nicht losgelöst von diesen Bezugspersonen leben können, kann auch die Seelsorge nicht ohne deren Berücksichtigung geschehen.

Nach alledem wird deutlich, dass Ziemer in sehr konkreter Weise von der Seelsorge mit Kindern spricht. Neben seiner feinen Wahrnehmung von Kindern ist eine eigenständige Anthropologie des Kindes erkennbar, die

---

75 A.a.O. 253.

gerade auch in den Hinweisen für den seelsorgerlichen Umgang mit Kindern ihren Niederschlag findet. Nennenswert ist dabei vor allem, dass Ziemer auf jede Profilierung in Form einer Pädagogisierung verzichtet. Ihm geht es um eine Zuwendung zum Kind, die sich nicht an pädagogischen Zielen orientiert, auch wenn er diese Möglichkeit grundsätzlich nicht ausschließt.

Abschließend bleibt festzuhalten, dass sich in der Seelsorgelehre Ziemers eine spezifische Darstellung der Kinderseelsorge findet. Als eines der zuletzt erschienenen umfassenden Lehrbücher der Poimenik kann diese Veröffentlichung möglicherweise auch eine Trendwende in der Berücksichtigung der Kinderseelsorge anzeigen.

4. Die Berücksichtigung des Kindes in den Arbeitsfeldern der Kirche

Der Schwerpunkt der Seelsorge mit Kindern liegt zweifellos in der unmittelbaren Begegnung mit Kindern. Von daher galt unser Interesse vorrangig der Untersuchung poimenischer Entwürfe. Aufgrund der bisherigen Ergebnisse wird deutlich, dass sich Seelsorge immer nur in einem Raum der Akzeptanz des Kindes entwickeln kann. Anders gesagt: Die Voraussetzung für eine seelsorgerliche Zuwendung ist die Kenntnisnahme und Wertschätzung des Kindes.

Im Rahmen der kirchlichen Arbeitsfelder ist es nicht die Kinderseelsorge allein, die diese Wertschätzung des Kindes zum Ausdruck bringt. In vielen Bereichen von Gemeinden, Diakonie und Kirchenleitung ist das Kind mit seinen Bedürfnissen und in seinen spezifischen Lebenssituationen im Blick. Von einer „Kindvergessenheit der Kirche"[76] kann ganz gewiss nicht allgemein die Rede sein.

Diese kirchliche Realität soll im Folgenden skizziert werden. Dabei wird die Konzentration auf das Kind innerhalb der Kirche aus verschiedenen Perspektiven in den Blick genommen: Verlautbarungen von Synoden zum Thema Kind, Tendenzen gegenwärtiger Religions- und Gemeindepädagogik sowie die vielfältigen diakonischen Tätigkeiten sind hier zu nennen. Ziel der summarischen Darstellung ist die Vergegenwärtigung kindbezogener Denk- und Handlungsweisen innerhalb der Kirche.

4.1. Das Thema „Kind" in Verlautbarungen der Kirchenleitungen

Zu Beginn der Reflexion kirchlicher Arbeitsfelder ist die Aufmerksamkeit auf die Kirchenleitungen zu richten. Die Beschäftigung der Synoden auf

---

76 Vgl. dazu: Gärtner, Michael: Über die Kindvergessenheit der Kirche. Wie Kinder ihre Kirche sehen – Reflexionen zu einem Kinderhearing, in: Praktische Theologie (31) 1996, 83–87.

den verschiedenen Ebenen mit dem Themenkomplex Kind oder Familie ist nicht neu, erfolgte aber vielfach eher unter den Fragestellungen von Bildung und Erziehung.

In dem Zeitraum, in dem sich die bereits dargestellte Entwicklung der Kinderseelsorge vollzog, sind vor allem zwei Synoden der Evangelischen Kirche bedeutsam, die sich dem Thema Kind stellen. Sie sollen deshalb näher betrachtet werden.

4.1.1. Herbsttagung der 8. Synode der Evangelischen Kirche in Deutschland: „Aufwachsen in schwieriger Zeit – Kinder in Gemeinde und Gesellschaft" (November 1994)

Die Synode der EKD nahm für die Tagung im Herbst 1994 nach 16 Jahren wieder ein Schwerpunktthema auf, das dem Kind und seiner Stellung in der Kirche gewidmet war. In dem Programm sollten die Perspektiven der Kinder zum Ausdruck kommen, die Zusammenhänge zwischen Kindern und Kirche aufgezeigt und schließlich der angestrebte „Perspektivenwechsel" im Hinblick auf eine Wertschätzung der Kinder auf den Weg gebracht werden. Neben der expliziten Bedankung all derer, die sich beruflich und ehrenamtlich Kindern widmen, war es das „Anliegen der Synode, dass auf breiter Ebene Überlegungen angestellt werden, wie die Situation von Kindern in Gemeinde und Gesellschaft wahrgenommen und verbessert werden kann".[77]

Die Synode wurde durch einen Vorbereitungsausschuss und drei Arbeitsgruppen gestaltet, durch die die Gliederung der Tagung strukturiert wurde. In drei Themenkreisen erschlossen sich die Synodalen die Thematik: Die Lage der Kinder in Deutschland 1994 wurde durch empirische Daten erfasst, das Leben und die Welt von Kindern durch deren eigene Sicht in Umfrageergebnissen, Gedichten und Bildern dargestellt, und schließlich wurde die Frage nach dem Zusammenhang von Kirche und Kind gestellt. Bibelarbeiten lieferten das Material zur Erhellung des Themas aus biblisch-theologischer Sicht.

In der abschließenden „Kundgebung" der Synode wurden die Ergebnisse vorgestellt und die Wahrnehmung des Kindes als Forderung festgeschrieben:

„Hier brauchen wir alle einen *Perspektivenwechsel*. Er verlangt, daß Kindern ein fester Platz in der Wahrnehmung der Erwachsenen eingeräumt wird und daß sich Erwachsene immer wieder neu auf den oft mühsamen Prozeß einlassen, Kinder wirklich zu verstehen. ... Kinder brauchen ... Männer und Frauen, die ihr Aufwachsen aktiv begleiten, die – wo notwendig – schädigende und überfordernde Einflüsse und Zwänge abschirmen, die auch Grenzen ziehen, weil sie über Ein-

---

77 Schmude, Jürgen: Vorwort, in: Synode der Evangelischen Kirche in Deutschland: Aufwachsen in schwieriger Zeit – Kinder in Gemeinde und Gesellschaft, Gütersloh 1995, 8.

sichten in Gefahren und Notwendigkeiten verfügen, die die Kinder (noch) nicht teilen können."[78]

Von diesem Ansatz her ergeben sich Forderungen an Öffentlichkeit, Politik und die Gesellschaft im Ganzen, den Kindern einen eigenen Platz einzuräumen. Dies wird insbesondere im Hinblick auf den Familienverbund beschrieben.

Schließlich werden auch die Aufgaben der Kirche im Hinblick auf das Kind formuliert. Dabei werden theologische Grundvoraussetzung in Anschlag gebracht, die auf den bereits erwähnten Bibelarbeiten aufbauen:

„Die Worte Jesu zu den Kindern stehen im Zusammenhang der Rede vom nahe herbeigekommenen Reich Gottes. Es hat eine gegenwärtige und eine zukünftige Dimension. Ihm geht der Ruf zur Umkehr, zur Buße voraus. Dieser Ruf betrifft zuallererst die Kirche und die erwachsenen Christen. Finden die Kinder in den kirchlichen Gemeinden und Arbeitsfeldern jene Auf- und Annahme, von der Jesus gesprochen hat? Zwar gibt es in der evangelischen Kirche vielfältige Arbeit mit Kindern ... Die sich daraus ergebenden Chancen werden jedoch nicht ausreichend genutzt. Kinder werden auch in der Kirche keineswegs überall als eigenständige Menschen wahrgenommen."[79]

Aus dieser Feststellung folgen verschiedene Forderungen der Synode: Dazu zählen die Begleitung nach der Taufe von Kindern, eine Diskussion über das Abendmahl mit Kindern, eine Neubesinnung über das Verständnis der Konfirmation sowie das Öffnen von Räumen, die das kirchliche Engagement für Kinder verdeutlichen, wie beispielsweise diakonische Einrichtungen und die offene Kinder- und Jugendarbeit.

Aus den Beratungen heraus kommt die Synode schließlich zu ihrem Beschluss „Kinderfreundliche Gemeinde und Gesellschaft", der mit dem Wort „Perspektivenwechsel" charakterisiert werden kann.[80] Dabei geht es um die Bitten, alle Erkenntnisse der Synode auf den verschiedenen kirchlichen Ebenen umzusetzen. Insbesondere die Wahrnehmung der Kinder im öffentlichen und kirchlichen Bewusstsein wird dabei mehrfach benannt. Konkret werden die Bundes- und die Länderregierungen gebeten, ihr „Aktionsprogramm gegen Aggression und Gewalt" weiterzuführen. Das Comenius-Institut (Evangelische Arbeitsstätte für Erziehungswissenschaft) wird zu einer interdisziplinären Arbeit im Hinblick auf die kirchliche und öffentliche Bildungsverantwortung aufgefordert. Die Arbeitsgemeinschaft der Leiterinnen und Leiter der Pädagogischen Institute und Katechetischen Ämter (ALPIKA) soll ebenfalls in einem interdisziplinären Ansatz ihre Ziele der Medienpädagogik sowie die der Initiativen gegen Gewalt, Pornographie und Sexismus in den Medien verfolgen. Schließlich ergeht an die theologischen Fakultäten und die Gemischte Kommission der Ausbildungsstätten

---

78 A.a.O. 101f.
79 A.a.O. 106f.
80 A.a.O. 112ff.

der Appell, den Untersuchungen zur Religion von Kindern verstärkte Bedeutung beizumessen und in den Ausbildungsgängen vermehrt kommunikativen und kreativen Fähigkeiten Raum zu geben.

An diesen Beschlüssen wird deutlich, dass der Synode an der konkreten Umsetzung ihrer Ziele, die mit der Wahl des Schwerpunktthemas verbunden sind, gelegen ist.

Die bestehenden Strukturen und Einrichtungen sollen genutzt werden, um das theologisch und empirisch verantwortete Anliegen des Perspektivenwechsels in der Wahrnehmung des Kindes zu verwirklichen.

Die Tatsache, dass sich die EKD-Synode mit dem Thema Kind beschäftigt hat, und die daraus folgenden eindeutigen Aussagen zur Kindheit und zur Wertschätzung des Kindes zeigen an, dass – zumindest im Denken – dem Kind auch innerhalb der Kirchenleitung ein großer Platz eingeräumt wird. Freilich wird sich die Ernsthaftigkeit der Auseinandersetzung an der Umsetzung der getroffenen Beschlüsse messen lassen müssen.[81]

4.1.2. Frühjahrstagung der Synode der Evang.-Luth. Kirche in Bayern: „Familie" (März 2000)

Für die Auseinandersetzung mit der Thematik des Kindes im Rahmen der kirchenleitenden Organe ist weiterhin auf die Synode der Evang.-Luth. Kirche in Bayern hinzuweisen, die sich in ihrer Frühjahrstagung im März 2000 in Bad Alexandersbad mit dem „Zukunftsmodell Familie" befasste. Wohl stand dabei nicht das Kind allein im Vordergrund, sondern das gesamte System Familie im Rahmen von Gesellschaft und Kirche. Doch ist schließlich nicht von der Familie zu sprechen, ohne das Kind und seine spezifische Situation in den Blick zu nehmen.

Grundsätzlich sprach sich die Synode für eine Anerkennung des Modells der Familie aus, wobei die sehr unterschiedlichen Formen gegenwärtiger Familienkonstellationen beachtet und respektiert wurden. Durch ein sozialwissenschaftliches und ein theologisches Grundsatzreferat wurden empirische und speziell reformatorische Einschätzungen von Familie gegenüber gestellt.

Die Synode verabschiedete eine Erklärung, in der sie sich sowohl für den Schutz als auch die Unterstützung der Familie ausspricht.[82] Dabei findet sie hinsichtlich des Kindes eindeutige Worte, die keinen Zweifel an der Wertschätzung des Kindes lassen:

---

81 Vgl.: Kammer der EKD für Ehe und Familie: Gottes Gabe und persönliche Verantwortung. Zur ethischen Orientierung für das Zusammenleben in Ehe und Familie, Gütersloh 1998.
82 Zukunftsmodell Familie. Erklärung der Landessynode der Evangelisch-Lutherischen Kirche in Bayern, in: Amtsblatt für die Evangelisch-Lutherische Kirche in Bayern, 1999/3 61f.

„Kinder sind eine Gabe Gottes. Deshalb spricht sich die Landessynode nicht nur für den Schutz des ungeborenen Lebens aus, sondern setzt sich dafür ein, daß Kinder in einer gesicherten, verläßlichen und liebevollen Beziehung aufwachsen. So wird ihrer Würde entsprochen, und sie lernen Vertrauen und Verantwortungsbewußtsein."[83]

Als Anregung für die Gemeinden und Dienste innerhalb der Kirche, die Befürwortung von Familie und die damit verbundene Förderung von Kindern umzusetzen, veröffentlichte die Bayrische Landessynode die Broschüre „Kirche lebt mit Familien – Positionen, Angebote, Impulse"[84] und stellte einen Fonds in Höhe von einer Million DM zur Verfügung, um die gemeindebezogene Arbeit mit Eltern und Kindern zu intensivieren und auszuweiten.

Im Rahmen dieser Broschüre wird die Familie in ihrer Bedeutung in einem weiten Spektrum dargestellt. Die einzelnen Beiträge können an den 1995 von einem Ausschuss der Synode durchgeführten Wettbewerb „Kinder erwünscht" anknüpfen.[85] Im Rahmen der eindrucksvollen Vielfalt der vorhandenen Einrichtungen und Aktionen wird auch die seelsorgerliche Arbeit genannt: Unter dem Stichwort „Begleitung in Übergängen" wird darauf hingewiesen:

„Seit jeher begleitet die Kirche Familien an den Wendepunkten ihres gemeinsamen Lebens. Auch wenn Taufe, Konfirmation, Trauung und Bestattung ihren theologischen Sinn nicht nur vom familiären Zusammenhang erhalten, so haben diese seelsorgerlichen und gottesdienstlichen Handlungen doch in der Regel einen engen Bezug zu elementaren Familienereignissen: Ein Kind ist geboren worden, Kinder werden zu Jugendlichen, Liebende haben einander gefunden und wollen sich aneinander binden, Alte oder auch Junge sterben und lassen die trauernden Angehörigen zurück. Dies sind tiefgreifende Veränderungen für die ganze Familie ...

Zu nennen sind in diesem Zusammenhang auch die Schulgottesdienste. Auch sie können ... eine Hilfe am Übergang zu neuen, bisher unbekannten Lebensbedingungen sein."[86]

Deutlich wird an der Auseinandersetzung mit der Situation der Familie, dass die Bedürfnisse des Kindes durchaus als eigenständige gesehen werden. Zwar werden sie nicht weiter ausgeführt, doch bei der Reflexion über die Familie wird den Kindern ein eigenständiger Platz und eine eigene Erwähnung zugestanden.

---

83 A.a.O. 61.
84 Kirche lebt mit Familien. Positionen – Angebote – Impulse, Hg. von der Evangelischen Aktionsgemeinschaft für Familienfragen in Bayern im Auftrag der Landessynode der Evangelisch-Lutherischen Kirche in Bayern, Nürnberg 2000.
85 Die Ergebnisse sind in einer Veröffentlichung dargestellt: Evangelische Aktionsgemeinschaft für Familienfragen in Bayern (Hg.): Kinder erwünscht – Unterwegs zu einer kinder- und familienfreundlichen Gemeinde, Nürnberg 1998.
86 A.a.O. 31.

Im Vergleich zum Beschlusstext der EKD-Synode „Aufwachsen in schwieriger Zeit" beinhalten die Ergebnisse der Bayerischen Synodaltagung Konkretionen auf der Parochialebene, was dem Charakter und den Aufgaben der Synode einer einzelnen Landeskirche mehr entspricht. Im Hinblick auf diese beiden Beratungen kirchenleitender Gremien und den sich daran anschließenden Veröffentlichungen ist in unserem Zusammenhang festzuhalten, dass sie dem Kind als einzelnem Menschen und im Verbund mit der Familie eine deutliche Wertschätzung entgegenbringen.

4.2. Die Beachtung des Kindes in der Religionspädagogik

Unsere Fragestellung nach der Stellung des Kindes in den kirchlichen Arbeitsfeldern kann die Religionspädagogik selbstverständlich nicht unberücksichtigt lassen. Gleichzeitig wird dieser Bereich in unserem Zusammenhang nur gestreift werden.

Die Religionspädagogik stellt – auch wenn dies zu anderen Zeiten nicht so gewesen ist – den Bereich der Kirche dar, der sich wohl am intensivsten mit dem Kind auseinandersetzt. Dabei durchläuft die Einschätzung des Kindes einen höchst unterschiedlichen Weg – allein in der Religionspädagogik des 20. Jahrhunderts von der „Verleugnung des Kindes"[87] bis hin zu verschiedenen Entwürfen einer theologischen Anthropologie des Kindes.[88]

Im Rahmen einzelner Entwürfe von Religionspädagogik kommt dem Kind – etwa im Vergleich zur Stellung der Bibel oder auch hinsichtlich eines wie auch immer zu formulierenden Bildungsanspruchs – eine herausgehobene Stellung zu. Diese Betonung des Kindes in seiner Eigenart trifft etwa für Gert Otto[89] mit seiner Humanorientierung zu, ist in anderer Weise auch beim Therapeutischen Unterricht im Entwurf von Dieter Stoodt[90] anzutreffen.

Die Hauptaufgabe der Religionspädagogik stellt die religiöse Erziehung dar, die in den Arbeitsfeldern Schule und Kindergarten in verschiedenen didaktischen und methodischen Formen umgesetzt wird. Von daher sind die religionspädagogischen Bemühungen immer auf Ziele gerichtet, die wesentlich auch mit den zu vermittelnden Inhalten verbunden sind.

In sämtlichen Bereichen der Religionspädagogik – daran ist heute nicht mehr zu zweifeln – haben jedoch *auch* die Bedürfnisse des Kindes eine zent-

---

87 Vgl. dazu: Loch, Werner: Die Verleugnung des Kindes in der Evangelischen Pädagogik, Essen 1964.
88 Vgl. zum Ganzen: Sturm, Wilhelm: Religionspädagogische Konzeptionen des 20. Jahrhunderts, in: Adam, Gottfried/ Lachmann, Rainer (Hg.): Religionspädagogisches Kompendium, Göttingen 3. Aufl. 1990, 30–65.
89 Otto, Gert: Oldenburger Thesen zur Erziehertagung des Evangelischen Bundes 1969, in: Im Lichte der Reformation. Jahrbuch des Evangelischen Bundes XIII, Göttingen 1970, 89f.
90 Stoodt, Dieter: Religionsunterricht als Interaktion, Düsseldorf 1975.

rale Stellung und werden von daher mit berücksichtigt. Die Situation des Kindes – ob im Kindergarten- oder Schulalter – wird in den Blick genommen.[91] Bei aller Ausrichtung auf das Kind geht es in der Religionspädagogik jedoch immer vorrangig um ein bestimmtes Ziel, das sich von dem der Seelsorge unterscheidet:

„Gegenstand der Religionspädagogik sind alle religiösen Lernprozesse, schulische und außerschulische."[92]

Die Schnittstellen von Religionspädagogik und Seelsorge sind von daher gut zu erkennen: das Interesse am Kind und die Wertschätzung seines Wesens. In besonderer Weise wird dies schließlich nochmals in den Entwürfen von Hans-Günter Heimbrock[93] und Werner H. Ritter[94] deutlich.

4.3. Die Beachtung des Kindes in der Gemeindepädagogik

Auch die vielfältigen Angebote für Kinder innerhalb gemeindepädagogischer Arbeit orientieren sich weitgehend am Kind selbst: Dass Kinder willkommen sind, in ihren Bedürfnissen gesehen und wahrgenommen, insgesamt als kleine Persönlichkeiten wertgeschätzt werden, geht aus vielen neueren Ansätzen hervor.[95]

Kindergruppen, Kinderbibelwochen und Kinderkirchentage[96], Kinder- und Krabbelgottesdienste[97] werden zunehmend auch als „seelsorgerliche" Angebote gestaltet. Dabei blickt der Kindergottesdienst regional auf eine lange, ungefähr 150-jährige Geschichte zurück.[98] Standen früher die liturgisch festgelegten Formen sowie die Verkündigung im Vordergrund, die

---

91 Vgl. exemplarisch: Situation der Schüler und Aufgaben des Religionsunterrichts, in: Lehrplan für den Evangelischen Religionsunterricht an Grundschulen in Bayern. 1. bis 4. Jahrgangsstufe, München 2. Aufl. 1994, 147f.
92 Nipkow, Karl Ernst: Grundfragen der Religionspädagogik, Bd. 1: Gesellschaftliche Herausforderungen und theoretische Ausgangspunkte, Gütersloh 4. Aufl. 1990, 14.
93 Heimbrock, Hans-Günter: Lernwege religiöser Erziehung, Göttingen 1984.
94 Ritter, H. Werner: Christlicher Glaube und Erfahrung. Die Bedeutung von Erfahrung für den christlichen Glauben im religionspädagogischen Verwendungszusammenhang, Regensburg 1985.
95 Vgl.: Blohm, Johannes (Hg.): Kinder herzlich willkommen. Kirche und Gemeinde kinder- und familienfreundlich gestalten. Ideen und Beispiele, München 1996; Götzelmann, Arnd: „Kinder an die Macht!". Chancen und Aufgaben der Arbeit mit Kindern in der Kirchengemeinde, in: Praktische Theologie (31) 1996, 116–139.
96 Vgl.: Blohm, Johannes (Hg.): Kinderbibeltag, Kinderkirchentag: Gemeinsam feiern, singen und spielen. Eine praktische Anleitung zur Vorbereitung und Gestaltung mit Tips, Erfahrungsberichten und Modellen, München 1994.
97 Vgl.: Grethlein, Christian: Leben mit Kindern im Kindergottesdienst, in: PTh (83) 1994, 509–518.
98 Vgl. exemplarisch: Landesverband für Evangelische Kindergottesdienstarbeit in Bayern (Hg.): 1850–2000. 150 Jahre Kindergottesdienst in Bayern und im deutschsprachigen Raum, Nürnberg 2000.

eine Vorbereitung auf den Gottesdienst der Erwachsenen darstellten, so wird heute in vielen Gemeinden auch der seelsorgerliche Anspruch der Kinder im Gottesdienst gesehen und ernst genommen.[99]

Auch in den weiteren Angeboten gemeindlicher Kinderarbeit ist eine deutliche Bemühung zu erkennen, den Kindern nicht nur Spiel und Spaß zu vermitteln, sondern auch gezielt in einer seelsorgerlichen Weise zu begegnen.[100]

So lassen sich auch für den Bereich der Gemeindepädagogik eine zunehmende Sensibilisierung für die seelsorgerlichen Bedürfnisse von Kindern und der phantasievolle Zugang für eine Umsetzung kindgerechter Angebote feststellen.

4.4. Die Bedeutung des Kindes in der Diakonie

Die diakonische Arbeit ist von ihrem Selbstverständnis her an Menschen in Lebenssituationen, in denen sie Hilfe und Unterstützung, Betreuung und Beratung brauchen, orientiert. Die Arbeit mit Kindern nimmt darin traditionell einen großen Raum ein, wobei sich auch hier in den vergangenen fünfzig Jahren verschiedene Veränderungen und neue Schwerpunktsetzungen vollzogen haben.[101]

Die Bedeutung der diakonischen Arbeit mit Kindern ist in den vergangenen Jahren neu erkannt und formuliert worden.[102] Im Hinblick auf die seelsorgerliche Zuwendung zu Kindern sind dabei vor allem der Kindergarten[103], die Kindertagesstätte[104] sowie die Beratungsstellen verschiedener Art zu sehen.

---

99 Hinweise darauf sind auch die Themen der Landes- und Bundestagungen der Kindergottesdienstverbände, so beispielsweise die Landestagung des Bayerischen Kindergottesdienstverbandes „In deinem Arm geht es mir gut" (Augsburg Oktober 2000) und die Gesamttagung der Kindergottesdienstverbände in der EKD „Voll das Leben" (Duisburg Mai 2002).

100 Vgl. beispielsweise: das baugerüst. die zeitschrift die weiterdenkt. Zeitschrift für Mitarbeiterinnen und Mitarbeiter in der evang. Jugendarbeit und außerschulischen Bildung: Themenheft „Seelsorge und Beratung", 4/1997.

101 Vgl. beispielsweise für den Bereich der Evang.-Luth. Kirche in Bayern: Städtler-Mach, Barbara: Diakonie und Mission, in: Müller, Gerhard/ Weigelt, Horst/ Zorn, Wolfgang (Hg.): Handbuch zur Geschichte der Evangelischen Kirche in Bayern. Band II: 1800–2000, St. Ottilien 2000, 439–453.

102 Strohm, Theodor: Kindheit heute – Tendenzen und Aufgaben, in: Praktische Theologie (31) 1996, 151–156.

103 Vgl.: Comenius-Institut (Hg.): Förderprogramm für den Kindergarten, Bände 1–7, Münster 1979; Weisswange, Ralf: Aufgaben eines Pastors im Kindergarten, in: DPfBl (96) 1996, 192–195.

104 Behringer, Hans Gerhard/ Harz, Frieder: Hören – Sprechen – Feiern. Seelsorgerliche Begleitung in der Kindertagesstätte, in: Riess/ Fiedler (Hg.) a.a.O. 608–628.

Neuerdings werden in diakonischer Trägerschaft auch Hospize für Kinder eingerichtet. Konzeptionell stehen sie für eine persönliche Sterbebegleitung und die Gewährleistung Palliativer Medizin.[105] In der Übernahme solcher Hospize kommt der Anspruch an eine Seelsorge mit Kindern noch einmal profiliert zum Ausdruck.[106]

---

105 Vgl. zum Ganzen: Student, Johann-Christoph: Das Hospiz-Buch, Freiburg 3. Aufl. 1994.

106 Vgl. beispielsweise: Beneker, Christian: Hospiz „Löwenherz" will Kindern Sterben erleichtern. Ein weiteres deutsches Kinderhospiz soll entstehen, in: epd-Wochenspiegel 33/2000, 11.

TEIL II

*Das Verständnis des Kindes in der
Theologie und der christlichen Frömmigkeit*

KAPITEL 3

Zur theologischen Anthropologie des Kindes

1. Die Rede vom Kind in der Bibel

Die Fragestellung, die wir verfolgen, richtet sich in diesem Teil auf die theologischen Grundlagen der Seelsorge mit Kindern. Im folgenden Kapitel sollen theologisch-anthropologische Perspektiven für die Seelsorge mit dem Kind entwickelt werden. Dabei ist zunächst die Frage leitend: Gibt es eine eigene theologische Anthropologie des Kindes? Falls dies so bejaht werden kann – welche Aussagen über das Menschsein werden hier getroffen, die für die Seelsorge von Bedeutung sind?

Die theologische Anthropologie des Kindes kann innerhalb der Bibel auf verschiedene Weise erschlossen werden. Die Frage stellt sich, ob der Zugang eher durch eine semantische Analyse oder durch eine kontextuelle Betrachtung gewählt wird. Ein grundsätzliches Problem besteht in jedem Fall in der historischen und kulturellen Distanz zu den Texten der „Kinder der Bibel":

„Wer sich mit Kindern der Bibel beschäftigt, bekommt es mit einer anderen Situation der Kinder und mit einem anderen Verständnis von Kindheit zu tun, als sie uns heute geläufig sind. Diese historische Differenz muß bewußt bleiben; und sie verbietet es, Aussagen der Bibel über die Kinder und den Umgang mit ihnen kurzschlüssig auf heute zu übertragen."[1]

Eine erste Möglichkeit stellt die Untersuchung des Wortfeldes „Kind" dar. Dabei wären nicht nur die unmittelbaren Wörter für „Kind", sondern auch angrenzende Begriffe zu analysieren. Zu berücksichtigen ist dabei, dass mit dem Wort Kind eben nicht nur Kinder in unserem Sinn verstanden werden.[2] Insofern scheidet die Wortfeldanalyse für eine Erschließung des Verständnisses vom „realen" Kind aus.

Eine zweite Herangehensweise besteht in der Erschließung anthropologischer Aussagen in exemplarischen Texten zum Kind. Dabei ist von besonderer Bedeutung, wie in den Evangelien vom Umgang Jesu mit Kindern und von seinen Worten über Kinder gesprochen wird.

---

1 Mette, Norbert: Kinder in der Bibel, in: Synode der Evangelischen Kirche in Deutschland: Aufwachsen in schwieriger Zeit – Kinder in Gemeinde und Gesellschaft, Gütersloh 1995, 79–90, 80.
2 Haufe, Gerhard: Das Kind im Neuen Testament, in: ThLZ (104) 1979, 625–638.

Für unseren Zusammenhang stellt aus verschiedenen Gründen innerhalb der exegetischen Möglichkeiten die sozialgeschichtliche Bibelauslegung den angemessenen Zugang dar.[3] Mit Luise und Willy Schottroff lässt sich diese Form als eine Exegese verstehen, die in zweifacher Perspektive an biblische Texte herangeht und zwei „Kontexte" bei der Interpretation beachtet:

„... den gesellschaftlichen Kontext zur Zeit der Entstehung des biblischen Textes und den gesellschaftlichen Kontext der BibelleserInnen heute. Die Bibelauslegung fragt so konkret wie möglich nach den Lebensbedingungen der Klassen, der Rassen und der Geschlechter und der Bedeutung des Glaubens im Alltag der Menschen."[4]

Gerade im Hinblick auf die Lebenswirklichkeit der Kinder und das Verständnis, das von ihnen zum Ausdruck kommt, ist unabdingbar, das Kind in seinem soziokulturellen Kontext zu sehen. Das liegt zum einen an der bekanntermaßen unterprivilegierten Stellung des Kindes innerhalb der antiken Umwelt[5], zum anderen aber in der natürlichen Bezogenheit des Kindes gerade auf seine Umwelt: Vom Kind kann überhaupt nicht gesprochen werden, ohne den sozialen Kontext mitzubedenken.

Vor allem im Hinblick auf allzu schnelle „Bilder" von Kindern ist deshalb die Berücksichtigung der Umwelt unerlässlich:

„Heute wie damals gehen generelle Einschätzungen des Kindseins überhaupt und die spezifische soziale Situation von Kindern häufig nicht ineinander auf."[6]

Aufgrund der quantitativ und qualitativ dürftigen Textgrundlage hinsichtlich der Kinder in der Bibel wird der Schwerpunkt der Betrachtungen auf den neutestamentlichen Texten liegen.

Gleichzeitig soll ein kurzer Gesamtblick unternommen werden. Bei der Suche nach „Kindern in der Bibel" begegnen einige namentlich genannte. Neben den eher „vertrauten" wie beispielsweise Isaak, der Tochter des Jairus und den Kindern, die zu Jesus gebracht, von den Jüngern jedoch weggeschickt werden, existieren eine Reihe weiterer, zum Teil wenig bekannter Kinder.

Exemplarisch seien einige genannt: Esau und Jakob, Benjamin, Mose als Säugling und seine wunderbare Rettung im Schilf, Samuel, Simson, David,

---

3 Theißen, Gerd: Studien zur Soziologie des Christentums, Tübingen 1979; Schottroff, Luise: Befreiungserfahrungen. Studien zur Sozialgeschichte des Neuen Testaments, München 1990.

4 Schottroff, Luise und Willy: Gegen die Beliebigkeit, in: Janssen, Claudia/ Wehn, Beate (Hg.): Wie Freiheit entsteht. Sozialgeschichtliche Bibelauslegungen, Gütersloh 1999, 13–19, 13.

5 Vgl. Stegemann, Wolfgang: Lasset die Kinder zu mir kommen. Sozialgeschichtliche Aspekte des Kinderevangeliums, in: Schottroff, Willy/ Stegemann, Wolfgang (Hg.): Traditionen der Befreiung. Band 1: Methodische Zugänge, München/ Gelnhausen 1980, 114–144, besonders: „Zur Lage von Kindern in der Antike" 117–125.

6 Stegemann a.a.O. 125.

Elija und Elischa, Daniel. Eine zweifellos hervorgehobene Stellung genießen Johannes, der spätere Täufer, und Jesus in seinen vorgeburtlichen und kindlichen Zeiten in der lukanischen Darstellung.[7]

Das jeweilige Schicksal der genannten Kinder und ihre Stellung im Rahmen des gesamtbiblischen Zeugnisses und damit der Heilsgeschichte sind höchst unterschiedlich. Nimmt man die Stellen hinzu, in denen pauschal von „Kindern" die Rede ist, ergibt sich ein vielfältiges Bild, das in der Gesamtheit aller Schriften der Bibel uneinheitlich wird.

Bei dem Versuch, im Rahmen dieser Vielfalt eine gewisse Systematisierung vorzunehmen, lassen sich folgende Gruppen unterscheiden:

– Kinder sind wie Erwachsene dazu geeignet, dass an ihnen die Heilstaten Gottes vollzogen werden. Dazu zählen Heilungen und Auferweckungen ebenso wie Segnen und öffentliche Zuwendung. Insbesondere Jesus verleiht in seinen Taten und Worten den Kindern eine eigene Bedeutung im Verhältnis zu Gott. Dabei ist im Bereich der Synoptiker ein Textgeflecht zu beobachten, das vielfache Querverbindungen zu Minderheiten und benachteiligten Menschengruppen (Zöllner und Sünder, Kranke und Behinderte, Frauen und Unmündige) aufweist.[8]

– Kinder sind Ausdruck der Fruchtbarkeit ihrer Eltern und von daher ein Abbild des Segens Gottes (Ps 127,1–3). Sie geben ein konkretes Beispiel für die Erfüllung der Verheißung Gottes seiner Nachkommen (Gen 24,60; 30,1, Ps 128,3–6, Spr 17,6).[9]

– Kinder sind Hoffnungsträger des Gottesvolkes. Insbesondere die Geschichten von der Zeit vor, während und nach der Geburt eines solchen Kindes weisen auf dessen Bedeutung und seine spätere Rolle hin.[10]

– Kinder werden im Verhältnis zu ihrem Schöpfer erwähnt: Ps 8,3.

Für die Schriften der hebräischen Bibel gilt dabei ebenso, was als Untersuchung über das Kind in den Schriften des Neuen Testamentes zusammengefasst werden kann:

„Es hat sich gezeigt, daß das Neue Testament vom Kind in sehr unterschiedlichen Zusammenhängen spricht. Dies erlaubt es kaum, so etwas wie ein allgemeines Ergebnis zu formulieren. Über ... Teilergebnisse ist nicht hinauszukommen."[11]

---

7 Vgl.: Drewermann, Eugen: Dein Name ist wie der Geschmack des Lebens. Tiefenpsycho-psychologische Deutung der Kindheitsgeschichte nach dem Lukasevangelium, Freiburg 1986.
8 Müller, Peter: In der Mitte der Gemeinde. Kinder im Neuen Testament, Neukirchen 1992, 382.
9 Vgl. zum Ganzen: Greiner, Dorothea: Segen und Segnen: Eine systematisch-theologische Grundlegung, Stuttgart 1998.
10 Schwarzenau, Paul: Das göttliche Kind. Der Mythos vom Neubeginn, Stuttgart 1984.
11 Haufe a.a.O. 638.

1.1. Die Geringschätzung des Kindes

Bei allem unterschiedlichem Stellenwert, den das Kind in den einzelnen biblischen Schriften erhält, fällt die nicht geringe Anzahl von Texten auf, die dem Kind nur wenig Bedeutung beimessen. Walter Sparn fasst diese Beobachtung zusammen:

„Die Bibel ist voller Kinder. Aber Vorsicht: Sie spielen nur ganz am Rande eine eigenständige Rolle. Es sind Statisten ohne Gesichter und ohne Geschichten."[12]

Sparn leitet aus dieser Beobachtung die Frage ab, ob Kinder „der theologischen Rede wert" seien. Diese Einschätzung ist auch bei Lachmann anzutreffen, der feststellt, „daß Kinder in der Bibel nur eine sehr marginale Rolle spielen".[13]

Selbst da, wo ein Kind – beispielsweise Isaak (Gen 22) – im Mittelpunkt der Erzählung steht, wird es doch dem Geschehen im Ganzen untergeordnet. Bei dieser Erzählung steht zweifellos der Glaube des Vaters, genauer gesagt: die Versuchung des Glaubens, im Zentrum. Von daher ist eine Nachordnung des Sohnes verständlich.

Joachim Conrad weist in seiner Abhandlung darauf hin, dass die streng patriarchale Ordnung der Gesellschaft die Männer zum „Dreh- und Angelpunkt" mache.[14]

In besonderer Weise ist die Geringschätzung des Kindes auch in der paulinischen Literatur anzutreffen. Zwar spricht Paulus von der Gotteskindschaft (Röm 8,14ff.; Gal 3,26), doch ist dabei nicht das Kind in unserem Sinn als Mensch im kindlichen Alter gemeint. Paulus versteht die Kindheit als eine Phase des Lebens, die durch eingeschränkte Möglichkeiten, insbesondere hinsichtlich des Glaubens, gekennzeichnet (1.Kor 3,1–3) und von daher hinter sich zu lassen ist. Am deutlichsten kommt diese Einstellung dem Kind gegenüber in 1.Kor 13,11 zum Ausdruck.

Lachmann weist darauf hin, dass diese Geringschätzung des Kindes durchaus überraschend ist:

„Für *Paulus* gerät das Kindsein nicht so zum bevorzugten Ausdrucksmittel seines Glaubensverständnisses, wie man von seiner Rechtfertigungslehre her hätte annehmen können ... Für Paulus ist nicht das unmündige Kind ..., sondern der mündige, erwachsene Christ Zentrum und Ziel seiner theologischen Argumentation."[15]

---

12 Sparn, Walter: Maria kocht Gott den Brei – und was daraus folgt, in: Sonntagsblatt. Evang. Wochenzeitung für Bayern Nr. 51/52 vom 22.12.1996, 28f., 28.
13 Lachmann, Rainer: Art. Kind, in: TRE Band XVIII, Berlin, New York 1989, 156–176, 156.
14 Conrad, Joachim: Die junge Generation im Alten Testament (Diss. Leipzig 1963), Stuttgart 1970.
15 A.a.O. 157.

1.2. Die Wertschätzung des Kindes bei Jesus

Gleichzeitig finden sich durchaus auch Hinweise auf eine positive Einschätzung der Kinder. Auf ihre Bedeutung als Segen Gottes wurde schon hingewiesen.

In besonderer Weise kommt die Wertschätzung des Kindes bei Jesus in der Darstellung der synoptischen Evangelien zum Ausdruck. Hier ist nun die gegenläufige Bewertung festzustellen: Jesus nimmt die Kinder nicht nur an, herzt und segnet sie (Mk 10,13–16 par) – er nennt das Kind als Vorbild für die erwachsenen und um ihre Bedeutung streitenden Jünger (Mk 9,37). Die positive Einstellung Jesu den Kindern gegenüber ist den vielen Erwähnungen in biblischen Schriften, in denen sie keine oder geringe Bedeutung haben, diametral entgegengesetzt.

Das „Kinderevangelium" Mk 10,13–16 zählt zu einem der bedeutenden Texte des Neuen Testamentes. Als Lesung im Taufgottesdienst sowie in vielfachen Darstellungen christlicher Kunst hat diese Perikope einen hohen Bekanntheitsgrad erreicht.

Gleichwohl handelt es sich nicht um eine „eindeutige" Geschichte: Die Frage, was die Vorbildlichkeit des Kindes ausmacht, so dass Jesus die Jünger darauf hinweist, ist seit langem kontrovers diskutiert.[16]

Stegemann betont bei dieser Perikope die „Notwendigkeit der sozialgeschichtlichen Auslegung", denn die bisherigen Antworten: Unschuld, Demut, Ohnmacht der Kinder hält er nicht für sinngemäß.[17] Aufgrund seiner Untersuchungen über die Lage der Kinder in der Antike kommt Stegemann zu dem Schluss, dass die Kinder zwar einerseits als Stolz der Familie willkommen, andererseits rechtlich einem Sklaven gleichgestellt sind. Dabei sind durchaus auch Unterschiede zwischen armen und reichen Familien festzustellen: Für Arme wird die Aufgabe der Ernährung und Fürsorge zur Plage, so dass in solchen Familien auch Kinderarbeit die Folge ist. Von einer allgemein kindlich-heilen Welt, die den Hintergrund für die Vorbildlichkeit des Kindes abgeben könnte, kann also keine Rede sein.

Was erfahren wir nun durch diese Perikope von der Anthropologie des Kindes?

Jesus sieht ganz offensichtlich in den Kindern auch Menschen, die für ihn vollwertig und keineswegs unfertig sind.[18] Seine Aufforderung, zu ihm zu kommen – sonst an „Mühselige und Beladene" gerichtet (Mt 11,28f.) – gilt hier auch den Kindern. Weil Kinder zu diesen Armen zählen, werden sie in die Hoffnung auf das kommende Reich Gottes mit einbezogen[19]:

---

16 Ludolphy, Ingetraud: Zur Geschichte der Auslegung des Evangelium infantium, in: Krause, Gerhard (Hg.): Die Kinder im Evangelium, Stuttgart, Göttingen 1973, 31–51.

17 A.a.O. 114.

18 Klein hält dieses Wort für ein authentisches Jesuswort. Vgl. dazu: Klein, Günter: Bibelarbeit über Mk 10,13–16, in: Krause, Gerhard (Hg.): A.a.O. 12–30, 21.

19 A.a.O. 126.

„Die Zusage der Gottesherrschaft ist ... nicht metaphysisch gemeint, ... vielmehr im Blick auf die Weltwirklichkeit ... Kindsein ist dann ... keine Vorstufe im Leben, und Erwachsensein keine Hauptstufe mehr."[20]

Darüber hinaus wird die Vorbildhaftigkeit der Kinder betont. Wenn Jesus in Mk 9,37 das Kind als Beispiel heranzieht, so bezieht er sich damit auf die Situation des Kindes, die sich grundlegend von jener der (um die höchste Position streitenden) Erwachsenen unterscheidet. Vorbildlich ist das Kind darin, dass es eben gerade nichts vorzuweisen hat. In diesem Punkt müssen sich die Erwachsenen zum Kind in Relation setzen.

Zusammenfassend lassen sich diese beiden Punkte festhalten: Kinder werden von Jesus als die bezeichnet, die für die Erwachsenen von großer Bedeutung sind. Das bezieht sich auf ihre Vorbildlichkeit und auf ihre Bedürftigkeit.

2. Zur theologischen Anthropologie des Kindes

Die Frage nach der Anthropologie des Kindes unterliegt den Bedingungen, unter denen überhaupt nur vom Menschen geredet werden kann. Weiterhin ist die Rede vom Menschen nicht einheitlich – das betrifft die Auseinandersetzungen aller Disziplinen, die sich um eine Anthropologie bemühen. Dabei wird deutlich, dass die Rede vom „Menschenbild" höchst unterschiedlich, häufig als Streitgespräch zu führen ist.

Im Hinblick auf eine theologische Anthropologie sind zwei Denkrichtungen zu beachten: Zum einen ist grundsätzlich danach zu fragen, welchen Menschen die jeweilige Reflexion in den Blick nimmt. Keineswegs sind ja alle Menschen „gleich" – von *dem* Menschen zu sprechen, kann folglich immer nur eine einseitige Wahrnehmung beinhalten. Zum anderen ist im Hinblick auf das Kind konkret zu fragen, ob auch die realen Lebensumstände – jeweils bezogen auf die Zeit des Autors – in Betracht bezogen werden.

Für die Auswahl der dogmatischen Texte in unserem Kontext waren die Entwürfe leitend, die überblicksartig in den Kompendien der evangelischen Dogmatik vorgestellt werden. Die Einschränkung, die dann vorgenommen wurde, betrifft vor allem eine sprachliche; so beschränkt sich die untersuchte Literatur auf den deutschsprachigen Raum.[21]

Die Anthropologie des Kindes nimmt in den verschiedenen Ansätzen zur theologischen Anthropologie nur einen sehr geringen Raum ein. In verschiedenen großen Gesamtentwürfen wird sie im Rahmen der Anthropologie überhaupt nicht eigens berücksichtigt.

---

20 A.a.O. 27.
21 An diesem Punkt verdanke ich wertvolle Hinweise Friederike Spengler, Ostramondra, die zu der theologischen Anthropologie des Kindes eine eigene Untersuchung vorlegt.

Ein Entwurf zeitgenössischer Dogmatik ist zu nennen, in welchem dem Kind ein eigenständiger Platz zukommt. Martin Petzoldt[22] weist darauf hin, dass Hans-Georg Fritzsche in seiner Dogmatik von 1977[23] die Anthropologie „wegen der Korrelation der beiden Lehrstücke vom Menschen, des status hominis integritatis und des status hominis corruptionis" im Rahmen seiner Christologie abhandelt. Bei der Bestimmung der Ebenbildlichkeit des Menschen spricht Fritzsche von der „Dialektik von Kindschaft und Sohnschaft, Kindesgeborgenheit und erwachsener Mündigkeit"[24], worin er zum einen die Spannung des Menschen, wie sie in der neutestamentlichen Anthropologie zu ersehen ist, zum anderen die konkrete Erfahrung des Menschen in seiner Wirklichkeit versteht. Auch im Rahmen der Christologie nimmt Fritzsche den Gedanken an das Kind nochmals auf, wenn er von einer Vergleichbarkeit zwischen dem Kind und Christus spricht. Diese Vergleichbarkeit ergibt sich für ihn durch die Theologie des Kreuzes, in der er das Motiv der Umkehrung und Relativierung jeder menschlichen Rangordnung erkennt. Diese „Umkehrung" ist für ihn auch bei anderen Heimweg der Weisen im Rahmen der Weihnachtserzählung vorhanden.[25]

Trotz dieser originellen Parallelen kann auch bei Fritzsche nicht von einer spezifischen Anthropologie des Kindes gesprochen werden.[26] Somit ändert sich an dem Gesamturteil einer völligen Geringschätzung des Kindes in der dogmatischen Literatur nahezu nichts.

Selbst in der Feministischen Theologie kommt dem Kind allgemein kein besonderer Platz zu, wenn man von der Auseinandersetzung mit der Situation von *Mädchen* einmal absieht[27]. Das ist um so erstaunlicher, da es ein Anliegen Feministischer Theologie ist, gerade im Bereich der Anthropologie nicht irgendeinen Menschen, der in der Regel als Mann gedacht wird, als *den* Menschen zu bezeichnen. Diese These des theologischen Androzentrismus[28] stellt ein wesentliches Merkmal Feministischer Theologie dar. Von der Grundintention wäre es deshalb durchaus denkbar, dass sich Feministische Theologie in ihrer anthropologischen Reflexion genau den Menschen zuwendet, die dabei sonst vernachlässigt werden.

---

22 Petzoldt, Martin: Gott besonders nahe. Kinder in der evangelischen Theologie, in: Lux, Rüdiger (Hg.): Schau auf die Kleinen. Das Kind in Religion, Kirche und Gesellschaft, Leipzig 2002, 141–155.

23 Fritzsche, Hans-Georg: Hauptstücke des christlichen Glaubens. Grundriß der christlichen Glaubenslehre, Berlin 1977.

24 A.a.O. 41ff.

25 A.a.O. 272.

26 Petzoldt spricht kritisch von „Andeutungen", über die Fritzsche nicht hinauskomme. A.a.O. 144.

27 Vgl. dazu: Strecker, Julia: Theologische Aspekte feministischer Seelsorge, in: Riedel-Pfäfflin, Ursula/ Strecker, Julia: Flügel trotz allem. Feministische Seelsorge und Beratung, Gütersloh 2. Aufl. 1999, 86–118.

28 Praetorius, Ina: Die These des theologischen Androzentrismus in Grundlagentexten zur Feministischen Theologie, in: Dies.: Anthropologie und Frauenbild in der deutschsprachigen Protestantischen Ethik seit 1945, Gütersloh 2. Aufl. 1994, 17–31.

Im Vergleich zur geringen Beachtung des Kindes im Bereich der Systematischen Theologie ist die Bedeutung der Anthropologie des Kindes im Werk Martin Luthers nicht zu übersehen. Ohne auf den gesamten anthropologischen Ansatz Luthers eingehen zu können, werden seine Aussagen zur Anthropologie des Kindes in unserem Zusammenhang im Vordergrund stehen.[29]

2.1. Zur Anthropologie des Kindes im Werk Martin Luthers

Die Aussagen zur Sicht des Kindes lassen sich im Werk Martin Luthers in zwei Themenkreise unterscheiden: Zum einen setzt sich Luther mit dem Kind im Rahmen seiner Lehre von der fides infantium auseinander, der Lehre vom Kinderglauben, die er insbesondere angesichts der Angriffe auf die Praxis der Kindertaufe entwickelt. Zum anderen kommt Luther zu umfangreichen und bedeutenden, vor allem jedoch auch menschlich sehr sensiblen Aussagen zum Kind durch das Erleben des Sterbens von mehreren seiner eigenen Kinder.

Für diesen Bereich ist noch einmal an die Grundbedingungen der Entstehung anthropologischer Aussagen zu denken: Nicht nur *der* Mensch soll hier reflektiert werden, sondern konkrete Menschen in einer lebensweltlichen Perspektive.

2.1.1. Die Lehre von der fides infantium

Bei der Lehre von der fides infantium handelt es sich um eine Vorstellung Luthers, dass dem kleinen Kind durch die (Kinder)taufe der Glaube geschenkt werde. Diese Vorstellung stellt nach Karl Brinkel, der sich mit dieser Lehre Luthers anhand von Quellenstudium ausführlich auseinandersetzt, eine „originale Erkenntnis" dar.[30] Luther schafft damit eine neue theologische Denkweise vom kindlichen Glauben, die bedeutende Akzente für die Anthropologie mit sich bringt.

Nach Brinkel lässt sich die Entwicklung der Lehre von der fides infantium in verschiedene Phasen ab 1517 bis zum Tode Luthers 1546 unterteilen. In den einzelnen Phasen sind die Aussagen über die fides infantium inhaltlich zwar unterschiedlich akzentuiert, doch am Gesamtduktus einer Annahme des Kinderglaubens besteht kein Zweifel:

„Die Darstellung und Untersuchung der Aussagen Luthers über einen Kinderglauben bei der Kindertaufe hat ergeben, daß Luther von 1517 an bis zu seinem

---

29 Zur Gesamtdarstellung der Anthropologie Luthers vgl.: Ebeling, Gerhard: Lutherstudien Bd. 2: Disputatio de homine. Teil 1: Text und Texthintergrund, Tübingen 1977.
30 Brinkel, Karl: Die Lehre Luthers von der fides infantium bei der Kindertaufe, Berlin 1958, 70.

Lebensende die Auffassung vertreten hat, daß den kleinen Kindern bei der Kindertaufe ein eigener Glaube gegeben werde."[31]

Die einzelnen Phasen sind nach Brinkel in der Darstellung Luthers durch verschiedene Auseinandersetzungen mit Andersdenkenden geprägt:

Für die erste Phase (1517–1520) nennt Brinkel die Abgrenzung gegenüber dem römischen Sakramentsverständnis als Auslöser. 1517 vertritt Luther erstmals die These, „daß den Kindern bei der Taufe ein eigener Glaube gegeben werde"[32] Entscheidend dafür seien der Glaube und die Fürbitte der Paten:

„Dann sagen wir also und schließen, daß die Kinder in der Taufe selbst Glauben und Eigenglauben haben. Denn Gott in ihnen wirkt durch das Fürbitten und Herzubringen der Paten im Glauben der christlichen Kirche. Und das heißen wir die Kraft des fremden Glaubens. Nicht daß jemand durch den selben könne selig werden, sondern daß er dadurch als durch seine Fürbitte und Hilfe könne vor Gott selbst ein Eigen Glauben erlangen, durch den er selig werde."[33]

In der zweiten Phase (1521–1525) sieht sich Luther den Angriffen der Zwickauer Propheten ausgesetzt, die das Recht der Kindertaufe bestreiten. In dieser Auseinandersetzung entfaltet Luther die Lehre von der fides infantium weiter: Dem Kind wird der Glaube gewisser gegeben als dem Erwachsenen, weil die Sünde im Kind, die dem Glauben entgegensteht, noch ruht[34].

Für die dritte Phase (1526–1529) ist der Streit mit den Wiedertäufern ausschlaggebend. Dabei vertritt Luther den Gedanken des Kinderglaubens nicht mehr so ausgeprägt:

„Luther begnügt sich jetzt damit, vor allem immer wieder darauf hinzuweisen, daß auch die Heilige Schrift einen Kinderglauben bezeuge."[35]

In der letzten Phase (1530–1546) gibt Luther die Lehre von der fides infantium auch weiterhin nicht auf, vielmehr betont er sie immer wieder. Die wichtigsten Stellen der Schrift für seine Begründung sind: Mt 28,18ff; 19,13ff; Lk 1,41.[36]

Was sagt nun diese Anschauung Luthers über seine Anthropologie des Kindes aus?

Luther beschreibt damit den Glauben des Kindes: Durch die Taufe, in der Gottes Wort zur Sprache kommt, wirkt dieses Wort im Kind. Das Wort kommt von Gott her und wirkt so im Kind, dass dieses wieder auf Gott hin gerichtet wird. Die Tatsache, dass das Kind noch keine „Ver-

---

31 A.a.O. 68.
32 A.a.O. 30.
33 Luther, Martin: WA 17 II, 78ff.
34 A.a.O. 48.
35 A.a.O. 56.
36 A.a.O. 67.

nunft" hat, erweist sich dabei als günstig für den Glauben – somit steht dem Glauben auch keine Vernunft im Wege:

„Item, sie (die Wiedertäufer, d.V.) geben fur: Wie konnen die Kinder gläuben, so sie noch keine Vernunft haben? Und setzen die Vernunft zum Glauben. Dorauf antwortet Christus: Eben darumb konnen sie es desto bass thun, und gläuben, da sie nicht vernunftig sind, dann die Vernunft ist stracks wider den Glauben. Drumb muss man die Vernunft fahren lassen, sie muss in den Gläubigen getodtet und begraben werden."[37]

Brinkel fasst Luthers Lehre von der fides infantium folgendermaßen zusammen:

„Gott verbindet sich durch das bei der Kindertaufe den Kindern zugesprochene ‚verbum dei' mit dem kleinen Täufling und gibt ihm damit einen eigenen Glauben. Das kleine Kind hört und empfängt dieses Wort gewiß, weil es sich in seinem Herzen diesem Wort gegenüber noch nicht abzuwenden vermag. So ist die fides infantium ganz und gar geschenkte fides, reines donum dei, im Kind wirklich werdend allein dadurch, daß es Gott anredet und es dadurch als sein Kind neu vor sich hinstellt."[38]

2.1.2. Luthers Denken über Kinder

Neben der Lehre von der fides infantium lassen sich aus verschiedenen Quellen im Werk Martin Luthers Anschauungen über das Kind erschließen. Angesichts der Geringschätzung, die das Kind im 16. Jahrhundert weitgehend erfährt, ist die Einschätzung Luthers äußerst bemerkenswert.[39]

Hans-Wilhelm Pietz, der über die persönliche Betroffenheit Luthers vom Schicksal von Kindern in seiner Familie und im Freundeskreis eine eigene Untersuchung vorlegt, charakterisiert die zur Zeit Luthers übliche Sicht der Kinder:

„In einer Männerwelt, in der erst volle Kraft und geschärfter Verstand hervortreten ließen, konnte die Kindheit keine eigene Betrachtung und Erwähnung finden. Es bedurfte einer Sicht und Definition des Menschen, die sich nicht aus dem Vollbesitz von Kraft und den strammen Leistungen, sondern aus einem freien Empfangen- und Vertrauenkönnen speiste, damit die Welt der Kinder, ihr Lachen und Wachsen und auch ihr Leiden und Sterben in den Blick kamen."[40]

Luther – so geht aus den überlieferten Tischreden und einigen seiner Briefe hervor – betrachtet Kinder als Wohltat und Hilfe in den Anfechtungen:

---

37 Predigt über Mt 19,13–15, gehalten 1537.
38 A.a.O. 67.
39 Vgl. dazu: Ariès, Philippe a.a.O. 69–218.
40 Pietz, Hans-Wilhelm: „Auch deine Seele wird ein Schwert durchdringen". Vom Leiden und Sterben der Kinder in Luthers Leben und Denken, in: Evangelisches Predigerseminar Lutherstadt Wittenberg (Hg.): ... da Tod und Leben rungen. Tod und Leben in der Sicht Martin Luthers und heute, Wittenberg 1996, 59–74, 61.

„Ich bedarf's oft wohl, daß ein Kind mit mir redet ... Solchs geschieht darum, auf daß wir uns nicht rühmen können, als wären wir selbst mächtig gnug uns zu helfen und zu bestehen, sondern daß die Kraft Christi in uns gerühmet und gepreiset werde. Darum muß mir zu weilen einer helfen, der im ganzen Leibe nicht so viel Theologiam hat, als ich in einem Finger habe, auf daß ich lerne, daß ich an Christo nichts vermöge."[41]

Ivar Asheim führt in seiner Untersuchung zahlreiche Stellen aus Luthers Werken an, mit denen er die Freude Luthers an den Kindern belegt:

„Auffallend ist, wie Luther in diesen Aussagen mit einer nie nachlassenden Verwunderung die Unbekümmertheit des kindlichen Daseins lobt. An seinen eigenen Kindern meint er feststellen zu können, sie fürchteten sich vor niemandem, weder vor Papst noch Fürsten noch vor Tod und Teufel."[42]

So geht Luther auch in einem Brief an Justus Jonas vom 19. Oktober 1527 auf ganz kindliche Verhaltensweisen ein, wenn er sogar die Sauberkeitserziehung in den Blick nimmt:

„Gehab dich wohl. Grüße dein Kind mit vielen Küssen anstatt meiner und meines Hänschens. Er hat heute gelernt, hockend allein in jeden Winkel zu machen, ja er hat in der Tat mit außerordentlicher Geschäftigkeit in jeden Winkel gemacht. Sonst würde er mir mehr an Dich aufgetragen haben, wenn er Zeit gehabt hätte; denn er ist gleich gebadet worden und schlafen gegangen."[43]

Darüber hinaus erfreut sich Luther an den kindlichen Verhaltensweisen wie Spielen, Singen und Beten. So benennt Pietz[44] einen anrührenden Brief, den Luther von seinem Aufenthalt auf der Veste Coburg 1530 an seinen gerade vierjährigen Sohn Hans schreibt:

„Meinem herzlieben Söhnchen Hänschen Luther zu Wittenberg. Gnade und Friede in Christus, mein herzlieber Sohn, ich sehe gern, daß Du gut lernest und fleißig betest. Tue so, mein Sohn, darin fort. Wenn ich heimkomme, so will ich Dir ein schönes Geschenk mitbringen."[45]

In besonderer Weise kommt die Wertschätzung der Kinder angesichts des Sterbens von Luthers Kindern zu Ausdruck. Hier wird das starke Gefühl Luthers für seine Kinder überaus anschaulich. Er selbst spricht dabei von der *storgä*, dem miteinander Verbundensein und aneinander Hängen.[46]

---

41 WA TR Nr. 3669.
42 Asheim, Ivar: Glaube und Erziehung bei Luther. Ein Beitrag zur Geschichte des Verhältnisses von Theologie und Pädagogik, Pädagogische Forschungen 17, Heidelberg 1961, 226 mit umfangreichen Literaturnachweisen.
43 LD 10, 185.
44 A.a.O. 65.
45 LD 10, 205.
46 A.a.O. 69f.

Luther und seine Frau Katharina hatten zum einen den Tod der erst acht Monate alten Tochter Elisabeth im August 1528, zum anderen den der 13-jährigen Tochter Magdalena im September 1542 zu beklagen.

Anlässlich des Todes von Elisabeth, die seine erste Tochter und nach Hans das zweite Kind war, schreibt Luther:

„Nulla suavior est coniunctio quam coniugii boni. Neque ulla est acerbior disiunctio quam coniugii boni. Proxima huic est mors liberorum, quam ego sum expertus, wie we es tut."[47]

Ebenfalls anlässlich des Todes von Elisabeth schreibt Luther an Nikolaus Hausmann:

„Mein Töchterchen Elisabeth ist mir gestorben; es ist seltsam, ein wie bekümmertes, fast weibisches Herz sie mir zurückgelassen hat, so hat mich der Jammer um sie überkommen. Nie zuvor hätte ich gegleubt, daß ein väterliches Herz wegen der Kinder so weich sein könne."[48]

Auch Magdalenas Tod hat Luther sehr betrübt. Gleichzeitig wurde er dadurch zu Äußerungen über die Bedeutung, die seine Tochter für ihn gehabt hatte, angeregt.[49] So schreibt er im September 1542 an Justus Jonas:

„Ich glaube, das Gerücht wird zu Dir gedrungen sein, daß meine liebste Tochter Magdalena wiedergeboren ist zu dem ewigen Reich Christi. Obwohl ich und meine Frau nur fröhlich Dank sagen sollten für einen so glücklichen Hingang und seeliges Ende, durch das sie der Gewalt des Fleisches, der Welt, des Türken und des Teufels entgangen ist, so ist doch die Macht der *storgä* so groß, daß wir es ohne Schluchzen und Seufzen des Herzens, ja ohne große Abtötung nicht vermögen. Es haften nämlich tief im Herzen das Aussehen, die Worte und Gebärden der lebenden und der sterbenden überaus gehorsamen und ehrerbietigen Tochter, so daß selbst Christi Tod (und was ist das Sterben aller Menschen im Vergleich damit?) dies nicht ganz hinwegnehmen kann, wie es sein sollte. Sage Du daher Gott an unserer Stelle Dank."[50]

Die stark gefühlsbetonte Äußerung Luthers macht deutlich, dass er seine verstorbene Tochter genau beobachtet, in ihren kindlichen Bewegungen und Worten gut gekannt und sehr geliebt hat. Darin kommt eine tiefe Beziehung zu seinem Kind zum Ausdruck.

Besonders liebevoll zeigt sich Luther ebenfalls im Trösten der verschiedenen Freunde, die ihrseits den Tod eines oder mehrerer Kinder zu betrauern haben.[51]

Nach alledem ist deutlich geworden, dass Luther den Kindern gerade in ihrer Kindlichkeit mit großer Freude, mit Respekt und Zuneigung begeg-

---

47 WA TR II, Nr. 250.
48 LD 10, 189.
49 A.a.O. 71.
50 WA Br Nr. 3794; LD 10, 317.
51 A.a.O. 70.

net. In dieser Haltung Kindern gegenüber kommt eine Einschätzung zum Vorschein, die für seine Zeit völlig untypisch ist.

Pietz führt diese „Entdeckung des Kindseins" auch auf die Frömmigkeit Luthers, die sich am Kind Jesus Christus entwickelt, zurück:

„Luthers Sicht des Kindseins lebt aus dem Licht der Weihnacht. Wenn Gott selbst ein Kind wird, dann ist das Kindsein nicht ein Fluch oder eine zu übergehende Etappe der Unreife, sondern ein bleibendes Geschenk. Sich wie ein Kind – wie der Sohn Gottes – IHM verdanken zu können, so zu empfangen und so auf dem Weg sein zu dürfen, das ist's!"[52]

Zu einer anderen Erklärung kommt Dieter Seiler, der sowohl die Entwicklung der Lehre von der fides infantium als auch die gefühlsbetonte Haltung Kindern gegenüber auf Luthers eigene Kindheitserfahrungen zurückführt:

„*Luther* hat Kindheit nicht idealisiert, er weiß von den schweren Zuständen von Angst, Verzweiflung, Rückzug, und zwar aus den frühesten Tagen. Ihm war der kleine *Martin* gegenwärtig. Seine starke Beziehung zu Kindern dürfte nicht aus einer Verklärung der Kindheit stammen, sondern aus einem tiefen Verstehen solcher Zustände."[53]

So lässt sich abschließend festhalten: Martin Luthers Beitrag zur Anthropologie des Kindes liegt sowohl in der Ausformulierung eines eigens verstandenen Kinderglaubens – ohne Vernunft, nur im Vertrauen – als auch in der Wahrnehmung der spezifisch kindlichen Lebens- und Seinsweise sowie deren Hochschätzung.

2.2. Karl Rahner: Gedanken zu einer Theologie der Kindheit

Im Rahmen des Bandes „Zur Theologie des geistlichen Lebens" formuliert Karl Rahner „Gedanken zu einer Theologie des Kindheit".[54] Schon der Ansatzpunkt dieser Ausführungen lässt den Anspruch deutlich werden: Rahner geht es nicht um pädagogische Hinweise für Eltern und Erzieher, vielmehr um das, „was Gottes Offenbarungswort über die Kindheit sagt". Dass der Verfasser dabei selbst seine Darlegung als „kurze Skizze" bezeichnet, mag seiner Bescheidenheit entsprechen – faktisch liefert Rahner mit diesen „Gedanken" einen der wenigen Entwürfe zu einer Theologie des Kindes.

In drei Abschnitten erschließt Rahner sein Thema:

---

52 A.a.O. 62f.
53 Seiler, Dieter: Frühe Schicksale des Glaubens. Überlegungen zur fides infantium, in: WzM (48) 1996, 70–95, 77.
54 Rahner, Karl: Gedanken zu einer Theologie der Kindheit, in: Ders.: Schriften zur Theologie Band VII: Zur Theologie des geistlichen Lebens, Einsiedeln/ Zürich/ Köln 1960, 313–329.

1. Die unüberholbare Würde der Kindheit
2. Das christliche Wissen um die Kindheit
3. Die Gotteskindschaft als Vollendung der Kindheit.

Während der erste Abschnitt von der menschlichen Erfahrung ausgeht, berücksichtigt der zweite biblisches und überliefertes christliches Wissen vom Kind, der dritte schließlich bietet die theologische Interpretation. Insofern lässt sich in diesem Aufsatz eine Steigerung von der lebensweltlichen Erfahrung zum Verständnis von Mensch und Gott aufzeigen. Stellt das Thema Kindheit auch einen bestimmten Lebensabschnitt vor, so hat Rahner doch immer das Lebensganze im Blick.

Dieser Grundgedanke – das Leben als Ganzes zu sehen – wird im ersten Abschnitt ausgeführt. Nach Rahner ist die Kindheit – entgegen der Auffassung vieler Menschen – keine Zeit mit „Dienstfunktion", die im Hinblick auf das folgende Leben lediglich zur Vorbereitung dient. Der Mensch kennt nicht nur die Gegenwart und damit die einzelne Lebensphase:

„Der Mensch ist ein Subjekt, er besitzt sich, er ist sich immer als ganzer aufgegeben, er hat darum seine Zeit trotz ihrem Verlauf und im Tun und Erleiden ihres Verlaufs als *ganze* vor sich, einer *behaltenen* Vergangenheit, er geht in eine *vorentworfene* Zukunft."[55]

Aus diesem Grund ist die Kindheit nicht einfach als Phase zu verstehen, die verstreicht und von einer anderen abgelöst wird. Sie bleibt dem Menschen und ist „Zeit der personalen Geschichte, in der sich ereignet, was nur in ihr sich ereignen kann".[56] Dadurch – so Rahner – hat die „Kindheit selbst ... eine Unmittelbarkeit zu Gott". Weil die Kindheit eine unverwechselbare Gnade hat, eine „unvertauschbare Eigenart", „ruht der Adel der Unvergänglichkeit und Ewigkeit" auf ihr.[57] Von daher lässt sich auch verstehen, dass Rahner von der „Würde der Kindheit" spricht: Die Besonderheit dieser Lebenszeit ist zu akzeptieren und gleichzeitig im Lebensganzen des Menschen zu sehen.

Der zweite Gedankenkreis nimmt die christliche Überlieferung zum Kindsein auf. In verschiedenen logisch aufeinander folgenden Schritten fasst Rahner seine Erkenntnisse zusammen: Das Kind ist Mensch. – Das Kind ist ein Mensch am Anfang. – Das Kind ist ein zwiespältiger Anfang. – Das Kind ist ein Kind. – Die Kindheit ist ein Geheimnis.

In der Logik dieser Aussagen formuliert er seine christliche Anthropologie: *Das Kind ist ein Mensch,* es wird nicht erst einer:

„Es holt in seiner Geschichte nur ein, was es *ist* ... Das Kind ist der Mensch, den Gott bei *seinem* Namen rief, der je neu ist, niemals nur Fall, Anwendung einer allgemeinen Idee."[58]

---

55 A.a.O. 314.
56 A.a.O. 316.
57 Ebd.
58 A.a.O. 317.

Gleichzeitig ist das Kind „Mensch *am Anfang*". Zwar ist das Kind schon alles, was das Menschsein ausmacht, „und doch muss noch alles werden, muss noch eingeholt, erfahren werden, was schon ist".[59] Dabei ist dieser Anfang immer „zwiespältig": Jedes „einzelne morgendliche Geschöpf Gottes" entspringt auch der Geschichte der Schuld des Menschen. Deswegen sieht das Christentum

„auch schon das Kind unausweichlich als den Anfang gerade jenes Menschen, zu dessen Existentialien Schuld, Tod, Leid und alle Mächte der Bitterkeit des Daseins gehören."[60]

Rahner betont zudem, dass das Kind *Kind* ist. Bezüglich der Überlieferung meint er allerdings für die Bestimmung des Kindes keine Hinweise zu sehen. An der menschlichen Erfahrung werde das Kindsein gemessen. Weil diese Erfahrung „dunkel, vielfältig und gegensätzlich ist", reagiert auch das christliche Verständnis in einer doppelten Weise: Es idealisiert und realisiert zugleich das Kind.[61]

Im Umgang Jesu mit den Kindern sieht Rahner nicht die zu dessen Zeit übliche Geringschätzung der Kinder. Stattdessen nimmt Jesus die Kinder (nach Mt 18,2ff und 19,13ff) „als Beispiel für Ehrgeizlosigkeit und Uninteressiertheit an Würden, für Bescheidenheit und Unverbildetheit im Gegensatz zu den Erwachsenen, die sich nichts schenken lassen wollen."[62]

Schließlich bezeichnet Rahner die Kindheit als *Geheimnis*. Durch die Umkehr (Metanoia) wird das Kind zum Empfänger des Reiches Gottes.

„Damit ist aber auch gesagt, ... daß wir erst eigentlich wissen, was ein Kind am Anfang ist, wenn wir wissen, was jenes Kind ist, das am Ende steht, ... daß wir also erst aus dem Kinde der Zukunft das Kind des Anfangs erkennen."[63]

In seinem dritten Abschnitt über die Gotteskindschaft entwickelt Rahner die theologische Interpretation seiner Anthropologie des Kindes. Dabei setzt er am Begriff der Gotteskindschaft an: Obwohl die Kindheit des Kindes nicht in eins zu setzen ist mit der Gotteskindschaft, besteht doch eine Übertragung der beiden Begriffe. Erst die „offenbarungsmäßige Verwendung" – die „Gotteskindschaft" – eröffnet die „Tiefe und Fülle" des humanen Begriffes.[64]

Auch wenn die menschliche Erfahrung in der Kindheit nicht in jedem Fall das Verhältnis zum „Vater" in einer „gläubigen Realisation" begründet, so bestehen hier doch Zusammenhänge. Vertrauen gegenüber Vater und

---

59 Ebd.
60 A.a.O. 319.
61 A.a.O. 320.
62 A.a.O. 321.
63 A.a.O. 322.
64 A.a.O. 323.

Mutter sind nach Rahner die Voraussetzung für das Wagnis, „jenem unsagbaren namenlosen Urgrund ... vertrauensvoll den Namen Vater zu geben".[65]

In einem zweiten Gedankengang nähert sich Rahner der „Übertragung" von Kindheitserfahrung und Gotteskindschaft. In einer ontologischen Begründung sieht er den Zusammenhang in der Erkenntnis zwischen dem Sein des Menschen und dem Sein Gottes:

„*Indem* man ein Seiendes erkennt, geschieht dies schon unter einem Horizont des transzendentalen, unthematischen Wissens um Sein überhaupt, und darin ist immer schon – wenn auch unthematisch und ungegenständlich – das Seiende von absoluter Seinshabe, Gott, wenigstens einschlußweise miterkannt."[66]

Mit anderen Worten: Der Mensch erkennt Gott als Seiendes, indem er überhaupt etwas als Seiendes erkennt. So nur kann das erfahrene Kindverhältnis auf ein Gottesverhältnis übertragen werden.

An dieser Stelle wiederholt Rahner den Anfangsgedanken, „daß die Kindlichkeit nicht ein Zustand ist, ... sondern eine Grundbefindlichkeit, die dem recht geratenen Dasein immer zukommt."[67] In dieser Grundbefindlichkeit sieht Rahner die „Verwiesenheit auf Gott", die letztlich das Verhältnis der Gotteskindschaft beschreibt. Von daher kann Rahner die Befindlichkeit des Menschen als Kind und die Wahrnehmung seiner selbst gegenüber Gott als Gotteskind zusammendenken:

„Wo also die humane Kindschaft den Mut zu ihrem absoluten Wesen hat, wo sie sich als Offenheit unbedingter und unendlicher Art versteht, bewegt sie sich selbst – sich selbst ‚übertragend' auf ihre eigene Wesensvollendung hin – auf die Kindschaft des Menschen vor Gott, auf ihn hin und von ihm her."[68]

So kommt Rahner zu dem abschließenden Gedanken, dass nur die Vorstellung einer Gotteskindschaft der biologischen Kindschaft ihre wirkliche Bedeutung: die Würde beimisst. Umgekehrt ist das Bewahren der „reinen Kindschaft" die Voraussetzung für das Erkennen Gottes. In diesem Verständnis sieht Rahner den Satz Jesu positiv gewendet:

„Wenn ihr werdet wie die Kinder, so werdet ihr in das Reich der Himmel eingehen."[69]

3. Die Diskussion der Anthropologie des Kindes in der Praktischen Theologie

In den 60-er Jahren des 20. Jahrhunderts entwickelt sich innerhalb der deutschen Praktischen Theologie eine Auseinandersetzung über die An-

---

65 A.a.O. 324.
66 A.a.O. 325.
67 A.a.O. 326.
68 A.a.O. 328.
69 A.a.O. 329.

thropologie des Kindes. Ausgangspunkt und Ort der Diskussion sind Veranstaltungen und Veröffentlichungen des Comenius-Instituts in Münster. Der Kreis derer, die sich mit der genannten Fragestellung beschäftigen, besteht überwiegend aus Religionspädagogen und Pädagogen. Dabei wird der Vorwurf – insbesondere an die Adresse der Dialektischen Theologie – der „Kindsvergessenheit" erhoben.[70]

Grundlegend für die Diskussion ist der Beitrag von Hans-Dieter Bastian: Kind und Glaube[71]. Bastian geht davon aus, dass die Frage nach der Anthropologie des Kindes an die Theologie herangetragen, nicht von ihr selbst gestellt wird.

Durch Anfragen von Seiten der Pädagogik (Martinus Langeveld, Andreas Flitner) sei die Diskussion eröffnet, deshalb habe sich die Theologie darauf einzulassen:

„Bevor die notwendige Frage ‚Wie lebt das Kind?' ... beantwortet wird, ... werden Theologen und Kirche sich zuerst der Frage aussetzen müssen: Was bedeutet das Kind im Geltungsbereich der biblisch-reformatorischen Verkündigung? ... Wer ist das Kind coram Deo?"[72]

Nach Bastian stellt die theologische Anthropologie eine „Relationsanthropologie" dar, wobei der Name dieser Relation der Glaube sei.[73] Aufgrund Luthers Lehre von der fides infantium und dem Glaubensbegriff nach Bonhoeffer folgert Bastian:

„Sie (die Theologie, d.V.) muß die paradigmatische Gestalt von Kind und Glaube immer neu hervorheben als die von Gott erwählte Schwachheit, in der die Kraft der Gnade triumphiert."[74]

Deshalb wird – nach Bastian – „Gottes Zuwendung zu den Kindern ... für die Gemeinde zum Inhalt ihrer Verkündigung".[75]

In der weiteren Diskussion[76] wird die Botschaft des Neuen Testaments im Hinblick auf Kinder deutlich akzentuiert: Weil durch das Wort und Handeln Jesu Christi auch den unmündigen Kindern die Teilhabe am Reich Gottes, die Gotteskindschaft zugesprochen ist[77], ist das Kind in der Gemeinde als vollgültiges Glied aufzunehmen und zu werten:

---

70 Loch, Werner: Die anthropologische Dimension der Pädagogik, Essen 1963.
71 Bastian, Hans-Dieter: Kind und Glaube, in: Ders./ Röbbelen, Ingeborg: Kind und Glaube, Pädagogische Forschungen 25, Heidelberg 1964, 3–26.
72 A.a.O. 4.
73 A.a.O. 8.
74 A.a.O. 20.
75 A.a.O. 21.
76 Röbbelen, Ingeborg: Bemerkungen zur gegenwärtigen Diskussion über das Thema: „Theologische Anthropologie des Kindes", in: Bastian, Hans-Dieter/ Röbbelen, Ingeborg: a.a.O. 27–43.
77 A.a.O. 35.

„Denn das Zeugnis des Neuen Testaments hat offenbar das Kindsein so zu einem Wesensmerkmal des Menschen gemacht, daß Menschsein im ganzen nur vom Kindsein her begriffen werden kann."[78]

In seiner Antwort auf die Position Bastians geht Jürgen Fangmeier ebenfalls auf die von Seiten der Pädagogik erhobenen Vorwürfe ein.

Auch er geht vom Umgang Jesu mit den Kindern aus und zeigt dabei auf, dass Jesus selbst immer wieder von Kindern redet. Den Vorwurf der Kindsvergessenheit an die Theologie versucht er zu entkräften, indem er die Wertschätzung des Kindes bei Luther, Schleiermacher und auch bei Karl Barth aufzeigt.[79]

Insgesamt kann Fangmeiers Versuch, der mit Hinweisen auf einzelne Zitate Karl Barths die Kindbezogenheit der Dialektischen Theologie gewissermaßen „nachreichen" will, jedoch als nicht sehr überzeugend eingestuft werden. Somit ist diese Debatte über die Stellung des Kindes – aus einem Anliegen der Praktischen Theologie in der Auseinandersetzung mit der Pädagogik heraus entstanden – in der Systematischen Theologie jedoch nicht vorangetrieben worden und letztlich ohne große Wirkung geblieben.

Festzustellen bleibt, dass aus der Sicht der Praktischen Theologie und damit im Hinblick auf die konkreten Arbeitsfelder der Kirche und ihre theoretische Aufarbeitung die Reflexion über das Kind im Rahmen der Systematischen Theologie nicht zufriedenstellend erfolgt. Als *Fazit* trifft Lachmann 1987 die Feststellung:

„Für die *Systematische Theologie* ist das Kind nach wie vor weder Faktor noch Thema wissenschaftlicher Reflexion; weder wurde von ihr der Gedanke einer am Kind orientierten Theologie aufgegriffen, noch die Aufgabe einer theologischen Anthropologie des Kindes weiterverfolgt."[80]

Im Hinblick auf die geringe Berücksichtigung des Kindes in der systematisch-theologischen Literatur ist jedoch die umfangreiche Bearbeitung der Perspektiven des Kindes innerhalb der Praktischen Theologie nochmals deutlich zu benennen.[81]

Zusammenfassend lässt sich festhalten, dass die Ergebnisse einer Recherche in der wissenschaftlichen Theologie im Hinblick auf die Anthropologie des Kindes verschiedene Einzelaussagen, jedoch keine Konzeption erkennen lassen. Was sowohl in biblischen als auch in theologischen Schriften über das Wesen und die Bedeutung des Kindes zum Ausdruck kommt, bleibt fragmentarisch.

---

78 A.a.O. 37.
79 Fangmeier, Jürgen: Theologische Anthropologie des Kindes, Theologische Studien 77, Zürich 1964.
80 Lachmann a.a.O. 168.
81 Vgl. exemplarisch: Meyer, Evi: Kinder, in: Haslinger, Herbert (Hg.): Handbuch Praktische Theologie, Bd. 2 Durchführungen, Mainz 2000, 47–60.

KAPITEL 4

Frömmigkeits- und kunstgeschichtliche Aspekte zur Verehrung des Jesuskindes

Neben der theologischen und das heißt immer auch intellektuellen Auseinandersetzung existiert durch nahezu alle christlichen Jahrhunderte hindurch eine weitere Betrachtungsweise des Kindes: Die Wahrnehmung des Kindseins Jesu, des göttlichen Kindes, aus der Haltung des frommen Menschen heraus. In unzähligen Formen und Variationen wird von der persönlichen, teilweise stark emotionalen Begegnung mit dem Jesuskind Zeugnis abgelegt. In Texten und Reimen, in Bildern und Statuen, sogar in Wickelkindern und Puppen finden Verehrung und Zuneigung zum Jesuskind ihren Ausdruck.

Ohne Übertreibung lässt sich sagen, dass die Verehrung des Jesuskindes einen bedeutenden Teil der christlichen Frömmigkeit und des Brauchtums darstellt. Die vom Gefühl und vom Vollzug geistlicher Übungen geleitete Verehrung des göttlichen Kindes fügt der Auseinandersetzung mit dem Kind einen wesentlichen Aspekt hinzu.

Wohl handelt es sich dabei nicht um eine Anthropologie des Kindes. Doch gerade weil der hermeneutische Prozess zum Verstehen des Kindes sich nicht nur anhand von abstrahierenden Texten vollzieht, wird der Blick in unserem Zusammenhang auch auf die Frömmigkeit christlichen Glaubens gelenkt. Die zu Beginn der Überlegungen ausgedrückte Überzeugung sei nochmals wiederholt: Vom Kind kann nur angemessen gesprochen werden, wenn die gesamte Wirklichkeit des Menschen Berücksichtigung findet.

Darüber hinaus legt die Reflexion über diese Jesuskind-Verehrung die Frage nahe, inwiefern die starke Vergegenwärtigung des Christkindes – des göttlichen Kindes – auf die Einschätzung von realen Kindern Einfluss ausgeübt hat. Gerade im Hinblick auf die Stellung des Kindes, die vor dem 17. Jahrhundert aufgrund der Geringschätzung der Lebensphase der Kindheit praktisch durch Geringschätzung gekennzeichnet war[1], ist die Betonung mindestens dieses einen Kindes in Wort und Bild sehr bedenkenswert.

Von daher stellt die Beachtung dieser Ausformung des christlichen Glaubens nicht nur eine ganz spezifische Art der Betrachtung dar, die den Intellekt der Emotion unterordnet. Sie ermöglicht auch den Zugang zu der Einschätzung von Kindern, wobei Worte der Dichtung und Bilder des

---

1 Vgl. Ariès a.a.O. 69–218.

Glaubens häufig mehr von der inneren Haltung zum Ausdruck bringen als reflektierende Texte.

Die Vielfalt der im Laufe der Jahrhunderte entwickelten Ausdrucksformen in Wort, Bild und Musik ist dabei sehr groß. In unserem Kontext werden deshalb lediglich skizzenhaft einige Aspekte christlicher Kunst und christlichen Brauchtums zur Sprache kommen und damit den Blick für diese Begegnungsweise mit dem Kind öffnen. Weil die Beachtung des Jesuskindes über die als religiös zu bezeichnende Literatur hinaus auch als Thema in der modernen Lyrik vertreten ist, soll hier der Blick auf solche Beispiele gelenkt werden.

1. Die Verehrung des Jesuskindes im geistlichen Lied

Wer Menschen bei der Ausübung ihrer Religion beobachtet, erkennt sehr schnell, dass Singen ein wesentlicher Bestandteil der Religion ist.[2] Dies trifft in hohem Maße ebenso für den christlichen Glauben zu, der sich von Anfang an auch im Gesang Ausdruck gesucht hat:

„Von den Anfängen an ist die christliche Gemeinde eine singende Kirche gewesen."[3]

Die Bedeutung des Singens speziell für die lutherische Kirche ist dabei immer wieder herausgestellt worden.[4]

Für die Untersuchung der Verehrung des Jesuskindes sind insbesondere die Weihnachtslieder heranzuziehen. Das Kind in der Krippe, Maria und Joseph, vor allem aber natürlich die Hirten und die Weisen aus dem Morgenland, die zur Verehrung des Kindes kommen, sind wiederholt Themen dieser Lieder. Die Verehrung, die vom Standpunkt der Singenden vorgetragen wird, kommt dabei vielfach zum Ausdruck. Aus diesem Grund konzentriert sich die Darstellung der Verehrung des Jesuskindes auf eine Betrachtung der Weihnachtslieder.

1.1. Die Vorstellung vom kindlichen Leben Jesu: Das Kind in der Krippe

Wohl kaum eine biblische Erzählung hat die Phantasie der Christenheit so angeregt wie die Weihnachtsgeschichte. Zugrunde liegt dabei überwiegend die Vorstellung von der Geburt Jesu, wie sie im Lukasevangelium beschrieben ist (Lk 2, 1–20). Häufig wird sie erweitert und kombiniert mit der Er-

---

2 Vgl. zum Ganzen: Josuttis, Manfred: Der Weg in das Leben. Eine Einführung in den Gottesdienst auf verhaltenswissenschaftlicher Grundlage, München 1991, 179–202.
3 Albrecht, Christoph: Einführung in die Hymnologie, Göttingen 1973, 9.
4 Vgl. zum Ganzen: Söhngen, Oskar: Theologische Grundlagen der Kirchenmusik, Leiturgia IV, Kassel 1961, 18.

zählung von den Weisen aus dem Morgenland (Mt 2, 1–14), wobei in unserem Zusammenhang die Anbetung im Zentrum der Betrachtungen liegt.

Viele Lieder singen davon, wie Lukas die Geburt Jesu beschreibt: Unter ärmlichen Verhältnissen kommt Jesus Christus zur Welt. Beliebte Bilder, die zur Ausschmückung der Szene verwendet werden, sind die Krippe mit Stroh sowie Ochse und Esel. Der Höhepunkt liegt in der Verkündigung des Engels und dem Gesang des himmlischen Chores.

Einige Beispiele dieser Weihnachtslieder sind zu nennen: „Gelobet seist du, Jesu Christ" (EG 23), „Ihr Kinderlein kommet" (EG 43), „Nun singet und seid froh" (EG 35), „Wißt ihr noch, wie es geschehen" (EG 52) sowie das erst 1964 entstandene „Ein Kindlein liegt in dem armen Stall"[5]. Auch an die Weihnachtslieder der europäischen Nachbarn, die eingedeutscht mittlerweile Eingang in das Gesangbuch gefunden haben, ist hier zu denken: „Als die Welt verloren" (Polen, EG 53)[6], „O Bethlehem, du kleine Stadt" (England, EG 55), „Hört der Engel helle Lieder" (Frankreich, EG 54) und das oberösterreichische „Der Heiland ist geboren" (EG 49).

1.2. Die Anbetung des göttlichen Kindes

Bei der Beschreibung des Geschehens in Bethlehem bleiben die Weihnachtslieder jedoch nicht stehen. In unterschiedlicher Weise wird darüber hinaus zur Anbetung des Kindes aufgefordert: „Kommt und laßt uns Christum ehren" (EG 39), „Vom Himmel hoch, o Engel, kommt" (EG 542 – Bayerischer Anhang) oder das ganz persönlich gehaltene Lied Paul Gerhardts „Ich steh an deiner Krippen hier" (EG 37).

Der Ausdruck der Verehrung wird dabei zum einen auf die am Geschehen in Bethlehem beteiligten Personen bezogen oder von ihnen abgeleitet, also von Maria und Joseph, den Hirten und Weisen, die das Brauchtum zu den Königen verwandelt hat. Gleichsam in der Gemeinschaft mit den Menschen an der Krippe werden das eigene Ergriffensein des Singenden und die Verehrung des Kindes zum Ausdruck gebracht. Ein bekanntes Beispiel ist die vierte Strophe des schon genannten Liedes von Christoph von Schmid „Ihr Kinderlein kommet":

> „O beugt wie die Hirten anbetend die Knie,
> erhebet die Händlein und danket wie sie ..."

Zum andern wird in Weihnachtsliedern auch von der Anbetung des Kindes durch die Natur erzählt, wobei hier zweifellos der Grenzbereich von geistlichem Lied und Volkslied erreicht ist. Das vielleicht schönste Beispiel ist

---

5 EG, Anhang für Bayern und Thüringen Nr. 547, Text und Weise von Martin G. Schneider.

6 Die Vielzahl und die Innigkeit der Lieder zur Jesuskind-Verehrung sind in der polnischen Tradition auffallend ausgeprägt.

„Maria durch ein Dornwald ging", wo durch die Verehrung des (ungeborenen) Jesuskindes aus den Dornen Rosen werden.[7] Andere Beispiele für Lieder der volkstümlichen Anbetung sind „O heiligs Kind, wir grüßen dich" oder die vierte Strophe des Liedes „Still, still, still":

> „Wir, wir, wir/ wir rufen all zu dir:
> Tu uns des Himmels Reich aufschließen,
> Wenn wir einmal sterben müssen.
> Wir, wir, wir/ wir rufen all zu dir."[8]

Von den Weihnachtsliedern, die das Evangelische Gesangbuch enthält und in früheren Fassungen enthalten hat, soll in unserem Zusammenhang eines exemplarisch betrachtet werden: „Vom Himmel hoch, da komm ich her" (EG 24), eines der Weihnachtslieder Martin Luthers. Bei diesem Lied handelt es sich bis heute um eines der bekanntesten und gebräuchlichsten Lieder. So kann im Hinblick auf die Gesamtheit der Weihnachtslieder und gleichzeitig in Bezug auf die Lieder Luthers geurteilt werden:

> „Nur ganz selten kommt es vor, daß eine neue Gattung schon zu Beginn ihren Höhepunkt erreicht. Beim lutherischen Kirchenlied ist das der Fall ... Lieder wie ‚Vom Himmel hoch, da komm ich her' haben durch die Jahrhunderte hindurch bis zur Gegenwart zum festen, unaufgebbaren Bestand des evangelischen Kirchenliedes gehört."[9]

Der Anlass zur Entstehung dieses Liedes war die häusliche Feier im Hause Luther 1534. Luther hat bei seiner Dichtung die Tradition des öffentlichen Singens in der Art eines Tanzspiels aufgenommen.[10] Dem entspricht auch die Verteilung der einzelnen Strophen auf verschiedene Sprecher und Rollen.

Für die Jesuskind-Verehrung sind besonders die Strophen 7ff. von Bedeutung. Nach dem Empfang der guten Nachricht wird die Beziehung des Singenden zum Jesuskind unmittelbar angesprochen:

> „Merk auf, mein Herz, und sieh dorthin,
> was liegt dort in dem Krippelein?
> Wes ist das schöne Kindelein?
> Es ist das liebe Jesulein."[11]

---

7 Hier liegt sicherlich auch das Motiv der Verehrung der schwangeren Maria mit zugrunde. Vgl. dazu: Schreiner, Klaus: Maria. Jungfrau, Mutter, Herrscherin, München/ Wien 1994, Bearbeitete Taschenbuchausgabe, München 1996, 47–60.
8 Zur guten Stunde. Das Familienbuch für die Winter- und Weihnachtszeit, Köln 1985, 123.
9 Albrecht a.a.O. 19.
10 Köhler, Rudolf: Handbuch zum Evangelischen Kirchengesangbuch I/2, Göttingen 1965, 50f.
11 EG Nr. 24 Strophe 7.

Die folgenden Strophen stellen eine Art Rede des Singenden an das Jesuskind dar. Ihr Inhalt ist die Verehrung (V.8) ebenso wie die Vergegenwärtigung der Heilsgeschichte (V.9–12) und die Anbetung (V.13–15).

Auf die Bewertung dieses Liedes in der wissenschaftlichen Literatur ist hier wenigstens kurz einzugehen. Dabei kann die ambivalente Stellung der Hymnologie gegenüber den Liedern der Jesuskind-Verehrung exemplarisch gezeigt werden.

Bei mehreren Verfassern ist eine doppelte Bewertung erkennbar. So wird einerseits die Besonderheit dieses „Kinderliedes" geschätzt, andererseits gleichzeitig seine Bedeutung eher eingeschränkt. Friedrich Spitta beispielsweise konstatiert 1905 einen „süßen Zauber der über ‚Vom Himmel hoch' waltenden Mystik"[12], bezeichnet das Lied gleichzeitig als eine „für die Kinder bestimmte dramatisierte Darstellung der Weihnachtsgeschichte"[13], „eingetaucht in die Sprache und Anschauung der Volkspoesie"[14].

Ähnlich urteilt Martin Rößler fünfundsiebzig Jahre später. Im Anschluss an die bereits mehrfach vorgenommene Typisierung der Weihnachtslieder unterscheidet er insgesamt zwölf Liedtypen innerhalb dieser Gruppe. Dabei rechnet er die Lieder, welche die Verehrung zum Ausdruck bringen, zu den „Devotionsliedern", die er vom „Aktionslied" abgrenzt.[15] Rößler unterscheidet die Darstellungsformen des Brauchtums wie Krippenspiel und Kindelwiegen (Aktionslied) als Möglichkeiten der weniger Klugen – „Die Einfachen könnens begreifen" – von den bedeutenderen des Devotionsliedes:

„Hier geht es um die Tiefe des Lebens, um die Schwere der Schuld und um die Freiheit der Kinder Gottes."[16]

Es hat den Anschein, als dächten Rößler und andere in eine einheitliche Bewertungsrichtung: Die Verehrung des Jesuskindes, zumal wenn sie in einer bestimmten Sprache geschieht – beispielsweise mit Diminutiven wie Kindelein, Jesulein, Herzelein – wird zu den Kinderliedern gerechnet. Bedenkenswert ist der Schluss, der daraus gezogen wird: Dadurch gehört auch der Inhalt des Kinderliedes in den Bereich des Kindes, in den Bereich des „Einfachen". Damit ist zum einen sicherlich der Grad der Intellektualität, zum anderen die gottesdienstliche Verwendung beschrieben.

Im Hinblick auf das Lied „Vom Himmel hoch" betont Rößler, dass es mit der einfach-kindlichen Form nicht genug sei – Luther selbst habe sie weitergeführt:

---

12 Spitta, Friedrich: „Ein feste Burg ist unser Gott". Die Lieder Luthers in ihrer Bedeutung für das evangelische Kirchenlied, Göttingen 1905, 338.
13 A.a.O. 332.
14 A.a.O. 330 mit weiterer Literatur zu dieser Wertung.
15 Rößler, Martin: Da Christus geboren war ... Texte, Typen und Themen des deutschen Weihnachtsliedes, Stuttgart 1981, 95–111.
16 A.a.O. 111.

„So nimmt Luther die harmlose, kindliche Form der Krippenaktion, ihre Bräuche und Reizworte in Dienst, zerbricht aber ihre Eigenständigkeit und ihr spielerisches Gefälle. Er macht daraus mehr als die Ordnung einer häuslichen Feier, er ordnet sie seiner reformatorischen Linie des Verkündigungsvortrages ein: Wort und Antwort." [17]

Der Wertung, besser gesagt: der geringen Wertschätzung der Lieder der Jesuskind-Verehrung durch wissenschaftliche Kriterien des musikalischen wie theologischen Anspruchs entspricht die Bedeutung im Gebrauch der Lieder jedoch nicht.

Anders gesagt: Lieder mit Inhalten für Kinder gehören in den Bereich des Privaten, allenfalls – und das trifft erst für den Zeitraum seit Mitte des 19. Jahrhunderts zu – noch in den Kindergottesdienst. Unabhängig von der als gering eingestuften theologischen Aussage solcher Lieder erfreuen sie sich im persönlichen wie gemeinschaftlichen Brauch nach wie vor großer Beliebtheit.

Die Verehrung des Jesuskindes spielt dabei seit Beginn des Kindergottesdienstes eine bedeutende Rolle. Von Julius Schunck, der als Begründer des Kindergottesdienstes in Bayern gilt, sind aus dem Jahr 1855 zwei „Kinderpredigten" überliefert, von denen die erste eine Weihnachtspredigt ist.[18] Schunck entwickelt seine Verkündigung durch Vortragen der Weihnachtsgeschichte nach Lk 2, die er ausschmückt und unmittelbar auf die Kinder bezieht. Dazwischen werden Gebete gesprochen und Lieder gesungen.

Nachdem die Verse sechs und sieben verlesen werden, spricht Schunck die Kinder an:

„O wie lieb, ihr Kinder, muß euch der Herr Christus haben. Es hätte ja der Sohn Gottes vom Himmel herabfahren können – herrlich und prächtig auf feurigem Wagen, wie Elias einst gen Himmel fuhr, umgeben von glänzenden Engeln Gottes; aber nein er wird ein kleines armes Kind, daß er sich euer erbarm und in dem Himmel mache reich und seinen lieben Engeln gleich. O wie lieb hat er euch! Wie lieb muß er besonders die *armen* frommen Kinder haben; denn er ist selbst ein armes Kind: Im Stall, in der Krippe, in Windeln gewickelt liegt des ew'gen Vaters einig Kind."[19]

Als den Höhepunkt gestaltet Schunck in seiner „Kinderpredigt" die Verkündigung des Engels und den Lobgesang der himmlischen Heerscharen. Auch dieser Teil wird ganz auf das Kind in der Krippe bezogen:

„Welch ein Glanz und welch ein Gesang muß das gewesen sein! So wird bei seiner Geburt auch kein Königskind begrüßt ... Diesem Gotteskind singen die Engel ein Wiegenlied. Was sie aber von dem wunderbaren Kinde predigen und singen –

---

17 A.a.O. 86.
18 Schunck, Julius: Kinderpredigten, den Kindern vorzulesen, Nördlingen 1856.
19 Zitiert in Anpassung an unsere Rechtschreibung nach: Zwei „Kinderpredigten" von Dr. Julius Schunck, in: Landesverband für Evangelische Kindergottesdienstarbeit in Bayern (Hg.): 1850–2000. 150 Jahre Kindergottesdienstarbeit in Bayern und im deutschsprachigen Raum, Nürnberg 2000, 77–83, 81.

darauf sollen wir mit Freuden achten und es uns wohl ins Herz schreiben; denn es hängt unsere Seligkeit daran ... Der Himmel tut sich in lichtem Glanze auf, daß nun alle Kinder, die das Christuskind von Herzen lieb haben, in den Himmel zu ihm und seinen Engeln kommen können."[20]

Die Deutlichkeit, mit der hier den Kindern der unmittelbare Zusammenhang zwischen der *Kind*werdung Gottes und ihrem eigenen Kindsein vorgeführt wird, ist nicht zu übersehen. Die Betonung der Armut des Jesuskindes ist deshalb sinnvoll, weil es in den Kindergottesdiensten Schuncks tatsächlich eine direkte Verbindung zwischen Armenfürsorge und Kindergottesdienst gab. [21]

Dass die Kinder nicht nur gedanklich zu dieser Parallelisierung aufgefordert, sondern darüber hinaus auch zur Verehrung dieses Kindes stimuliert werden sollen, zeigt Schunck mit dieser „Weihnachtspredigt" in eindrucksvoller Weise.

2. Die Verehrung des Jesuskindes in der darstellenden Kunst und im christlichen Brauchtum

Etwa ab dem 4. Jahrhundert wird das Jesuskind zum Thema in der darstellenden Kunst[22]. Weihnachtsdarstellungen mit dem Kind als Mittelpunkt, Altarbilder, eigenständige Statuen, Andachtsbilder und Neujahrswünsche werden mit diesem Motiv gestaltet.[23] In unserem Zusammenhang können nur Grundlinien angedeutet werden, wobei die Frage nach der Bedeutung für das Verständnis des Kindes nicht aus dem Blick geraten soll.

2.1. Das Jesuskind im Weihnachtsbild und mit der Madonna

Wie bei den Liedern der Kirche lässt sich auch hinsichtlich der Malerei feststellen, dass die Weihnachtsgeschichte zu den beliebtesten biblischen Erzählungen, die abgebildet werden, gehört. Hier können einzelne Epochen unterschieden werden, in denen je eine bestimmte Szenerie des Geschehens bevorzugt wird. Gerne wird der Geburtsort als Stall (ab dem 4. Jahrhun-

---

20 A.a.O. 83.
21 Vom Weihnachtsgottesdienst im Jahr 1854 – vier Jahre nach der „Weihnachtspredigt" – schreibt Schunck, daß „unsere Kinder" am Kindergottesdienst in der Neustädter Kirche teilnahmen, wo sie „von den Erlanger Kindern reichlich beschenkt wurden". Julius Schunck – ein Lebensbild, in: A.a.O. 20–23, 22.
22 Unter darstellender Kunst werden im Folgenden die Malerei, die Bildhauerei in Holz und Stein sowie weitere Techniken (Holz- und Linolschnitt etc.) verstanden.
23 Einen guten Überblick bietet: Wentzel, Hans: Christkind, in: Schmitt, Otto (Hg.): Reallexikon zur deutschen Kunstgeschichte, Bd. 3, Stuttgart 1954, Sp. 590–608.

dert) oder Höhle (ab dem 6. Jahrhundert) gezeigt. Ab dem 15. Jahrhundert wird es üblich, die Geburt Christi als Nachtszene zu malen.[24]

In der Regel steht das Kind im Mittelpunkt des Weihnachtsbildes, häufig nackt oder gerade mit Windeln bekleidet. Auf den Bildern der Gotik ist die Futterkrippe zu sehen, die oft mit einem Kreuz im Hintergrund durch einen Weg o.ä. verbunden wird.

Insbesondere die künstlerische Ausdrucksform des spätgotischen Flügelaltars bringt die Weihnachtsgeschichte zur Geltung: Hier wird in einer Bilderfolge das Geschehen der Kindheit Jesu von der Ankündigung der Geburt durch den Engel Gabriel bis zur Darstellung des Kindes im Tempel vorgeführt. Dabei werden die biblischen Szenen von Lk 2 und Mt 1 zu einer Geschichte zusammengefasst, wie das auch bei den Weihnachtsliedern geschieht.[25]

Bei einem Gesamtblick auf die Weihnachtsbilder fällt auf, dass die dunklen Seiten der Geburt Jesu selten thematisiert werden. So finden sich weit weniger als die Verehrung oder Anbetung des Kindes die Motive der Flucht nach Ägypten oder gar des Kindermordes von Bethlehem.

Eine Erweiterung der Geburtsszene ist die Abbildung der „Heiligen Familie", in der Maria, Joseph und das Kind in einer meist gefühlsbetonten, häufig auch idyllischen Weise gezeigt werden.[26] Wesentlich häufiger werden Maria und das Jesuskind zu zweit dargestellt: Die Madonna (lat.-ital.: meine Herrin) ist die Gottesmutter mit dem Jesusknaben. Sie ist bereits seit dem 2.Jahrhundert ein seltenes, ab dem 6.Jahrhundert ein häufiges Thema der christlichen Kunst. Die Künstler des Mittelalters zeigten sie feierlich thronend, später wird die Madonna lieblicher dargestellt.[27]

Das Jesuskind ist dabei stets nackt, sehr oft mit Heiligenschein zu sehen. Sowohl Kind als auch Mutter werden in ihrer Botschaft für die frommen Betrachtenden durch Symbole unterstützt: Mondsichel, Strahlenkranz; Apfel o.ä.[28]

Besonders beliebt ist die Darstellung des Jesuskindes auf Andachtsbildern. Darunter werden Bilder verstanden, die aus einem größeren Zusammenhang einer geistlichen Szene stammen, wobei das herausgelöste Element Gegenstand der persönlichen oder auch gemeinschaftlichen Andacht wird.

---

24 Vgl. beispielsweise: Stomer, Matthias: Anbetung der Hirten, ca. 1650, Sammlungen des Fürsten von Liechtenstein, Vaduz, Inv.Nr. 110.

25 Beispielhaft für diesen Typus sei hier der Hauptaltar der Evang.-Luth. Kirche in Nürnberg-Katzwang genannt. Die Vorderansicht des Schreins zeigt: 1. Ankündigung der Geburt, 2. Geburt, 3. (Mitte) Maria mit dem Kind auf der Mondsichel vor dem Strahlenkranz, 4. Anbetung der Könige, 5. Darstellung Jesu im Tempel mit der Heiligen Familie, Simeon und Hanna.

26 Vgl. beispielsweise: Raffael: Heilige Familie mit der Palme, 1507.

27 Schreiner, Klaus: Maria. Jungfrau, Mutter, Herrscherin, München/ Wien 1994, Taschenbuch-Ausgabe, München 1996, 252–293.

28 Schmidt, Heinrich und Margarethe: Die vergessene Bildersprache christlicher Kunst, München 1981, 223ff.

Das Charakteristikum des Andachtsbildes ist es, die „emotionale Komponente" des Betrachters anzusprechen, was sich bei einer Kindergestalt in besonderer Weise anbietet:

„Das Christkind als Andachtsbild wäre demnach als ‚Gefühlsgefäß' zu bezeichnen, das eine Freude und Glück spendende, persönliche kontemplative Versenkung ermöglichte."[29]

Das Andachtsbild hat seinen Ursprung in den südwestdeutschen Nonnenklöstern des 14. Jahrhunderts, wo die Jesuskind-Verehrung kräftige Impulse erhalten hat. Aus den ursprünglich aus Seide oder Pergament hergestellten Bildern, die als Geschenke und Neujahrswünsche verwendet wurden, wurden zusehends einfache
Papierbildchen, die für die individuelle Betrachtung gedacht waren. Bei den Andachtsbildern blickt das Jesuskind die Betrachtenden direkt an, häufig mit einem rosenförmigen Mund und einem milden Lächeln.[30]

Susanne Leiste untersucht die Vielfalt der Jesuskind-Darstellungen im ausgehenden Mittelalter und der frühen Neuzeit, genau für den Zeitraum also, in dem Kinder Gegenstand von Bildern werden:

„Zweifellos beginnt die Entdeckung der Kindheit im 13. Jahrhundert und findet in der Kunstgeschichte und der Ikonographie des 15. und 16. Jahrhunderts ihren Niederschlag."[31]

Dabei unterscheidet sie einzelne Typen und konstatiert eine Veränderung der Gestalt vom „verkleinert wiedergegebenen Erwachsenen, der nicht das Kind- sondern das Gottsein veranschaulichen soll"[32] bis hin zu der „zunehmenden Verkleinerung und Verkindlichung".

Um 1400 kommt dabei eine neue Stilrichtung auf, die Malerei des Weichen oder Schönen Stiles, die den kindlichen Formen sehr entgegen kam.[33]

Für diesen Zeitraum, der zugleich die Epoche der weitest verbreiteten Jesuskind-Darstellung ist, bekommt das Jesuskind in der Kunst eine Wegbereiter-Funktion für die Darstellung von Kindern überhaupt:

„Für die Entwicklung der Darstellung der Kindergestalt ist die Erfassung und Schilderung des göttlichen Kindes Jesus ... insofern von Bedeutung, als es bis zu Beginn des 16. Jahrhunderts hauptsächlich die Gestalten dieser Kinder waren, an

---

29 Leiste, Susanne: Studien zur Darstellung des Kindes und der Kindheit in der bildenden Kunst des ausgehenden Mittelalters und der frühen Neuzeit, Diss. Erlangen 1985, 28.
30 Ein besonders schönes und überdies kostbares Exemplar ist der Neujahrsgruß, den Albrecht Dürer 1493 von der Gesellenwanderung am Oberrhein an seine Eltern sandte. Dieses kleine Bild (11,8 x 9,3 cm) hat er insbesondere für seine Mutter, eine fromme Frau, gedacht. Dürer, Albrecht: Der Jesusknabe mit der Weltkugel, 1493, Deckfarbenmalerei auf Pergament, Graphische Sammlungen Albertina Wien.
31 Ariès a.a.O. 108.
32 A.a.O. 34.
33 A.a.O. 39.

denen sich das Interesse für die Darstellung der Kindheit, kindlicher Verhaltensweisen, Merkmale und Eigenheiten im allgemeinen entwickelt."[34]

2.2. Die Verehrung des Jesuskindes im christlichen Brauchtum

Die Jesuskind-Verehrung, die das Brauchtum hervorgebracht hat, lässt sich nicht leicht von der christlichen Kunst abgrenzen. Das liegt zum einen daran, dass die Jesuskind-Darstellungen durchaus künstlerischen Wert besitzen, zum anderen daran, dass sie – zumindest bei ihrer Entstehung – zur künstlerischen Ausgestaltung eines sakralen Raumes gedacht waren. Was als Bild oder Statue aus einer frommen Haltung heraus entstand, entwickelte sich vielfach zu einem Gegenstand der persönlichen Verehrung bis hin zur geistlichen Spielerei.

In den Frauenklöstern des 13.–15. Jahrhunderts entstehen Jesuskind-Figuren, die auf besondere Weise verehrt werden. Von Frauen, die für die Theologie und die Mystik bedeutsam waren, wie Mechthild von Magdeburg, Gertrud von Helfta und Theresa von Avila wird eine innige Jesuskind-Begeisterung überliefert.[35]

Seit dem späten Mittelalter werden Jesuskind-Figuren unterschiedlich gestaltet: Stehend als segnender Herrscher oder festlich gekleideter Bräutigam, liegend als Kind in der Krippe auf kostbarer Unterlage. Vielfach sind diese Figuren mit wunderbaren Ereignissen verbunden. Begegnungen mit dem scheinbar lebendig gewordenen göttlichen Kind werden berichtet, aber auch Hinweise für schwierige Lebenslagen und sogar Heilungen werden vermittelt.[36]

Dementsprechend geraten solche Jesuskind-Figuren in den Rang eines Heiligenbildes. Sie werden nicht nur verehrt, sondern angebetet. An zahlreichen Orten entstehen deshalb Zentren einer Wallfahrt zu einem Jesuskind, von denen auch die seitens der Kirche geführten Mirakelbücher Auskunft über vollzogene Heilungen geben. Die bedeutsamsten Beispiele im deutschsprachigen Raum sind das „Augustiner-Kindl" in München und das „Loreto-Kindl" in Salzburg. Ebenfalls Berühmtheit haben das „Prager Jesulein", das Bambino Gesu von Ara Coeli in der Kirche S.Maria auf dem Kapitol in Rom, im außereuropäischen Raum das Jesuskind in Mexiko-City und in Cebu/Philippinen erlangt.[37]

---

34 A.a.O. 49.
35 Rode, Rosemarie: Studien zu den mittelalterlichen Kind-Jesu-Visionen, Diss. Frankfurt 1957.
36 Vavra, Elisabeth: Bildmotive und Frauenmystik – Funktion und Rezeption, in: Dinzelbacher, Peter/ Bauer D.R. (Hg.) Frauenmystik im Mittelalter, Ostfildern 1985, 201–230.
37 Zenetti, Lothar: Das Jesuskind. Verehrung und Anbetung, München 1987, 115–120.

Weniger bekannt, aber im Einzelfall ganz sicher ebenso beliebt sind die gewickelten Jesuskinder, die sich auch in Frauenklöstern finden lassen. Diese Figuren, die mit Puppen verglichen werden können, heißen Fatschenkind[38]. Es handelt sich um kostbar geschmückte Wickelkinder, mit Strahlenkreuz um den Kopf und in mit Goldborten und Perlen bestickte Gewänder bekleidet. Ihr Entstehungsort sind die Klöster, aber auch Bauernstuben.

Die Motive zur Herstellung und zur Beschäftigung mit den Fatschenkindern sind bei den Nonnen eindeutig: Wenn ihnen das Muttersein nicht möglich ist, sollen sie wenigstens ein solches Jesuskind trösten und mit Zärtlichkeit verwöhnen dürfen.[39] Die Fatschenkinder werden so zum Objekt ihrer glühenden Zuneigung, vereinzelt auch einer mystischen Verzückung.

Doch auch außerhalb des Klosters sind solche Jesuskinder anzutreffen. Insbesondere italienische Familien besitzen seit dem 18. Jahrhundert nicht nur eine der Weihnachtskrippen, sondern auch ein Exemplar einer Jesuskind-Statue. Zweifellos stehen sie im Mittelpunkt weihnachtlicher Bräuche, sind darüber hinaus aber auch Ausdruck des Glaubens und der Verehrung. Das bekannte Jesuskind von Aracoeli gehört dazu, weniger berühmte Exemplare sind aus Bronze, Wachs, Ton oder Porzellan.

Bei diesen italienischen Figuren finden sich neben dem traditionellen Krippenkind auch andere Motive, beispielsweise ein „Passionskind" (Kind mit Dornenkrone) oder die überaus liebevolle Darstellung des „Schlafenden Jesuskindes im Paradies".[40]

Eine besondere, vielfältig belegte Art, mit solch einem Jesuskind umzugehen, stellt das Kindlwiegen dar. Nach einer Idee des Franziskaners Giovanni da Cavoli nach 1300 sollte jeder Christ in der Zeit von Weihnachten bis Lichtmess täglich einen „geistlichen Besuch" bei der Krippe machen.

„Anleitungen dazu empfehlen dem Anfänger in der geistigen Schau, sich ganz so zu benehmen, als sei das Kind gegenwärtig.

,Hilf mir wiegen daz Kindelin,
Joseph lieber neve min,
Gerne liebe muome min
Hilf ich dir wiegen das kindelin.'

Dieses älteste Weihnachtslied in deutscher Sprache, verfaßt von einem als ,Mönch von Salzburg' bezeichneten Lyriker der Zeit um 1380 gilt als musikalische Umrahmung dieser Andacht zum Jesuskind."[41]

---

38 Der Name leitet sich von der Wickeltechnik namens „Fatschen" (lat. fascia = Binde) ab.
39 Zenetti a.a.O. 77–82.
40 Gockerell, Nina: Il Bambino Gesu. Italienische Jesuskindfiguren aus drei Jahrhunderten, München 1997.
41 Gockerell a.a.O. 19.

Aus der Meditation des Jesuskindes wird die Bewegung des Kindlwiegens, die mit dem Singen von Wiegenliedern unterstützt wird. Der Brauch des Kindlwiegens hält sich bis in das 17. Jahrhundert, in manchen Krippenspielarten Süddeutschlands noch bis ins 19. Jahrhundert.[42]

Zur Verehrung des Jesuskindes gehört auch die Sitte, zur Weihnachtszeit eine Krippe aufzustellen.[43] Als Urheber der Weihnachtskrippe gilt Franz von Assisi, der im Jahre 1223 für seine Brüdergemeinschaft eine Krippe mit lebenden Tieren gestaltete, die das Geschehen von Bethlehem naturtreu vor Augen stellte.

Dieser Brauch entwickelte sich zum Aufstellen von Krippenfiguren, wobei ab dem Beginn des 14. Jahrhunderts auch ein Krippenkind Bestandteil dieser Figuren wird: ein Kind mit eng an den Körper angelegten Armen. Das Jesuskind in der Krippe gehört bis heute zu vielen Varianten der Weihnachtskrippe.

Sehr vereinzelt finden sich auch Darstellungen des etwas größer gewordenen Jesuskindes. Die infantia Christi wird als Bild gezeigt: Maria führt Jesus an einer Hand, der in der anderen ein Behältnis – Schultasche oder Laterne? – trägt. Als Beispiele hierfür lassen sich eine Miniatur aus dem Katharinentaler Graduale Zürich sowie der Schlussstein in einem Gewölbebogen der Frauenkirche in Nürnberg nennen.

Was trägt nun eine Betrachtung der Verehrung des Jesuskindes für die Frage nach dem Kind im allgemeinen aus? Die genannten Beispiele der Jesuskind-Verehrung zeigen die hohe Wertschätzung und Beliebtheit des göttlichen Kindes. Hier kommt die Gefühlsseite frommer Menschen, insbesondere von Frauen, zum Ausdruck. Die dem menschlichen Verstand nur schwer zugängliche Botschaft „Gott wird Kind" wird in Weihnachtsliedern und noch mehr in Bildern, Statuen und Fatschenkindern vorstellbar, fühlbar, geradezu erlebbar.

Zweifellos kann bei allen diesen Bildern und Figuren nicht von einem Beitrag zur Theologie die Rede sein. Manches gehört in den Bereich der Legende oder auch der privaten Spielerei. Gleichzeitig sind diese Ereignisse christlicher Frömmigkeit von großer Bedeutung, nicht nur für jeweils einzelne Menschen, sondern für die gesamte Frömmigkeitsgeschichte überhaupt. Was die Inkarnationslehre in komplizierte Worte fasst, wird dem von seinem Gefühl geleiteten Betrachter hier ganz nahe gebracht.[44]

---

42 Eine Fortführung dieser Art der Jesuskind-Verehrung findet sich bis heute in München. Dort wird während der Weihnachtszeit das „Gnadenkindl" in der Bürgersaalkirche zur Verehrung ausgestellt.

43 Berliner, Rudolf: Die Weihnachtskrippe, München 1955.

44 Daß die Vorliebe für das „Christkind" sich ganz aktuell wieder zeigt, beweist das Angebot, selbstgefertigte Wachsköpfchen für ein Krippenkind zu bestellen, um es in Krippen zu legen „oder auch nur zum Anschauen über die Weihnachtstage". In: Pfarrer- und Pfarrerinnenverein in der evangelisch-lutherischen Kirche in Bayern (Hg.): Korrespondenzblatt (116) 2001, 98.

3. Die Verehrung des Jesuskindes im Gedicht

Über die Dichtung von Weihnachtstexten, die als Liedvorlage dienen, hinaus existieren zahlreiche Gedichte, die die Weihnachtsgeschichte und dabei auch die Verehrung des Jesuskindes zum Inhalt haben. Vieles, was für die Darstellung im Bereich der bildenden Kunst gesagt wurde, gilt auch für die Dichtung: Das Jesuskind ist ein beliebtes Motiv, wird in unfassbar vielen Variationen und Bildern aus Worten vor Augen gebracht.

Dabei lassen sich strukturell unterschiedliche Gattungen des Gedichtes unterscheiden. Das gilt grundsätzlich hinsichtlich der literaturwissenschaftlichen Differenzierung, wobei diese Betrachtung jedoch hier nicht im Vordergrund steht. Allenfalls lassen sich von dort germanistische und literarische Hinweise für eine Werkanalyse im kleinsten Stil – die Interpretation einiger Weihnachtsgedichte – entlehnen.

3.1. Zum Verhältnis von Theologie und Literatur

Die Unterscheidung, die für unseren Zusammenhang relevant wird, ist die nach inhaltlichen Gesichtspunkten und zwar hinsichtlich der Frage: Wie wird ein theologisches „Thema" in einem Gedicht aufgenommen? Dient das Gedicht diesem „Thema" im Sinn einer theologischen Vertiefung?

An dieser Stelle wird das Verhältnis von Theologie und Literatur virulent. Was Christoph Gellner im Hinblick auf die Interpretation der Werke Hermann Hesses und Bertolt Brechts formuliert, lässt sich auf die Beziehung von Theologie und Literatur insgesamt beziehen:

„Es hat dem Verhältnis zwischen Theologie und Literatur, es hat nicht zuletzt auch der Wertschätzung theologischer Literaturinterpretationen im Raum der Literaturwissenschaft sehr geschadet, daß literarische Zeugnisse vorschnell kirchlich-religiös vereinnahmt, als ungläubig abgelehnt oder um ihrer vermeintlichen Destruktivität willen moralisierend abqualifiziert wurden, noch ehe die Schriftsteller ihr eigenes sagen konnten."[45]

Eine scharfe Trennung im Hinblick auf die Frage, ob der theologische oder der ästhetische Akzent im Vordergrund steht, muss nicht in jedem Fall getroffen werden. Vielmehr kann das Gedicht grundsätzlich beide Intentionen beinhalten, und für jeden einzelnen Leser werden sie unterschiedlich zur Geltung kommen.

Dass in unserem Zusammenhang auch literarische Beispiele von Jesuskind-Gedichten mit aufgenommen werden, ist ein Ergebnis der Überlegung und Überzeugung, dass die Spannung zwischen Theologie und Literatur für beide Seiten fruchtbar gemacht werden kann. Das wirkliche Gespräch zwi-

---

45 Gellner, Christoph: Weisheit, Kunst und Lebenskunst. Fernöstliche Religion und Philosophie bei Hermann Hesse und Bertolt Brecht, Mainz 1994, 22f.

schen Theologie und Literatur entsteht dabei in „Anknüpfung und Widerspruch ..., in Entsprechung und Konfrontation"[46].

Nun ist es ganz offensichtlich, dass bei „Weihnachtsgedichten" der theologische Inhalt bzw. die biblische Botschaft keineswegs immer im Vordergrund steht, ja oftmals gar nicht mehr den entscheidenden Inhalt darstellt. Als Beispiel sei hier das bekannte Gedicht „Weihnachten" von Joseph von Eichendorff[47] angeführt, dessen Schilderung in der ersten Strophe „Markt und Straßen stehn verlassen" die romantische Sehnsucht nach Feier und Festlichkeit und nicht etwa die Botschaft der Heiligen Nacht zum Ausdruck bringt.

Bei Gedichten, die das Jesus- oder Christkind zum Gegenstand haben, ist das nicht so. Vom Kind in der Krippe zu reden – in welchen Worten auch immer – kann gar nicht geschehen, ohne dass der Zusammenhang mit biblischer Botschaft heraufgeführt wird. Doch auch hier geht es nicht nur um Verkündigung oder fromme Anbetung. Das Ästhetische, der Umgang mit verdichteter Sprache dient dazu, den Inhalt in je neuer Form auszudrücken.

3.2. Gedichte zeitgenössischer Künstlerinnen und Künstler

Bei Dichtern des 20. Jahrhunderts oder gar unserer Gegenwart nach Gedichten, die das Jesuskind zum Inhalt haben, zu suchen, erscheint einigermaßen verwegen. Trotz der vielen Parallelen in den Themen und Anschauungen von Theologen und Dichterinnen dieser Epoche ist doch eine deutliche gegenseitige Distanz beider Seiten zu beobachten. Gerade Künstler und damit auch die Dichter grenzen sich bewusst von Religion und religiöser Thematik ab, häufig trotz oder vielleicht sogar aufgrund ihrer Abstammung aus einem protestantischen Pfarrhaus:

„Einige gehen noch einen Schritt weiter. ‚Die Götter tot, die Kreuz- und Weingötter, mehr als tot; schlechtes Stilprinzip, wenn man religiös wird, erweicht der Ausdruck', schreibt beispielsweise Gottfried Benn."[48]

Von daher erscheint es um so erstaunlicher, dass sogar das Jesuskind ein Gegenstand von moderner Lyrik ist. Das, was gemeinhin mit dem „Jesulein" assoziiert wird – Frömmelei, Spielerei, einfältiger Glaube – erscheint ganz und gar nicht im Spektrum der Themen, aus dem sich die moderne Lyrik nährt. Wohl gibt es die Thematik des Kindes oder der Kindheit in zahlreichen Beispielen von Rainer Maria Rilke bis zu Eva Zeller. Das Kind

---

46 Kuschel, Karl-Josef: „Vielleicht hält Gott sich einige Dichter ...". Literarisch-theologische Portraits, Mainz 1991, 11.
47 Eichendorffs Werke. Hg. von Richard Dietze, Leipzig 1891, Band I, 281.
48 Vellguth, Klaus: Über den Dialog zwischen Theologie und Literatur, in: Ders. (Hg): „Gott sei Dank bin ich Atheist": Gott als Thema in der Literatur des 20. Jahrhunderts, Lahr/ Stuttgart 2001, 7–13, 9.

in der Krippe scheint auf den ersten Blick dem Duktus gegenwärtiger Erfahrung entgegengesetzt zu sein.

Jedoch existieren einige Beispiele von zeitgenössischen Jesuskind-Gedichten. Zwei Gedichte sollen hier näher betrachtet werden, zunächst eines von Marie Luise Kaschnitz:

Dezembernacht

Feldhüter haben in einem Geräteschuppen
(Steckrübenacker, Pflaumenbäume, Flußwind)
Eine Geburt aufgespürt, hier unzulässig.
Flüchtlinge gehören ins Lager und registriert.
Der Schafhirt kam dazu, ein junger Mann,
Der ging mit einem Stecken übers Mondfeld.
Sein Hund mit Namen Wasser sprang an der Hütte hoch.
Ein Alter drinnen gab Auskunft, er sei nicht der Vater.
Die Feldhüter verlangten Papiere. Das Neugeborene schrie.
Ein Mercedes, ein Bentley, eine Isetta hielten an.
Drei Herren stiegen aus, drei Frauen, schöner als Engel,
Fragten, wo sind wir, spielten mit den Lämmern.
Spenden sie etwas, sagten die Feldhüter.
Da gaben sie ihnen
Ein Parfum von Dior, einen Pelz, einen Scheck auf die Bank von England.
Sie blieben stehen und sahen zu den Sternen auf.
Glänzte nicht einer besonders? Ein Rauhreif fiel,
Die kleine Stimme in der Hütte schwieg.
Ein Mercedes, ein Bentley, eine Isetta fuhren an
Und summten wie Libellen. Der Hirte schrie:
Fort mit euch Schafen, fort mit euch Lämmern.
Ist das Kind gestorben? Das Kind stirbt nie.[49]

In einem großen Bildtableau entwirft Marie Luise Kaschnitz die Szene von der Geburt eines Flüchtlingskindes im Winter. Kein einziges Detail dieses Bildes – mit Ausnahme des neugeborenen Kindes – stimmt mit den biblischen Inhalten überein.

Und doch entsteht sofort, schon ausgelöst durch die Überschrift „Dezembernacht", die Assoziation zum Stall von Bethlehem. In gewissem Sinn ist vieles von dem vorhanden, was wesentlich ist: Das Kind, der „Alte", der nicht der Vater ist, Arbeiter auf dem Feld, deren Geräteschuppen und deren Schafe, sodann drei Personen, hier drei Paare, die von weit kommen, ganz offenbar sehr vermögend sind und auch dementsprechende Geschenke mitbringen. Selbst die Sterne werden benannt, wobei einer als besonders glänzend bezeichnet wird.

Gleichzeitig unterscheiden sich viele Details von der biblischen Geschichte: Steckrüben und Pflaumenbäume sind Pflanzen, die nach Mittel-

---

49 Kaschnitz, Marie Luise: Gesammelte Werke, Fünfter Band: Die Gedichte, Frankfurt a.M. 1985, 334f.

europa gehören, Papiere als Ausweis und Berechtigung, Autos und Scheck sind Kennzeichen unserer Gegenwart. Raum und Zeit, menschliche Kultur und Lebensstil stimmen keineswegs mit der Geburt des Kindes in der Bibel überein.

Auch „fehlt" sehr Wichtiges: Vielleicht von alledem wiederum am unwichtigsten, gleichzeitig sehr spezifisch für den biblischen Bericht sind Ochse und Esel. Dann wird von der Mutter wird nichts gesagt, sie kann höchstens mitgedacht werden, denn eine Geburt und das Neugeborene sind ohne Mutter nicht möglich. Ebenso ist nicht von Engeln die Rede, zumindest nicht von singenden – nur im Vergleich mit den reichen Frauen werden die Engel genannt. Vor allem fehlt jedoch der *Verkündigungs*engel, der allererst sämtlichen Beteiligten deutlich macht, worum es geht.

Genau genommen „fehlen" alle unmittelbar religiösen Elemente oder sind zumindest so verhalten dargestellt, dass sie nur auf dem Hintergrund der Kenntnis der biblischen Erzählung assoziiert werden. Es gibt keinen Bezug zur Verheißung jüdischer Propheten, keinen Ortsnamen, der damit in Beziehung gesetzt werden kann, keine Verkündigung des Heilands, keinen Lobgesang für Gott, keine Anbetung durch die von weither Gereisten, keine Meditation allen Geschehens im Herzen der Mutter. Jedoch wird deutlich, um welches Kind es sich handelt, mehr noch: Dass dieses ein außergewöhnliches Kind ist. Durch diese sprachliche Gestaltung Kaschnitz' wird anschaulich, was Hilde Domin einmal über das Gedicht sagt:

Lyrik

das Nichtwort

ausgespannt
zwischen

Wort und Wort.[50]

Damit wird das Gedicht zu einer Ausdrucksform dessen, was nicht gesagt werden kann oder muss.

In einem Moment der Stille – „Die kleine Stimme in der Hütte schwieg" – scheint alles deutlich zu werden. Auch wenn nur sehr verdeckt – als Frage! – die Rede von dem Stern, der besonders glänzte, die Bedeutung dieses Augenblicks benennt, wird offenbar, worum es hier geht.

Danach treten auch die Weitgereisten den Heimweg an: Was zu verstehen war, ist gesagt, auch wenn keine Worte gesprochen wurden.

Die letzte Zeile schließlich führt die elementaren Ereignisse Geburt und Tod zusammen, die im Hinblick auf dieses Kind zur Heilsgeschichte werden. „Ist das Kind gestorben?" spricht den Tod dieses Kindes an, aus dem Zusammenhang des Vorhergehenden völlig unvermittelt. An die tatsächliche Bedrohung eines Flüchtlingskindes – denn als solches wird das Neugeborene hier bezeichnet – ist wohl nicht zu denken.

---

50 Domin, Hilde: Hier. Gedichte, Taschenbuchausgabe, Frankfurt a.M. 1993, 7.

So bleibt die Schlussfolgerung, dass mit diesem Kind eben doch *das* Kind gemeint ist, das göttliche Kind, das „nie stirbt". Ohne die Aussage mit theologischem Ballast zu befrachten, wird allein durch die dichterische Gestaltung deutlich, von welchem Kind hier die Rede ist.

Gerade weil die Personen, der Ort und die Zeit nicht mit Bethlehem in der Darstellung des Evangelisten Lukas, sondern mit Menschen, Lebensraum und -stil unserer Gegenwart identisch sind, wird die Geburt, wird dieses Neugeborene für die heutigen Leser und Leserinnen des Gedichtes Realität. Damit wird auch die letzte Zeile, der Höhepunkt der Aussage – „Das Kind stirbt nie." – zur Realität.

In ihrer Untersuchung über die theologische Dimension im Werk Marie Luise Kaschnitz' kommt Ulrike Suhr zu einer Zusammenfassung, die zunächst auf den „Tutzinger Gedichtkreis" bezogen, für das Gedicht „Dezembernacht" jedoch ebenso zutreffend ist:

„Die Wirklichkeit in ihrer Veränderung, Beschleunigung und Hinfälligkeit ist erschreckend, und doch gibt es Bereiche, die unverändert Schönheit bezeugen ... Nichts wird beschönigt – aber der Zerstörung wird nicht das letzte Wort gelassen."[51]

Ohne Engel, ohne Verkündigung und ohne Anbetung gerät dieses Gedicht von Marie Luise Kaschnitz zu einer zentralen Aussage der christlichen Verkündigung.

Als zweites Beispiel eines zeitgenössischen Gedichtes über das Jesuskind wird eines von Peter Huchel betrachtet.

Weihnachtslied

O Jesu, was bist du lang ausgewesen,
o, Jesu Christ!
Die sich den Pfennig im Schnee auflesen,
die wissen nicht mehr, wo du bist.
Sie schreien, was hast du sie ganz vergessen,
sie schreien nach dir, o Jesu Christ!
Ach kann denn dein Blut, ach kann es ermessen,
was alles salzig und bitter ist?
Die Trän' der Welt, den Herbst von Müttern,
spürst du das noch, o Jesuskind?
Und wie sie alle im Hungerhemd zittern
und krippennackt und elend sind!
O Jesu, was bist du lang ausgeblieben
und ließest die Kindlein irgendstraßfern.
Die hätten die Hände gern warm gerieben
im Winter an deinem Stern.[52]

---

51 Suhr, Ulrike: Poesie als Sprache des Glaubens. Eine theologische Untersuchung des literarischen Werkes von Marie Luise Kaschnitz, München 1992, 258.
52 Huchel, Peter: Ausgewählte Gedichte, Frankfurt a.M. 1973.

Das Gedicht stellt eine direkte Rede an Jesus dar, wobei dafür viermal die Form „Jesu (Christ)", einmal die Anrede „o Jesuskind" verwendet wird. Dieser einmaligen Anredeform wegen lässt sich dieses Gedicht zu Texten zählen, die dem Jesuskind – in welcher Form bleibt zunächst noch offen – zugedacht sind. Daneben wird durch den Titel „Weihnachtslied" natürlich die Assoziation an das Jesuskind in der Krippe unterstützt.

Der Titel wird durch das Gedicht in paradoxer Weise erfüllt. Im Grunde entspricht dieses Gedicht nur dem zweiten Wort des zusammengesetzten Substantivs seines Titels: Der Charakter des Liedes entsteht zum einen durch den Reim (dreimal ein versetzter Schlussreim: a b a b), der dem Gedicht einen hymnischen Charakter gibt.

Zum anderen unterstützt das Versmaß die Gattung eines Liedes. Dabei bildet die zweite Zeile „o Jesu Christ" eine bedeutsame Ausnahme – wollte man das „Lied" wirklich vertonen, würde diese im Vergleich zum übrigen Versschema sehr verkürzte Zeile eine harmonisch-gleichmäßige Unterlegung einer Melodie verunmöglichen.

Damit verstärkt diese Zeile die Bedeutung dieser drei Worte und lenkt die Aufmerksamkeit der Lesenden darauf. Speziell diese Anrede selbst ist paradox: Zum einen ist sie in der Weise formuliert, wie sie in geistlicher Dichtung vielfach üblich ist. Zum anderen spricht der Dichter eben nicht in frommer Andachtshaltung den „gegenwärtigen" Jesus Christus an, sondern fragt ihn sehr eindrücklich nach seinem langen Ausbleiben.

Vor allem jedoch ist das Gedicht deswegen ein „alternatives" Weihnachtslied, weil von Weihnachten – in dem Sinn, wie allgemeine Assoziationen erfolgen – nicht die Rede ist. Um eine ganz andere Wirklichkeit geht es hier: Arme, die nach verlorenem Geld auf der Straße suchen, Trauernde und Weinende, deren salzige Tränen auf die ganze Welt übertragen werden, Hungernde und heimatlose, frierende Kinder werden vor Augen geführt. Gleichsam das ganze Leid der Welt kommt hier zur Sprache und wird dem Angesprochenen wie ein Spiegel vorgehalten.

Der Angesprochene – Jesus – wird damit in ursächliche Verbindung gebracht. Weil er nicht da ist, weil er sich nicht kümmert, weil er die Welt scheinbar verlassen und damit sich selber überlassen hat, wird er angeredet: O Jesu. Insofern kann das Lied der Form nach als ein Sprechen mit Jesus und damit als Gebet bezeichnet werden. Auch hier ist der Text paradox: Wie kann der Dichter zu Jesus sprechen, wenn er nicht da ist?

Diese Paradoxie der Form („Lied", eigentlich „Gebet") bildet sich auch im Inhalt ab. Jesus, der als Heiland der Welt an Weihnachten gekommen ist, ist hier nicht da oder zumindest „lange ausgeblieben". Von daher ist die Rettung, das Heil, das mit ihm gekommen ist, nicht erlebbar, vielmehr wird das Unheil der Welt in kurzen, starken Strichen skizziert.

Die Heilstat Jesu wird grundsätzlich nicht in Frage gestellt, denn die Erwähnung „dein Blut" ist ein deutlicher Hinweis auf Passion und Tod. Doch dieses alles scheint die Welt in ihrem Elend nicht zu verändern.

Wenn Werner Söllner in der Interpretation eines anderen Huchel-Gedichtes sagt, Huchels Gedichte wären „Gleichnisse seiner Zeit"[53], so kommt – übertragen auf unser Gedicht – eine Wahrnehmung der Wirklichkeit als menschliches Elend zum Ausdruck.

Bei der Überlegung, warum nun in diesem Szenario der menschlichen Not, die als Gottesferne erlebt wird, ausgerechnet das „Jesuskind" angesprochen wird, fällt eines auf: Während alle Verben, die Jesus Christ zugeordnet sind, Aktion und Verstand beschreiben, wird in der Frage an das Jesuskind das Gefühl angesprochen: „Spürst du das noch, o Jesuskind?". Auch die beiden Objekte, auf die sich dieses Gefühl bezieht, beinhalten stark emotionale Momente: „Die Trän' der Welt, den Herbst von Müttern".

Dabei sprechen die „Tränen der Welt" das ganze menschliche Elend, der Herbst von Müttern speziell die Vergänglichkeit der Welt an. Dass dabei an die Vergänglichkeit von Kindern zu denken ist – beispielsweise tote Kinder, die von ihren Müttern beweint werden – steigert die Szene noch.

Dem Jesus*kind* wird offenbar noch Gefühl für die Not und die Grausamkeit der Welt zuerkannt. Jedenfalls gilt die schier verzweifelte Frage, ob denn da jemand sei, der die ganze Welt in ihrem Elend sieht, dem Kind – nicht dem Mann Jesus, der hier eigentlich gefragt ist: „Sie schreien nach dir."

Die Bedeutung gerade des Jesuskindes wird im Folgenden durch einige Attribute unterstützt, die die Situation des *biblischen* Jesuskindes in Erinnerung bringen. Das „krippennackt und elend sein" knüpft an das Jesuskind in der Krippe an, ebenso der Stern, der über allem thront und dessen Licht hier nicht nur hell, sondern auch warm gedacht wird.

Doch auch hier, zum Schluss des Gedichtes, geht Peter Huchel nochmals in einem Paradox an sein Thema heran. Die Kinder, die heimatlos und verloren leben, werden wieder in die biblische Szene „gesetzt" – und werden damit gleichsam selbst zum armen, nackten, elenden und frierenden Krippenkind.

Der Dichter nimmt den biblischen Stoff des Jesuskindes auf, um in paradoxer Form das Leiden der Welt mit der Geburt des Kindes und der Existenz Jesu in Verbindung zu bringen. Wenn es auch so scheint, als ob Jesus dieses Elend unwichtig sei, so wird wenigstens noch an das Jesuskind die Frage nach dem Gespür für die Situation der Menschen gestellt.

Die Charakterisierung Peter Huchels durch Rolf Schneider bestätigt sich hier:

„Er besaß eine hohe Empfindlichkeit für die Kraft, auch die Bildkraft des Christlich-Religiösen ... Für einen Agnostiker hat er sich deswegen eine erstaunlich gro-

---

53 Söllner, Werner: Nicht wir rufen das Vergangene an, in Reich-Ranicki, Marcel (Hg.): 1000 deutsche Gedichte und ihre Interpretationen, Achter Band: Von Peter Huchel bis Paul Celan, Frankfurt a.M./ Leipzig 3. Aufl. 1996, 48–50, 48.

ße und überaus dankbare christliche Anhängerschaft erworben; viel Heilserwartung konnte er ihr nicht stiften."[54]

Fast scheint es so, als ob sich der Dichter nichts oder nichts mehr von Jesus erwartet, aber auf das Kind noch eine Hoffnung setzt. Damit wäre in der Anrede an Jesus die emotionale Seite dieser Weltbetrachtung in der Rede zum *Kind* an ihrem Höhepunkt: Das Kind ist es, das Gefühl für die Menschen empfindet.

Diese beiden Beispiele zeitgenössischer Lyrik zeigen, dass auch in Gedichten des 20. Jahrhunderts das Jesuskind einen Platz hat. Die reine Freude, das kindliche Staunen und die fromme Betrachtung sind allerdings einer realistischen Einschätzung der Grausamkeit der Welt sowie der Not der Menschen gewichen. Zweifellos ist die Darstellungsbreite für Dichterinnen und Dichter in der Thematik der Gegenwartserfahrung nahezu unendlich groß. Um so bemerkenswerter erscheint es, dass gerade das typische „Szenario" des Krippenkindes als Gegenüber-Bild, vielleicht sogar als „Anti-Bild" verwendet wird.

Sicherlich wird man die Beispiele dieser Gedichte nicht überbewerten – etwa in dem Sinn, dass das Jesuskind eine bedeutende Rolle in der gegenwärtigen Lyrik spielt. Doch scheint offensichtlich auch das moderne Gedicht ein geeigneter Ort für die Vergegenwärtigung des Jesuskindes zu sein. Darin bestätigt sich die Einschätzung der Lyrik durch Walter Hinck:

„Das Gedicht verdankt sich ... einem markanten Moment, in dem an einem Kristallisationspunkt Erregungen, Empfindungen und Gedanken, Erinnerungen, Anstöße aus der Wirklichkeit und Zukunftsahnungen zusammenschließen ... Das gibt der Lyrik gegenüber den anderen Gattungen den frischen Atem des Unmittelbaren, des Spontanen. Andererseits bescheidet sie sich so mit dem Ausdruck einer punktuellen Welterfahrung."[55]

Die Beispiele von Marie Luise Kaschnitz und Peter Huchel – und es gibt derer noch mehr – zeigen, dass die *Szene* der biblischen Weihnachtsgeschichte mit dem Jesuskind selbst in der paradoxen Darstellung geeignet ist, um die Gedanken eines Augenblicks, die dem Gedicht vorausgehen, darzustellen. Offensichtlich sind sich auch moderne Dichter nicht zu schade oder besser: fühlen sich nicht zu erwachsen, sich mit dem Kind in der Krippe auseinander zu setzen.

Oder noch anders gesagt: Das Kind in der Krippe öffnet nicht nur die Herzen der Frommen, es bietet sich – mindestens als Bild – an, um die theologische wie die dichterische Botschaft in Sprache zu fassen. Die Betonung des Spüren-Könnens, die Huchel dem Jesuskind zuweist, wäre ein

---

54 Schneider, Rolf: Signale des Lichts, in: Reich-Ranicki (Hg.) a.a.O. 34–36, 35.
55 Hinck, Walter: Das Gedicht: Entschlackte Sprache, in: Ders.: Stationen der deutschen Lyrik. Von Luther bis in die Gegenwart – 100 Gedichte mit ihren Interpretationen, Göttingen 2000, 13–23, 15.

Beleg dafür genauso wie „die kleine Stimme", die alles in Bewegung bringt und natürlich erst recht „das Kind, das nie stirbt" bei Kaschnitz.

Damit wäre durch die Darstellung des Jesus*kindes* mit dem „frischen Atem des Unmittelbaren, des Spontanen" (s.o.) des Gedichtes ebenso wie mit den Bildern der Jesuskind-Verehrung eine Brücke zwischen der wissenschaftlichen Interpretation der Botschaft von der Kindwerdung Gottes und der emotional bestimmten Rezeption durch die dichterische Sprache geschlagen:

„Selbstverständlich hat die kritische Vernunft einen Platz in der Theologie und übt eine notwendige Funktion gegen Aberglauben und Biblizismus aus. Aber wer nur die Sprache der Wissenschaft beherrscht, bleibt in wesentlichen Lebensbezügen stumm. Heute genügt die aufgeklärte Sprache dem aufgeklärten Bewußtsein nicht mehr, weil die bestimmte Erfahrungen, zum Beispiel die der Sinnlosigkeit oder der Sinnerfahrung, der Beziehungslosigkeit oder der Verbundenheit mit allem, was lebt, nicht artikulieren kann. Ihre größte Schwäche ist, daß sie uns vom Mythos, der Religion und der Poesie isoliert und das mythisch-religiöse-poetische Wesen, das wir auch sind, erstickt. Als sei es überflüssig, das Eis der Seele zu spalten!"[56]

---

56 Sölle, Dorothee: Das Eis der Seele spalten. Theologie und Literatur auf der Suche nach einer neuen Sprache, in: Dies: Das Eis der Seele spalten. Theologie und Literatur in sprachloser Zeit, Mainz 1996, 75–85, 80.

TEIL III

*Human- und sozialwissenschaftliche
Zugänge zur Situation
des Kindes in der Gegenwart*

KAPITEL 5

Psychologische Grundperspektiven

*1. Die Frage nach dem Glauben im Schnittfeld
von Psychologie und Theologie*

Am Beginn dieses Teils soll die Bedeutung der Human- und Sozialwissenschaften für die Praktische Theologie zur Sprache gebracht werden. Im Kontext unserer Überlegungen ist dabei besonders der Beitrag verschiedener psychologischer Richtungen auszuwerten. Mehr als dies bislang in der Pastoralpsychologie der Fall war, werden hier auch empirische Untersuchungen angestellt und ausgewertet.

So stellt Christoph Morgenthaler fest, dass sich die „deutschsprachige Pastoralpsychologie ... bis heute weitgehend einem hermeneutisch-qualitativen Paradigma von Psychologie verpflichtet (zu fühlen) (scheint)"[1]. In die gleiche Richtung geht der Ansatz von Norbert Mette, der als Gretchenfrage an die Theologie die Frage gerichtet sieht: Wie hältst du's mit der Empirie? Und als wünschenswerte Antwort formuliert,

„... daß Theologie als Wissenschaft von konkreten Situationen und ihren Anforderungen, also im weitesten Sinn von Empirie auszugehen hat; daß zu deren Analyse auf empirische Methoden nicht verzichtet werden kann; daß diese Methoden und mit ihr verbundene Theorien allein jedoch zur Erkenntnis der mehrdimensional strukturierten Wirklichkeit nicht ausreichen."[2]

Für den Entschluss, in eine Darstellung der Kinderseelsorge auch psychologische und soziologische Perspektiven mit aufzunehmen, waren zwei Aspekte leitend.

Zum einen: Wer Kindern seelsorgerlich begegnet, erlebt Kinder in konkreten Lebenssituationen und in bestimmten gesellschaftlichen Bedingungen. Diese konkreten Situationen und Bedingungen müssen – mindestens skizzenhaft – vorgestellt werden, um die Realität der Kinder anschaulich werden zu lassen.

Zweifellos lassen sich nicht alle Möglichkeiten, in denen es zu einer seelsorgerlichen Begegnung mit einem Kind kommen kann, gewissermaßen

---

1 Morgenthaler, Christoph: Von der Pastoralpsychologie zur empirischen Religionspsychologie? – Das Beispiel ‚religiöses Coping'", in: WzM (54) 2002, 287–300. 288.
2 Mette, Norbert: Theorie der Praxis. Wissenschaftsgeschichtliche und methodologische Untersuchungen zur Theorie-Praxis-Problematik innerhalb der Praktischen Theologie, Düsseldorf 1978, 302.

theoretisch erfassen. Dafür ist die Vielfalt des Lebens zu umfangreich und auch nicht strukturell erfassbar. Selbst die qualitative Sozialforschung, deren Methoden hier hilfreich sein könnten, ist immer wieder mit Überraschungen konfrontiert. Gleichzeitig lassen sich allgemein – im Sinn einer Tendenzbestimmung – Situationen ausmachen, in denen für Kinder die Notwendigkeit von Seelsorge entsteht.

Im Sinn der getroffenen Beschreibung von Seelsorge[3] ist dabei an Lebenssituationen und Lebenszeiten zu denken, die ein Kind als krisenhaft erlebt. In diesem Sinn sind bestimmte Situationen und Lebensbedingungen vorrangig zu nennen, wenn es darum geht, die Lebenswirklichkeit von Kindern aufzuzeigen, in denen Seelsorge denkbar und sinnvoll ist.

Zum andern: Für ein wissenschaftliches Verständnis von Kinderseelsorge sind neben den theologisch-anthropologischen Aspekten auch die der Psychologie mit heranzuziehen. Hierbei geht es vor allem um Themenkomplexe, die im Schnittfeld beider Denksysteme zu stehen kommen. Auf die Frage nach der Bedeutung des Glaubens eines Kindes für die Seelsorge wurde schon hingewiesen.[4]

Dabei ist das, was mit „Glauben" umschrieben wird, je neu zu definieren. Bei einer Beschreibung des Schnittfeldes zwischen Theologie und Religionspsychologie zum Begriff des Glaubens geht es zunächst nicht um die Inhalte, also nicht um das, was den Glauben des einzelnen Menschen oder einer Gruppe bestimmt.[5] Vielmehr ist danach zu fragen, wie die Tatsache, dass jemand glaubt, seine Lebenswirklichkeit bestimmt. Da der Glaube – trotz aller Gemeinschaft der Glaubenden einschließlich ihrer Beschreibung des Glaubens in Form von Bekenntnissen – immer einen subjektiven Akt und eine subjektive Lebenseinstellung darstellt, konzentriert sich die religionspsychologische Betrachtungsweise auf diese Subjektivität.

Auch aus systematisch-theologischer Sicht ist der Glaube zutiefst subjektiv, eine „perspektivische Wahrheit". Dietrich Ritschl beispielsweise beschreibt den Glauben der Juden wie der Christen als das „Bewohnen einer Perspektive", von der aus die Interpretation des Lebens erfolgt:

> „Interpretiert werden die je eigene Situation mit Mitmenschen, Erinnerungen und Möglichkeiten, die weitere sozial-politische und kulturelle Umgebung sowie die Welt im weitesten Sinn, vor allem aber auch die biblischen Schriften und die ihr folgende Tradition."[6]

Im Hinblick auf das Kind kann die Thematik des Glaubens nicht ausgeklammert werden. Im Gegenteil: Allein die Rede von der fides infantium

---

3 Vgl. S. 11. 13ff.
4 Vgl. S. 23.
5 Vgl. zum Ganzen: Fraas, Hans-Jürgen: Die Religiosität des Menschen. Ein Grundriß der Religionspsychologie, Göttingen 1990. Für unseren Zusammenhang besonders: 85–155.
6 Ritschl, Dietrich: Zur Logik der Theologie. Kurze Darstellung der Zusammenhänge theologischer Grundgedanken, München 2. Aufl. 1988, 55.

bei Martin Luther nötigt dazu, der Überlegung nachzugehen, auf welche Weise beim Kind von Glauben gesprochen werden kann.

Gleichzeitig stellt sich natürlich die Frage, inwiefern Kinder zur Deutung ihres Lebens eine eigene religiöse Antwort, genau diese „perspektivische Wahrheit" suchen und finden. Die Wahrnehmung von Kindern in unserer gegenwärtigen (mitteleuropäischen) Welt macht deutlich, dass bereits für Kinder solche Angebote in großen Mengen bestehen, wenn sie auch keineswegs im Namen einer Religion existieren oder in einer entsprechenden Weise repräsentiert werden.

Auf die unterschiedlichen Angebote der Kirche für Kinder, die immer auch die Entwicklung des Glaubens ermöglichen sollen, wurde bereits eingegangen. Weitaus populärer sind jedoch Angebote, die außerhalb der Institution, die für Glauben und Religion traditionellerweise zuständig ist, vermittelt werden.

Exemplarisch kann hier die Erfolgsgeschichte der Harry-Potter-Bücher benannt werden: Harry Potters Leben ist stark am Alltäglichen orientiert und knüpft dadurch an die Lebenswirklichkeit der Leserinnen und Leser an. Gleichzeitig wird in seinen Geschichten der Alltag aber so verzaubert, dass dadurch die Doppelbödigkeit der Welt aufgezeigt und den lesenden Kindern eine perspektivisch-wertende Haltung ermöglicht wird.[7]

In dem Lexikon „Das ABC rund um Harry Potter" wird zwar unter dem Stichwort „Religion" erklärt, dass die Autorin Joanne Rowling „vollkommen auf Religion verzichtet habe ... vielleicht um die Bücher auch überkulturell besser verständlich zu machen". Gleichzeitig werden zahlreiche christliche Feste in den vier Bänden der Harry-Potter-Geschichte beschrieben, und besagtes Lexikon erklärt: „Die ersten Magier waren ebenso Priester wie Schamanen und Fakire, die Bibel kennt gute Zauberer, und mancher Alchemist war Theologe."[8]

Dass Kinder mit Formen von Religiosität und Glauben konfrontiert werden, steht außer Zweifel, wobei natürlich der Glaube des Kindes selbst von großem Interesse ist.

In unserem Zusammenhang ist dabei besonders die Entstehung des Glaubens von Bedeutung. Wie kommt ein Kind zum Glauben? Welcher Art ist der „Kinderglaube"? Welchen Veränderungen unterliegt der Glaube im Laufe der Kindheit? Und schließlich: Inwiefern ist der Glaube des Kindes Gegenstand der Seelsorge mit dem Kind?

Zu diesen Fragen existieren seit mehr als zwei Jahrzehnten umfangreiche Forschungen mit verschiedenen Theorieansätzen und Ergebnissen. Insbesondere die „Stufentheorien", die im Anschluss an Jean Piaget und Erik H. Erikson entwickelt wurden, sind Erklärungsmodelle für die Entwicklung des Glaubens.

---

7 Dahlgrün, Corinna: Harry Potters Trivialreligiosität, in: PTh (90) 2001, 78–87; Morgenroth, Matthias: Der Harry-Potter-Zauber, in: PTh (90) 2001, 66–77.
8 Schneidewind, Friedhelm: Das ABC rund um Harry Potter, Berlin 2000, 300.

Sie werden im Folgenden – einschließlich der ablehnenden Haltung der Religion und dem Glauben gegenüber, wie Sigmund Freud sie vertrat – summarisch dargestellt, um im Anschluss daran die Relevanz für die Kinderseelsorge aufzuzeigen.

1.1. Sigmund Freud

Die von Sigmund Freud begründete Psychoanalyse versteht sich als „Theorie, Methode zur Erforschung unbewußter Konflikte und Behandlungspraxis"[9]. Dabei ist Freud an der therapeutischen Hilfe für seine Patienten ebenso gelegen wie am Verständnis gesellschaftlicher und kultureller Probleme seiner Zeit.

Grundlegend für die psychoanalytische Betrachtungsweise sind bis heute die Unterscheidung Freuds von Bewusstem und Unbewusstem, seine Einteilung der kindlichen (Sexual)Entwicklung in mehrere Phasen sowie seine Theorie über die Entstehung der Religiosität.

Die Theorie vom Bewussten und Unbewussten entwickelt Freud 1900 in der 1. Auflage seiner Veröffentlichung „Die Traumdeutung"[10]. Danach sei der Traum das „Tor zum Unbewussten" und ein wesentliches Glied der Biographie des Menschen. Freud machte die Annahme des Unbewussten zur konsequenten Grundlage jeder Therapie. Aber auch im Hinblick auf das „Alltagsleben" beschrieb er die Wirkung des Unbewussten.

Diese Wirkung ist auch von Bedeutung für die Ausbildung der Entwicklungsphasen des Kindes. Freund beschriebt dabei fünf Phasen:
– orale Phase (1. Lebensjahr) mit der Konzentration auf Nahrungszufuhr
– anale Phase (2. und 3. Lebensjahr) mit der Konzentration auf Ausscheidung bzw. Zurückhaltung der Exkremente
– phallische Phase (4.–6. Lebensjahr) mit der Konzentration der kindlichen Sexualität auf ein einzelnes Objekt (Mutter oder Vater)
– Latenzperiode (6.–8. Lebensjahr) mit dem Zurücktreten der Sexualentwicklung
– Pubertät mit der Orientierung weg von der Autoerotik hin zu einem Sexualobjekt.

Die Sexualentwicklung des Kindes ist nicht die einzige, aber die vorherrschende Sichtweise der Entwicklung in der Konzeption der Psychoanalyse.[11]

Für unseren Zusammenhang ist schließlich die Theorie Freuds über den Ursprung der Religiosität von Bedeutung. Für Sigmund Freud stellt jede Entstehung von Religiosität das Ergebnis einer unbewältigten Kindheit dar

---

9 Mertens, Wolfgang: Psychoanalyse, Stuttgart 4. verb. Auflage 1992, 9.
10 Freud, Sigmund: Die Traumdeutung, Ges. Werke, 2. und 3. Band (1900–1901), Frankfurt a.M. 4. Aufl. 1966.
11 Ders.: Drei Abhandlungen zur Sexualtheorie, Ges. Werke, 5. Band (1904–1905), Frankfurt a.M. 4. Aufl. 1966.

und wird deshalb immer mit dem Charakter des Infantilen belegt. Gott ist – nach Freud – nichts anderes als das Ergebnis eines meist übermächtigen Vaters. Der religiöse Mensch wird dementsprechend als ein unerwachsener Mensch gesehen, dessen „kindliche" Seite von der „Vatersehnsucht" in unreifer Weise dominiert wird:

„Allein die psychoanalytische Erforschung des einzelnen Menschen lehrt mit einer ganz besonderen Nachdrücklichkeit, daß für jeden der Gott nach dem Vater gebildet ist, daß sein persönliches Verhältnis zu Gott von seinem Verhältnis zum leiblichen Vater abhängt, mit ihm schwankt und sich verwandelt und daß Gott im Grunde nichts anderes ist als ein erhöhter Vater." [12]

Die These, Gott sei ein „überhöhter Vater" gibt zunächst keine Auskunft über die Frage nach einer religiösen Entwicklung. Freud hat die Ausübung von Religion jedoch in nächsten Zusammenhang mit dem gebracht, was er Zwangshandlungen nennt. In beiden Vollzügen sieht er einen Verzicht auf Triebbefriedigung, der zwar auch die Voraussetzung zur Kulturleistung des Menschen darstellt, zugleich jedoch auch Einschränkungen bedeutet:

„Auch der Religionsbildung scheint die Unterdrückung, der *Verzicht* auf gewisse Triebregungen zugrunde zu liegen; es sind aber nicht wie bei der Neurose ausschließlich sexuelle Komponenten, sondern eigensüchtige, sozialschädliche Triebe, denen übrigens ein sexueller Beitrag meistens nicht versagt ist." [13]

Aufgrund der von ihm festgestellten „Übereinstimmungen und Analogien" kommt Freud zu dem Schluss, „die Zwangsneurose als pathologisches Gegenstück zur Religionsbildung aufzufassen, die Neurose als individuelle Religiosität, die Religion als eine universelle Zwangsneurose zu bezeichnen" [14].

Die Religionskritik Freuds ist vielfach rezipiert und unterschiedlich weitergeführt worden. Aktuell ist das Verhältnis von Theologie und *Psychoanalyse* von einer fruchtbaren Spannung gekennzeichnet. [15]

---

12 Ders.: Totem und Tabu (1912/13), in: Studienausgabe (Hg. von Mitscherlich, Alexander u.a.), Bd. IX, Frankfurt a.M. 1969, 287–444, 430f.
13 Ders.: Zwangshandlungen und Religionsübungen, in: Ges. Werke, 7. Band (1906–1909), Frankfurt a.M. 4. Aufl. 1966, 127–139. 137.
14 A.a.O. 138f.
15 Vgl. zum Verhältnis von Theologie und Psychoanalyse: Steinmeier Anne M.: Wiedergeboren zur Freiheit. Skizzen eines Dialogs zwischen Theologie und Psychoanalyse zur theologischen Begründung des seelsorgerlichen Gesprächs, Göttingen 1998; Elgeti, Ricarda: Zum Verhältnis von Theologie und Psychoanalyse, in: Klessmann, Michael/ Lückel, Kurt (Hg.): Zwischenbilanz: Pastoralpsychologische Herausforderungen. Zum Dialog zwischen Theologie und Humanwissenschaften, Bielefeld 1994, 89–99.

1.2. Ana Maria Rizzuto

Ende der 1979-er Jahre wendet sich – selbst von der Psychoanalyse herkommend – Ana-Maria Rizzuto gegen die Auffassung Freuds vom überhöhten Vater. Im Gegensatz zu Freud geht sie davon aus, dass Gottesvorstellungen auch bei Personen existieren, die als reif zu bezeichnen sind. Insbesondere widerspricht sie dem Gedanken Freuds, dass Gottesvorstellungen bei Erwachsenen als infantile Überreste ihre ungelösten Kindheitsgeschichte oder als Störungen zu bezeichnen sind.[16]

Positiv formuliert bedeutet dies: Nach Rizzuto ist die religiöse Entwicklung nicht auf die Kindheit oder auf in der Kindheit begründete Konflikte beschränkt. Vielmehr besteht lebenslang die Möglichkeit einer religiösen Entwicklung.[17]

2. Stufenmodelle zur Entwicklung der Persönlichkeit und des moralischen Urteils

Die Frage nach der Entstehung des Glaubens wurde in den vergangenen Jahren mehrfach mit dem Modell einer Stufenentwicklung beschrieben. Dabei konnte auf bereits existierende Stufenmodelle zurückgegriffen werden, wenn sie auch nicht die *religiöse* Entwicklung zum Gegenstand hatten.

Aufbauend auf der grundlegenden Konzeption von Jean Piaget entwickelten Erik H. Erikson und Lawrence Kohlberg Stufenmodelle zu verschiedenen Aspekten der psychologischen wie der moralischen Entwicklung, die wiederum von Fritz Oser und James W. Fowler rezipiert und in Richtung auf die Frage der Entstehung des Gewissens und des Glaubens weiter entwickelt wurden.

Die grundlegenden Stufenmodelle, die für die weitere Entwicklung und vor allem für die Frage nach der Entstehung des Glaubens relevant sind, werden im Folgenden vorgestellt. Da für unseren Zusammenhang die Ergebnisse hinsichtlich der Entwicklung von Glaubensvorstellungen von Bedeutung sind, wird die Präsentation der Theorien eher kurz ausfallen. Dies erscheint um so mehr vertretbar, als auf eine ausführliche Darstellung sowohl der Theorien als auch ihrer Rezeptionen zurückgegriffen werden kann.[18]

---

16 Rizzuto, Ana-Maria: The Birth of the Living God. A Psychoanalytical Study, Chicago/ London 1979.

17 Constanze Thierfelder hat den Ansatz Rizzutos kritisch untersucht: Thierfelder, Constanze: Gottes-Repräsentanz. Kritische Interpretation des religionspsychologischen Ansatzes von Ana-Maria Rizzuto, Stuttgart 1998.

18 Nipkow, Karl Ernst/ Schweitzer, Friedrich/ Fowler, James W. (Hg.): Glaubensentwicklung und Erziehung, Gütersloh 2. Aufl. 1989.

2.1. Jean Piaget[19]

Piaget kann als der Nestor der kognitiv-strukturellen Psychologie bezeichnet werden. Im Zentrum seiner Forschungen steht die Frage nach der Entwicklung des Verstehens. Dieser Ansatz hat diese psychologische Richtung begründet und ihr den Namen gegeben, wobei dem Verstehen gegenüber Triebe und auch Beziehungen nachgeordnet sind.

Im Laufe seiner unterschiedlichen Studien hat Piaget mehrfach die Entwicklung des Erkennens beschrieben, die in vier Stufen unterteilt werden kann: So entsteht beim Kind zunächst die sensomotorische Intelligenz, die das praeoperationale Denken hervorbringt. Ihm schließt sich das konkret-operationale Denken an, das schließlich vom formal-operationalen Denken abgelöst wird.

Die Stufen sind nicht an ein bestimmtes Lebensalter gebunden, obschon Piaget schwerpunktmäßig eine Zuordnung vornimmt. So entspricht die erste Stufe dem Kleinkind, die zweite dem Kind bis zu sechs Jahren, die dritte dem Schulkind, die vierte dem Jugendlichen. Die Stufen des Erkennens werden nicht ohne Zutun erreicht, Anregungen der Umwelt sind dafür nötig.

Kritisch ist an der Theorie Piagets anzumerken, dass er in seinem Stufenmodell sowohl die sozialen Beziehungen des Menschen wie auch seine lebensgeschichtlichen Ereignisse und die dadurch ausgelösten affektiven Prozesse vernachlässigt. Die Betonung der Kognition führt in dieser Psychologie zu einer Einseitigkeit des Menschenbildes.[20]

Dies berücksichtigt in seiner Rezeption und Weiterführung Robert Kegan[21]. Im Anschluss an Piaget hält er an einer Stufenentwicklung der intellektuellen Komponenten fest, betont dem gegenüber jedoch auch die Bedeutung der affektiven Entwicklung und des sozialen Kontextes. Als Möglichkeit der Unterstützung – im Fall einer unzureichenden Wahrnehmung dieser Aufgabe durch die Umwelt – nennt Kegan außerdem die therapeutische Hilfe.[22]

---

19 Zugrunde liegen das Hauptwerk: Piaget, Jean: The Moral Judgement of the Child (1932), Glencoe 1948, Deutsch: Das moralische Urteil beim Kinde, Frankfurt a.M. 1973 sowie: Ders: The Psychology of the Child (1966), New York 1969, Deutsch: Die Psychologie des Kindes, Olten 1972.
20 Schweitzer, Friedrich: Lebensgeschichte und Religion. Religiöse Entwicklung und Erziehung im Kindes- und Jugendalter, München 2. Aufl. 1991, 106f.
21 Kegan, Robert: The Evolving Self. Problem and Process in Human Development, New York 1982, Deutsch: Die Entwicklungsstufen des Selbst. Fortschritte und Krisen im menschlichen Leben, München 3. Aufl. 1986.
22 A.a.O. 333–384.

2.2. Erik H. Erikson[23]

Erik H. Erikson hat ebenfalls ein Modell in Stufen vorgelegt, wobei es ihm nicht um die Entstehung des Erkennens, sondern um die menschliche Entwicklung überhaupt geht. Eriksons Interesse zielt auf die Entstehung der psychosozialen Identität unter den Bedingungen der jeweiligen Biographie. Sein Grundansatz ist die Erweiterung der klassischen Form der Psychoanalyse um die psychosoziale Dimension.

In dem Aufsatz „Wachstum und Krisen der gesunden Persönlichkeit"[24] unterteilt Erikson das menschliche Leben in einzelne Entwicklungs- und acht Lebensphasen von der Geburt bis zum Tod. Auch wenn sie nicht direkt dem Lebensalter nach Jahren zuzuordnen sind, besteht doch ein enger Zusammenhang mit dem chronologischen Alter und dem Reifezustand des Menschen.

Bei Erikson ist jede dieser Lebensphasen von einem Wechselspiel zweier gegenläufiger Zustände und Befindlichkeiten gekennzeichnet: Urvertrauen vs. Urmisstrauen, Autonomie vs. Scham und Zweifel, Werksinn vs. Minderwertigkeit, Identität vs. Rollenkonfusion, Intimität vs. Isolation, Generativität vs. Stagnation und Integrität vs. Verzweiflung.

An der Abfolge dieser Entwicklungsstufen wird das Wachstum der menschlichen Persönlichkeit deutlich. Dabei stellt „Wachstum" für Erikson eine zentrale Kategorie dar:

„Wenn wir das Phänomen ‚Wachstum' verstehen wollen, tun wir gut daran, uns an das *epigenetische Prinzip* zu erinnern, das vom Wachstum der Organismen *in utero* abgeleitet ist. Dieses Prinzip lässt sich dahin verallgemeinern, dass alles, was wächst, einen *Grundplan* hat, dem die einzelnen *Teile* folgen, wobei jeder Teil eine Zeit des Übergewichts durchmacht, bis alle Teile zu einem *funktionierenden Ganzen* herangewachsen sind."[25]

Erikson sieht in den einzelnen Entwicklungsstadien jeweils auch eine starke Beeinflussung durch die Umwelt. Im Hinblick auf die Entwicklung des Kindes formuliert er dabei auch die Verantwortlichkeit der Eltern.

„Man kann Kinder nicht täuschen. Wenn das Kind sich zu einer gesunden Persönlichkeit entwickeln soll, müssen auch die Eltern genuine Persönlichkeiten in einem genuinen Milieu sein. Dies ist heutzutage schwer, weil die raschen Veränderungen im Milieu es einem oft schwer machen zu erkennen, wann man sich selbst treu bleiben soll gegen ein sich änderndes Milieu, oder wann man auf eine Chance hoffen darf, seinen Beitrag zur Änderung oder Stabilisierung der Verhältnisse zu leisten."[26]

---

23 Erikson, Erik H.: Identity and the Life Circle, New York 1959, Deutsch: Identität und Lebenszyklus, Frankfurt a.M. 1966, hier zitiert nach der Taschenbuchausgabe Frankfurt a.M. 6. Aufl. 1980.
24 A.a.O. 55–22.
25 A.a.O. 57.
26 A.a.O. 120f.

2.3. Lawrence Kohlberg[27]

Lawrence Kohlberg, führender Vertreter der kognitiven Psychologie, knüpft an die Stufen der Erkenntnisgewinnung von Piaget an. Seine Untersuchungen zielen auf die moralische Entwicklung, deren Entstehen er durch Vorlage sogenannter Dilemma-Geschichten und dem Lösungsvorschlag seiner befragten Personen für das jeweilige Dilemma ermittelt.

Kohlbergs Ergebnis besagt, dass Normen zur Entscheidung für oder gegen eine Tat in verschiedenen Lebensaltern unterschiedlich begründet werden. Infolgedessen ist für die Entwicklung der moralischen Urteilsfähigkeit nicht in erster Linie die inhaltliche, sondern die formale Begründung maßgeblich.

Im Anschluss an Piaget formuliert Kohlberg sechs Stufen der moralischen Entwicklung, die in aufsteigender Reihenfolge verlaufen: Die erste und zweite Stufe beinhalten die präkonventionelle Moral, die dritte und vierte Stufe die konventionelle Moral, die fünfte und sechste Stufe schließlich die postkonventionelle oder prinzipiengeleitete Moral.[28]

Bei Kohlberg handelt es sich eindeutig nicht um ein irgendwie religiös begründetes Urteil oder gar um Feststellen von Religion oder Glauben:

„Was wir mit dem Begriff des moralischen Denkens erfassen, ist eine kognitive Kompetenz."[29]

3. Stufenmodelle zur Entwicklung des Glaubens und des religiösen Urteils

Die Stufenmodelle von Piaget, Erikson und Kohlberg sind im Rahmen der aktuellen Religionspsychologie mehrfach rezipiert, kritisiert und weitergeführt worden. Im einzelnen werden hier die Ansätze von James W. Fowler und Fritz Oser dargestellt.

---

27 Zugrunde liegt das Hauptwerk: Kohlberg, Lawrence: Essays on Moral Development. Vol. 1: The Philosphy of Moral Development, San Francisco 1981. Vol. 2: The Psychology of Moral Development, San Francisco 1984.

28 Kohlberg, Lawrence: The meaning and measurement of moral development, in: The Heinz Werner Memorial Lecture Series, Vol. 13, Worcester 1979, Deutsch: Die Bedeutung und Messung des Moralurteils, in: Kohlberg, Lawrence: Die Psychologie der Moralentwicklung, Frankfurt a.M. 1995, hier zitiert nach der Taschenbuchausgabe Frankfurt a.M. 1996.

29 A.a.O. 182.

3.1. James W. Fowler

In seinem grundlegenden Werk „Stages of faith"[30] unterscheidet Fowler zwischen dem Glauben (faith) und dem Glaubensinhalt (belief). Fowler beschreibt den Glauben dabei folgendermaßen:

> „People's evolved and evolving ways
> of experiencing self, others and world
> (as they construct them)
>
> as related to and affected by the
> ultimate conditions of existence
> (as they construct them)
>
> and of shaping their lives' purposes and meanings,
> trusts and loyalties, in light of the
> character of being, value and power
> determining the ultimates conditions
> of existence (as grasped in their
> operative images – conscious and
> unconscious – of them)."[31]

Die grundlegenden Ausführungen über den Glauben fasst Fowler zusammen:
1. Glaube (im Sinn von faith) ist „die grundlegendste Kategorie bei der Suche des Menschen nach einer Beziehung zur Transzendenz".[32]
2. Sie schließt „eine Ausrichtung des Willens, einen festen Grund des Herzens" ein.[33]
3. Glaube ist dabei „eine Orientierung der ganzen Person, die ihren Hoffnungen und Bestrebungen, Gedanken und Handlungen Sinn und Ziel gibt" und
4. schließlich rechtfertigt „die Einheit und Erkennbarkeit des Glaubens", auf eine „universale Theorie über die Beziehung zwischen der Wahrheit an sich und der Wahrheit, die sich inmitten der Relativität des menschlichen Lebens und der menschlichen Geschichte artikuliert", hinzuarbeiten.[34]

Die Stufen sind dabei von der ersten bis zur vierten Stufe einzelnen Lebensaltern zugeordnet:

---

30 Fowler, James W.: Stages of faith. The Psychology of human development an the quest for meaning, New York 1981, Deutsch: Stufen des Glaubens. Die Psychologie der menschlichen Entwicklung und die Suche nach Sinn, Gütersloh 1991.
31 Fowler a.a.O. 92f.
32 A.a.O. 35.
33 A.a.O. 36.
34 Ebd.

- Magisch-numinoses Verstehen: Stufe 1 – Intuitiv-projektiver Glaube
- Eindimensional-Wörtliches Verstehen: Stufe 2 – Mythisch-wörtlicher Glaube
- Mehrdimensional-symbolisches Verstehen: Stufe 3 – Synthetisch-konventioneller Glaube
- Symbolkritisches Verstehen: Stufe 4 – Individuierend-reflektierender Glaube
- Nachkritisches Verstehen: Stufe 5 – Verbindender Glaube; Stufe 6 – Universalisierender Glaube

Fowler bietet für die verschiedenen Stufen zahlreiche Beispiele und Originalzitate von Menschen, an denen er die jeweilige Glaubensstufe aufzeigt. Dabei unterscheidet er selbst zwischen dem deskriptiven und dem normativen Aspekt seiner Theoriebildung:

„Unsere empirischen Studien hatten das Ziel, zu prüfen, ob es eine vorhersagbare Reihenfolge formal beschreibbarer Stufen im Glaubensleben gibt. Die hypothetisch angenommenen Stufen jedoch, mit denen wir begonnen haben, und diejenigen ihrer Versionen, die empirischer Prüfung widerstanden haben, weisen eine unbestreitbar normative Tendenz auf."[35]

In diesem Zusammenhang – insbesondere hinsichtlich der Stufe 6 des „Universalisierenden Glaubens" benennt Fowler seine Beeinflussung durch Richard Niebuhr.[36] Die Verknüpfung der theologischen Ethik Richard Niebuhrs mit dem Stufenmodell von Erikson macht den interdisziplinären Ansatz Fowlers deutlich.

Diese Perspektive und die damit deutliche Verbindung von Praktischer Theologie und Ethik arbeitet Gabriele Klappenecker in ihrer Untersuchung heraus und stellt damit die Stufentheorie Fowlers noch einmal in einer anderen Relevanz dar[37]:

„Das Thema der Praktischen Theologie, so Fowler, ist ‚... die Praxis Gottes und die auf diese bezogenen menschlichen Verantwortungsformen ...' Dies ist die ethische Dimension der Praktischen Theologie Fowlers.

Die ethische und die moralische Dimension hängen miteinander zusammen: Ethik ist darauf spezialisiert, so Fowler, ‚normative Perspektiven' christlichen Glaubens auf Situationen von Verantwortung, Entscheidung und Handeln zu beziehen."[38]

---

35 A.a.O. 217.
36 A.a.O. 222 besonders Anm. 31.
37 Klappenecker, Gabriele: Glaubensentwicklung und Lebensgeschichte. Eine Auseinandersetzung mit der Ethik James W. Fowlers, zugleich ein Beitrag zur Rezeption von H. Richard Niebuhr, Lawrence Kohlberg und Erik H. Erikson, Stuttgart/ Berlin/ Köln 1998.
38 A.a.O. – Das Zitat von Fowler entstammt: Fowler, James W.: Theologie und Sozialwissenschaften in den USA – Chancen und Grenzen der Zusammenarbeit, in: Nipkow, Karl Ernst u.a. (Hg.): Praktische Theologie und Kultur der Gegenwart. Ein internationaler Dialog, Gütersloh 1992, 155–169, 158.

3.2. Fritz Oser/ Paul Gmünder

Fritz Oser und sein Mitarbeiter Paul Gmünder legen 1984 einen Entwurf zur Entstehung des religiösen Urteils vor.[39]

Sowohl in der zentralen Stellung des Stufenbegriffs als auch in der Methodik der Dilemma-Gespräche stellt dieser Entwurf eine Rezeption des Kohlberg'schen Ansatzes dar. Die Verfasser betonen, dass es sich bei ihrer Vorstellung des religiösen Urteils um eine „Tiefenstruktur" handelt, die allem Denken und Urteilen zugrunde liegt und damit unabhängig von der christlichen Religion ist.

Auch Angehörige anderer Religionen, selbst Atheisten können durch diese Struktur in ihrem Urteil erfasst werden. Das, was für den einzelnen Menschen als „Letztgültiges" zählt, also eventuell auch Gott, nennen Oser und Gmünder „Ultimatum". Unter dem religiösen Urteil verstehen die Verfasser

„den Ausdruck jenes Regelsystems einer Person, welches in bestimmten Situationen das Verhältnis des Individuums zum Ultimaten überprüft".[40]

Im Unterschied zu Piaget und Kohlberg wollen Oser und Gmünder das religiöse Urteil auf die Sinnfrage beziehen, denn es dient der „Kontingenzbewältigung". Dabei handelt es sich um ein *religiöses* Urteil, insofern als es die Frage nach dem Ganzen und der Einheit und die Frage nach dem Grund dieser Einheit stellt.

Kritisch an diesem strukturgenetischen Ansatz ist mehrfach bemerkt worden, dass auch hier eine kognitive Übergewichtung festzustellen ist, die mit einer Geringschätzung der affektiven Komponenten verbunden ist.[41]

In den weiteren bearbeiteten Auflagen wird der Ansatz nochmals überprüft und in der Auseinandersetzung mit verschiedenen Anfragen korrigiert und fortgeführt. Auf dieser Textgrundlage sollen hier die wichtigsten Gedanken zusammengestellt werden.

Oser und Gmünder beschreiben zunächst, was mit Religion überhaupt gemeint ist. Auf diese Frage formulieren sie zwei Antworten: Zum einen stellt Religion die

„Auseinandersetzung des Menschen mit der Wirklichkeit angesichts eines Letztgültigen, das die gesamte Wirklichkeit transzendiert"

dar.[42] Daneben gibt es den „motivatorischen Aspekt" der Religion. Darunter verstehen sie die „Religiosität als besondere Form der Lebensbewälti-

---

39 Oser, Fritz/ Gmünder, Paul: Der Mensch. Stufen seiner religiösen Entwicklung. Ein strukturgenetischer Ansatz, Zürich/ Köln 1984.
40 A.a.O. 28.
41 Vgl. beispielsweise: Grom, Bernhard: Kerygma, Symbol, Struktur – oder Erfahrung. Religionspädagogische Konzepte, in: Katechetische Blätter 113, 480–487.
42 Oser, Fritz/ Gmünder, Paul: Der Mensch – Stufen seiner religiösen Entwicklung. Ein strukturgenetischer Ansatz, Gütersloh 3. Aufl. 1992, 9. Die Autoren betonen, dass

gung".[43] Mit dieser Zuordnung verlegen die Autoren das, was mit dem Religiösen bezeichnet wird, in den Bereich des Subjekts, was für ihren Forschungsansatz grundlegend wird:

„Die religiöse Identität eines Menschen, also auch das religiöse Urteil, ist etwas ursprünglich zum Menschen Gehörendes."[44]

Damit unterscheiden sie sich von Piaget und Kohlberg: Während Piaget die Entwicklung des Menschen in einer Subjekt-Objekt-Spannung beschreibt, sieht Kohlberg die Entwicklung des moralischen Urteils im Gegenüber von Subjekt zu Subjekt.

Wie die Entwicklung menschlicher Kognition im logisch-mathematischen, im ontologischen und im moralischen Bereich in einem strukturgenetischen Ansatz erfasst werden kann, trifft dies – so Oser und Gmünder – auch für den religiösen Bereich zu. Ihr Forschungsansatz beruht auf drei Grundannahmen:

1. Religiöse Denkstrukturen sind anhand religiöser Erkenntnisleistungen genuin erfassbar. Unter diesen Erkenntnisleistungen sind religiöse Urteile zu verstehen.
2. Es gibt einen spezifisch religiösen Bereich des Menschen, der „als Form und Struktur von Religion allgemein fassbar ist".[45]
3. Religiöse Erkenntnisfunktionen sind für die Selbstregulierung religiöser Interaktion verantwortlich.

Der Mensch entwickelt sich nach der Vorstellung dieser Autoren, wobei er innerhalb der Veränderungen von einem zum nächsten Stadium große Transformationen durchmacht.

Dabei verläuft die religiöse Entwicklung so,

„daß auf jeder Stufe eine Integration und zugleich eine Differenzierung geschieht, in jeder Übergangsstufe etwas negiert und dafür etwas anderes positiv aufgebaut wird."[46]

In der Frage nach der Relevanz des strukturgenetischen Ansatzes für die Praktische Theologie zitieren Oser und Gmünder Norbert Mette, der die Subjektivität, die Identitätsfindung und die Kommunikation betont:

„Es geht ... um die Mitteilung einer Wirklichkeit, die Ursprung für verändertes kommunikatives Verhalten ist; das heißt, die erkennenden und handelnden Subjekte sind unmittelbar in ihrer eigenen Identität betroffen."[47]

---

sie aus Gründen des eindeutigeren Verständnisses im Deutschen den bisher gebrauchten Begriff „das Ultimate" durch den Begriff „das Letztgültige" ersetzt haben: A.a.O. 13.
43 A.a.O. 9.
44 A.a.O. 57.
45 A.a.O. 10.
46 A.a.O. 97.

Mit der Betonung der Subjektivität einerseits und der Bedeutung der Religion bzw. der Religiosität für die Identitätsbildung andererseits sind zwei wesentliche Faktoren der Theoriebildung Praktischer Theologie angesprochen. Insofern kann sich auch der Forschungsansatz einer „Strukturgenese" der Religiosität des Menschen hier mit einreihen.

Nach meinem Verständnis trifft dieser Aspekt jedoch nicht den zentralen Kern einer Würdigung dieser Denkweise. Deswegen soll abschließend zu den Stufenmodellen in ihrer jeweiligen Differenzierung Stellung bezogen werden.

3.3. Kritische Würdigung der Stufentheorien

Eine Auseinandersetzung mit den Stufentheorien zur Entstehung des Glaubens hat zunächst in der psychologischen Perspektive danach zu fragen, inwiefern die Denkweise einer Stufenabfolge der individuellen Entwicklung und dem persönlichen Wachstum eines Menschen entspricht. Dieser kritischer Einwand ist vor allem dann berechtigt, wenn mit der Beschreibung der Stufen auch eine Wertung verbunden ist.[48]

Im Hinblick auf den strukturgenetischen Ansatz Osers wird auch immer wieder die Vernachlässigung der emotionalen Seite des Glaubens betont. Fritz Oser geht auf diesen Vorwurf auch ein und sucht nach Alternativen:

„Anstelle des Vorwurfs einer kognitivistischen Überakzentuierung ist eher eine komplementär verfahrende Interdisziplinarität erfolgversprechend für einen Ausbau des strukturgenetischen Ansatzes."[49]

Veranschaulichen kann er seine These „Es gibt keine Argumentation ohne Gefühle" an einem Fallbeispiel, das wegen seiner Eindeutigkeit hier zu zitieren ist:

„Beispielsweise sprach in einem Fall – der keineswegs völlig ungewöhnlich war – eine Frau mit Tränen in den Augen über den Tod ihres Mannes. Seit diesem Erlebnis könne sie nicht mehr an göttliche Gnade und Gerechtigkeit glauben. Die

---

47 Mette, Norbert: Theorie der Praxis. Wissenschaftsgeschichtliche und methodologische Untersuchungen zur Theorie-Praxis-Problematik innerhalb der Praktischen Theologie, Düsseldorf 1978, 352.

48 Zur Wertung Osers und Gmünders: Schweitzer, Friedrich: Religion und Entwicklung. Bemerkungen zur kognitiv-strukturellen Religionspsychologie, in: WzM (37) 1985, 316–325.
Zur Wertung Fowlers: Nipkow, Karl Ernst: Lebensgeschichte und religiöse Lebenslinie. Zur Bedeutung der Dimension des Lebenslaufes in der Praktischen Theologie und Religionspädagogik, in: Biehl, Peter u.a. (Hg.): Jahrbuch der Religionspädagogik (JRP), 3. Bd. 1986, Neukirchen-Vluyn 1987, 3–35.

49 Oser, Fritz/ Reich, Karl Helmut: Entwicklung und Religiosität, in: Schmitz, Edgar (Hg.): Religionspsychologie. Eine Bestandsaufnahme des gegenwärtigen Forschungsstandes, Göttingen u.a. 1992, 65–99, 91f.

ursprünglichen Erlebnisse – die im Interview wieder lebendig werden – beinhalten eine kognitive *und* eine emotionale Betroffenheit."[50]

Deutlich wird an diesem Beispiel, dass für die Glaubensentwicklung die biographischen Ereignisse in hohem Maße von Bedeutung sind. Von daher ist in der Theorie einer Entwicklung in Stufen durchaus eine Hilfestellung zum Verständnis des Menschen zu sehen; zu unzulässigen Verallgemeinerungen, insbesondere zu einer Verleugnung der Relevanz lebensgeschichtlicher Einflüsse darf sie nicht führen.

Von theologischer Perspektive aus ist danach zu fragen, ob die Vorstellung einer Stufenabfolge dem Charakter des Glaubens entspricht. Nipkow weist im Duktus lutherischer Theologie darauf hin, dass Glaube wohl Entwicklungen durchläuft und dabei „partiell Stufencharakter" hat. Doch folgert er in theologischer Argumentation:

„Das alles gilt aber nur in psychologischer und anthropologischer Hinsicht, sofern christlicher Glaube immer auch eine menschliche Erfahrung und seelische Verfaßtheit bezeichnet. Es gilt nach reformatorischer Lehre nicht soteriologisch, hinsichtlich des von Gott zu jeder Lebenszeit ohne Vorbedingungen voll und ganz geschenkten Heils."[51]

Eine weitere kritische Anfrage – im Hinblick auf den christlichen Glauben – betrifft die Vorstellung des Gottesbildes. So ist zu bedenken, ob die Definitionen von Gott – bei Fowler „das Wert- und Machtzentrum", bei Oser und Gmünder das „Letztgültige" – tatsächlich den jüdisch-christlichen Gott beschreiben. Nipkow beispielsweise bestreitet dies, weil bei beiden Theorien von Gott gar nicht mehr gesprochen wird. Daraus folgert er:

„Die Beschreibungskategorien sind bei Oser und Fowler nur bedingt geeignet, der Gottesfrage gerecht zu werden."[52]

Im Hinblick auf unsere Gesamtfragestellung nach einer kindgemäßen Seelsorge muss die Bedeutung der Stufenmodelle zur Beschreibung der Glaubensentwicklung kritisch eingeschränkt werden: Zum einen ist die jeweilige Situation eines Menschen – in unserem Fall eines Kindes – vorrangig individuell zu sehen, insbesondere was die lebensgeschichtlichen Realität und die subjektiv erlebten Emotionen betrifft.

Zum anderen ist gerade hinsichtlich des Glaubens der Kinder die theologische Rede von der fides infantium einer empirisch feststellbaren Glaubensweise gegenüber zu stellen. Was als sozialwissenschaftlicher oder psychologischer Befund dargestellt werden kann, wird durch die theologische Rede vom Glauben in ganz anderer Weise qualifiziert. Theologisch gefasste Beschreibungen des Glaubens – Geschenk des Glaubens, die Unverfügbar-

---

50 A.a.O. 91.
51 Nipkow, Karl Ernst: Erwachsenwerden ohne Gott? Gotteserfahrung im Lebenslauf, München 4. Aufl. 1992, 102f. Anm. 14.
52 A.a.O. 100.

keit und die Bezogenheit auf eine Heilsvorstellung – führen in die Rede vom Glauben Kategorien ein, die nicht quantifizierbar und von daher auch nur bedingt strukturell darstellbar sind.

Gleichzeitig ist dieser kritische Einwand wiederum zu relativieren, weil Oser und Gmünder selbst ihren Ansatz und dessen Ergebnisse in erster Linie und vielleicht sogar ausschließlich auf die *pädagogischen* Schlussfolgerungen hin betrachten. Als „erzieherisch-didaktische Konsequenzen" der Erkenntnis der kognitiven (!) religiösen Strukturen benennen sie:

1. Die Stufen des religiösen Urteil dienen als Instrument zum besseren Verständnis der religiösen Argumentation von Personen jeglichen Alters.
2. Sie machen deutlich, dass jeder Stufenwechsel einem Krisendurchgang gleichkommt.
3. Sie erhellen die Sicht eines bestimmten konkreten Wissensinhaltes.
4. Sie verhelfen zur Vergewisserung des eigenen Standpunktes.
5. Sie helfen bei der Rekonstruktion der eigenen Geschichte religiöser Identitätsfindung.[53]

An diesen Punkten wird deutlich, dass Oser und Gmünder in der Anwendung der Stufentheorien ganz offensichtlich (ausschließlich) den religionspädagogischen Bereich im Blick haben. Interessanterweise wird allerdings auch hier der Vorwurf einer Überwertung des Kognitiven vorgetragen. In diesem Zusammenhang sei nochmals eine der „Verteidigungen" dieses Ansatzes genannt:

„Wenn wir von Identität und damit auch von Urteil sprechen, so ist damit die Persönlichkeit und das für sie absolut Gültige gemeint."[54]

Es wird erkennbar, dass Oser und Gmünder durchaus eine bestimmte Einseitigkeit ihrer Darstellung von Religiositätsentwicklung sehen. Gleichzeitig wird durch die Betonung der Relevanz für den religionspädagogischen Bereich auf Seiten der Autoren deutlich, dass ein Verständnis der Persönlichkeit, wie es für die Seelsorge notwendig und in deren praktischem Vollzug auch üblich ist, von diesem Forschungsansatz her gar nicht angestrebt wird. Wenn Oser und Gmünder betonen, dass „ein adäquates Verständnis des Menschen ... das Verstehen seiner Genese impliziere"[55], so ist dem aus der Sicht der Seelsorge nur zuzustimmen. Und doch: Bei aller Vergleichbarkeit von Lebensläufen und damit auch Entwicklungsverläufen des Glaubens ist die Einmaligkeit jedes Lebens und jeder Biographie zu betonen. Eher als ein „Modell" wird eine Betrachtung dieser Vielfalt der menschlichen Möglichkeiten gerecht, wie Richard Riess sie vornimmt:

„In der Tiefe des Menschen – den Anfängen einer Kindheit etwa und dem Angewiesensein auf Gemeinschaft – hebt der Glaube an und heben sich unsere Gottesbilder hervor. Von frühester Zeit wird eine Fülle von visuellen Eindrücken in uns

---

53 A.a.O. 219f.
54 A.a.O. 222.
55 A.a.O. 227.

eingesenkt: ein ganzes Panoptikum von Phantasien und Symbolen, Träumen und Visionen. In, mit und unter der *Wirklichkeit von Bildern* entsteht und entfaltet sich auch unser Glaube und wird in solchen Bildern zu einer bestimmten Gestalt, die den Menschen begleitet, beflügelt – oder zu Abwehr und Aufruhr bewegt."[56]

Abschließend soll noch erwähnt sein, dass im Rahmen der Religionspädagogik alternative Theorien entwickelt wurden, um das spirituelle Wachstum zu beschreiben. Dabei werden sowohl die (individual)geschichtliche als auch die emotionale Komponente berücksichtigt.[57]

4. Die Bedeutung des Glaubens für das Kind

Unsere Überlegungen hinsichtlich einer Entwicklung von Persönlichkeit, Moral und vor allem Glauben dienen der Überlegung, dass der Glaube eines Kindes in der seelsorgerlichen Begegnung zu berücksichtigen ist. Nun ist zum einen bisher über Stufen- und damit Glaubensentstehungstheorien mindestens soviel deutlich geworden, dass sich eine psychologische und eine theologische Betrachtungsweise nicht ausschließen, sondern vielmehr ergänzen.

Über das Wesen des Glaubens ist damit noch nichts ausgesagt, wie auch eine Abgrenzung von Glauben und Religiosität noch nicht vorgenommen wurde. Die Frage, was mit Glauben gemeint ist und welche Bedeutung er für das Kind hat, wird nun im weiteren erörtert.

4.1. Aspekte zum Glaubensbegriff

Nachdem das Ziel dieser Abhandlung eine pastoralpsychologische Darstellung der Seelsorge mit Kindern ist, wird hier insofern ein engerer Kreis im Verständnis von Religion gezogen, als es sich um die christliche Religion handelt. Seelsorge – so viel ist vorwegzunehmen – beruht in ihrer Haltung den Menschen und der Verkündigung gegenüber zu je ihrer Zeit auf einem biblischen Menschen- und Gottesbild. Dass sich diese Seelsorge dabei auch an Menschen nicht-christlichen Glaubens oder gar keinen Glaubens (im Sinn des Fowler'schen faith) richten kann, ist davon unberührt.

---

56 Riess, Richard: Abschied und Aufbruch im Glauben. Leben mit der Ambivalenz von Gewißheit und Zweifel in den Wandlungsprozessen der Gottesbeziehung, in: Ders: Sehnsucht nach Leben. Spannungsfelder, Sinnbilder und Spiritualität der Seelsorge, Göttingen 1987, 81–95, 82f.
57 Vgl. Nipkow/ Schweitzer/ Fowler a.a.O. 165–207.

Der Sache nach ist zwischen Religion im Sinne einer perspektivischen Wahrheit oder auch der Selbst- und Weltdeutung[58] und dem Glaubensinhalt zu unterscheiden. Wilhelm Gräb beschreibt dies so:

„Das ist das Religiöse in unserer Selbstdeutung, dieses Gefühl eines absoluten Gegründet- und Gehaltenseins und daß wir dieses Gefühl in der lebenslangen Mühsamkeit unserer Deutungsarbeit, die uns nicht abgenommen ist, nicht verlieren ...
Gemeinhin machen wir die Religion allerdings an den Vorstellungen fest, in denen wir dieses Gefühl unseres absoluten Gegründetseins artikulieren. Oft machen wir sie zu schnell an Bekenntnissen fest, die wir formulieren ... Das ist nicht unbedingt der Ursprung der subjektiven Religion, nicht unbedingt die Frömmigkeit, von der wir in Wahrheit leben."[59]

Von Glaubensinhalten im Sinn eines Bekenntnisses oder einer Theologie im engeren Sinn wird man bei Kindern nicht sprechen können. Gleichwohl sind bei Kindern Vorstellungen unterschiedlichsten „Glaubens"-Inhaltes (belief) anzutreffen, zu denen sie sich selbst und ihre Umwelt in Beziehung setzen.

Zur Veranschaulichung dieser These dient ein biographischer Text, ein Ausschnitt aus den Erinnerungen Albert Schweitzers:

„So lange ich zurückblicken kann, habe ich unter dem vielen Elend, das ich in der Welt sah, gelitten ... Insbesondere litt ich darunter, daß die armen Tiere so viel Schmerz und Not auszustehen haben. Der Anblick eines alten hinkenden Pferdes, das ein Mann hinter sich herzerrte, während ein anderer mit einem Stecken auf es einschlug ..., hat mich wochenlang verfolgt.
Ganz unfaßbar erschien mir – dies war schon, ehe ich in die Schule ging –, daß ich in meinem Abendgebete nur für die Menschen beten sollte. Darum, wenn meine Mutter mit mir gebetet und mir den Gutenachtkuß gegeben hatte, betete ich heimlich noch ein von mir selbst verfaßtes Zusatzgebet für alle menschlichen Wesen. Es lautete: ‚Lieber Gott. Schütze und segne alles, was Odem hat, bewahre es vor allem Übel und laß es ruhig schlafen.'"[60]

4.2. Die Gottesvorstellung von Kindern

Für die Aussage, dass Kinder – teilweise sogar unabhängig von einer kirchlichen Sozialisation – Gottesvorstellungen entwickeln, bieten mehrfach Untersuchungen Material.[61] Grundlegende Fragestellungen sind dabei die Un-

---

58 Vgl. hierzu das Kapitel „Die humane Evidenz christlich-religiöser Lebensdeutung" in: Gräb, Wilhelm: Lebensgeschichten. Lebensentwürfe. Sinndeutungen. Eine praktische Theologie gelebter Religion, Gütersloh 1998, 62–76.
59 A.a.O. 67.
60 Schweitzer, Albert: Aus meiner Kindheit und Jugendzeit, München 1996, 35.
61 Boßmann, Dieter/ Sauer, Gert/ Deßecker, Klaus: Wann wird der Teufel in Ketten gelegt? Kinder und Jugendliche stellen Fragen an Gott, Lahr/ München 1984; Hanisch, Helmut: Die zeichnerische Entwicklung des Gottesbildes bei Kindern und Ju-

terscheidung des Kindes zwischen seinem subjektiven Erleben und seiner materiellen Umwelt sowie seinem Wissen über die Zusammenhänge der Welt.

Inwieweit ein Kind die eigenen Erlebnisse, die sich zur Erfahrung verdichten, interpretiert und in einen transzendentalen Zusammenhang einordnet, bedarf einer aufmerksamen Beobachtung des Kindes und seiner entsprechenden Äußerungen.[62]

Der nordamerikanische Kinderpsychoanalytiker Robert Coles hat über einen Zeitraum von dreißig Jahren Äußerungen in Wort und Bild von Kindern verschiedener Religionen und Konfessionen in den USA und weiteren Ländern der gesamten Erde gesammelt. Seine Ergebnisse stellt er in mehreren Büchern vor, von denen für unseren Zusammenhang das über das religiöse Leben der Kinder von Bedeutung ist.[63]

Er schildert in einer Fülle von Fallbeispielen, wie er in Interviews und „alltäglichen" Gesprächen die Glaubensinhalte der Kinder kennen lernt. Exemplarisch wird hier eine Sequenz aus einem Gespräch zwischen Robert Coles und der zwölfjährigen Maeghan wiedergegeben. Sie hat ihm gerade erzählt, dass sie am vergangenen Wochenende am Meer eine Vision erlebt hat. Das Mädchen gebraucht dieses Wort dabei nicht, beschreibt aber ein derartiges Erlebnis:

„She closed her eyes to pray for her grandmother's soul. She remembered that beach again. She told me that the sight of the ocean brought her closer to God. I asked why, and she answered with her marvelous originality: ‚There's no one there, no one to talk with, just Him, way off – and remember how He walked on water! Maybe one day He'll just walk up to Sothie (South Boston) from Carson Beach or City Point!'"[64]

Coles belegt auf empirischem Weg, dass Kinder unterschiedlichster Herkunft und Bildung sowie mit verschiedenen religiösen Vorbildern im Fami-

---

gendlichen. Eine empirische Vergleichsuntersuchung mit religiös und nicht-religiös Erzogenen im Alter von 7–16 Jahren, Leipzig/ Stuttgart 1996;

Hull, John M.: Wie Kinder über Gott reden. Ein Ratgeber für Eltern und Erziehende, Gütersloh 1997.

62 In diesem Zusammenhang verdient die Studie Claudia Mählers über das animistische Denken von Kindern Beachtung. Die Autorin untersucht die Weltsicht von Vorschulkindern und beschreibt deren animistisches Denken als besondere Kompetenz.
Mähler, Claudia: Weiß die Sonne, daß sie scheint? Eine experimentelle Studie zur Deutung des animistischen Denkens bei Kindern, Weinheim 1995.

63 Coles, Robert: The spiritual life of children, Boston 1990.

Das Werk Coles ist m.W. für die Pastoralpsychologie noch nicht annähernd erschlossen.

Im amerikanischen Bereich liegt eine theologische Dissertation vor: Hunt, Swanee: The Socio-Ethical Dimensions of Empathy: Elements of Robert Coles' Mode of inquiry as paradigmatic for pastoral care and counseling, Denver 1986.

64 A.a.O. 164.

lienkreis und darüber hinaus, aber auch ohne jede religiöse Erziehung, von Glaubensinhalten berichten.

Die Fülle seiner Interviews und Aufzeichnungen bleibt relativ unkommentiert stehen. Lediglich mit dem Bild vom Kind als Pilger legt Coles in gewissem Sinn eine Zusammenfassung seiner Erkenntnisse vor. Im Gegensatz zu den Stufentheorien geht er dabei aber nicht von einer strukturell beschreibbaren Entwicklung aus. Eher versteht er diese „Pilgerschaft" als ein Bild für menschliches Wachstum und Zusammenleben:

„So it is we connect with one another, move in and out of one another's lives, teach and heal and affirm one another, across space and time – all of us wanderers, explorers, adventurers, stragglers and ramblers, sometimes vagabonds, even fugitives, but now and then pilgrims: as children, as parents, as old ones baout to take that final step, to enter that territorry whose character none of us here ever knows."[65]

Karl Ernst Nipkow betont aufgrund eigener Untersuchungen, dass der Anfang des Glaubens für ein Kind ein „Gemeinschaftsereignis"[66] sei. Das Gottesbild des Kindes entstehe zum einen durch das der Erwachsenen, das sie dem Kind weitergeben, zum andern durch Gefühle und Einsichten, die sich das Kind selbst gebildet hat.[67]

Nipkow fasst die unterschiedlichen Gottesvorstellungen von Kindern zusammen:

„Gott ist für Kinder ein zwischenmenschliches Geschehen, ein emotionales Ereignis, eine sprachliche Entdeckung, eine Gewissensangelegenheit und eine intellektuelle Herausforderung."[68]

Bei der Beschreibung kindlicher Gottesbilder kommt der Phantasie des Kindes eine besondere Bedeutung zu. So nennt Nipkow die Phantasie – die Einbildungskraft – das „hauptsächliche Medium"[69] bei der Entstehung des Gottesbildes.

Helmut Hanisch betont bei seiner Darstellung der religiösen Phantasie von Kindern, dass mit dem Begriff der Phantasie auch ein entscheidender Unterschied zwischen Kindern und Erwachsenen beschrieben wird. Dazu zitiert er den zehnjährigen Norbert aus einem unveröffentlichten Interview:

„Kinder haben mehr Phantasie und die Erwachsenen, die wissen alles genau, müssen alles genau sagen und so ... die haben keine richtige Phantasie mehr."[70]

---

65 A.a.O. 335.
66 Nipkow a.a.O. 25.
67 A.a.O. 21.
68 A.a.O. 39.
69 Ebd.
70 Hanisch, Helmut: „ ... und manchmal träume ich, daß Gott eine Tochter hat, die sich um die Gedanken, Wünsche und Träume der Kinder kümmert ... ". Zur religiösen Phantasie von Kindern, in: Ritter, Werner H. (Hg.): Religion und Phantasie. Von der Imaginationskraft des Glaubens, 2000, 89–112, 90.

Im Zusammenhang mit religiösen Inhalten unterscheidet Hanisch die märchenhaften, die aneignenden, die verbindenden, die apologetischen und die gestalterischen Phantasien.[71]

Das Ziel, das Hanisch im Umgang mit den Phantasien der Kinder im Religionsunterricht formuliert, gilt im Grunde für die Begegnung mit kindlichen Phantasien in jedem Kontext, ganz gewiss jedoch für die Seelsorge:

„Es kann nicht darum gehen, bestimmte Phantasien der Kinder als Phantastereien zu übergehen oder gar zurückzuweisen, sondern es kommt darauf an, sensibel darauf zu achten, wie Kinder ihre Phantasie in religiösen Zusammenhängen gebrauchen.."[72]

Unter Aufnahme der These von Hanisch der „märchenhaften Phantasie" untersucht Judith Brunner speziell die christologische Vorstellung bei Kindern im Vorschulalter.[73] Dabei nimmt sie eine frankokanadische Studie aus dem Jahr 1961 auf, deren Ergebnis besagt, Vorschulkinder kennten Jesus nur als Kind in der Krippe.[74]

Brunner untersucht an Bildern von 176 Kindern und sich daran anschließenden Gesprächen, welche Jesusvorstellung sie haben. Dabei kommt sie zu einem völlig anderen Ergebnis als die kanadische Untersuchung vierzig Jahre vorher. Die Kinder zeichneten Jesus immer als anthropomorphe Gestalt, wobei er überwiegend fröhlich dargestellt ist. Keineswegs kennen sie Jesus nur als Baby in der Krippe.

Die beiden Kategorien, die Brunner zur Unterscheidung gewinnt, nennt sie „Der biblisch überlieferte Jesus" und „Jesus in der kindlichen Assimilation"[75], wobei sie diesen Begriff aus der Stufentheorie Piagets rezipiert.

Das Gesamtergebnis ihrer Untersuchung fasst Brunner mit dem Satz zusammen:

„In den Jesus-Konzepten der Vorschulkinder stößt man unweigerlich auf deren „Eigenständigkeit und Andersheit."[76]

Die Folgerungen, die Brunner daraus zieht, zielen auf ein Ernstnehmen der Auffassung der Kinder ab, „ganz im Sinn der ‚Theologie vom Kinde aus'"[77].

Ähnlich postuliert auch Friedrich Schweitzer sowohl die Wertschätzung der Eigenständigkeit der Kinder in ihren Gottesvorstellungen als auch in der gesamten Art, sie mit Religion zu konfrontieren.

---

71 A.a.O. 90–101.
72 A.a.O. 112.
73 Brunner, Judith: „Der Jesus kann auch gut mit Kindern umgehen". Christologie der Vorschulkinder, in: Büttner, Gerhard/ Thierfelder, Jörg (Hg.):Trug Jesus Sandalen? Kinder und Jugendliche sehen Jesus Christus, Göttingen 2001, 27–71.
74 A.a.O. 27.
75 A.a.O. 69.
76 Ebd.
77 A.a.O. 70.

Friedrich Schweitzer betont angesichts der gegenwärtigen gesellschaftlichen Wirklichkeit und trotz der Rede von schädlichen Einflüssen von Religion bis hin zu „Gottesvergiftung" die Notwendigkeit von Religion. Damit wird die Frage nach der Bedeutung des Glaubens für das Kind eindeutig beantwortet: Ein Kind braucht Religion. Schweitzer formuliert sogar noch schärfer: Das Kind hat ein Recht auf Religion.[78]

Daraus leitet er dann allerdings auch Konsequenzen für die Erwachsenen ab:

„Wo das Recht des Kindes auf Religion anerkannt wird, erwächst daraus eine Pflicht der Kirche, eine kindgemäße religiöse Begleitung zu gewährleisten."[79]

---

78 Schweitzer, Friedrich: Das Recht des Kindes auf Religion. Ermutigungen für Eltern und Erzieher, Gütersloh 2000.
79 A.a.O. 57.

KAPITEL 6

Die Situation des Kindes im Wandel der Gesellschaft

1. Zur sozialwissenschaftlichen Kindheitsforschung

Bis in die 1980-er Jahre war in der Bundesrepublik Deutschland in der Soziologie des Kindes die sozialstrukturelle Forschungslinie dominierend. Bei diesem Ansatz wird insbesondere die Institutionalisierung der Kindheit betont. Dem gegenüber ist die neuere Kindheitsforschung lebensweltlich- bzw. subjektorientiert, was eine Betonung der Perspektive der Kinder bedeutet.[1]

Somit sind in der Soziologie des Kindesalters zwei gegensätzliche Forschungsrichtungen zu konstatieren: Zum einen gibt es die akteurbezogene Kindheitsforschung, in der das Kind als eigene Persönlichkeit gesehen wird. Zum anderen existiert die ältere Richtung der strukturbezogenen Kindheitsforschung, in der Kinder als eine bestimmte Bevölkerungsgruppe untersucht werden. Bei diesem „Perspektivenwechsel in den Sozialwissenschaften" kann durchaus von einem Paradigmenwechsel gesprochen werden:

„Die vertraute Vorstellung von Kindheit als Vorbereitungsphase auf das Leben als Erwachsener, als Sozialisationsphase also, wird erweitert und überlagert von einem Verständnis der Kindheit als kulturellem Muster und als einer gesellschaftlichen Lebensform im historischen Wandel ... Mit diesem Perspektivenwechsel läßt sich die Herausbildung einer sozialwissenschaftlichen Kindheitsforschung ... markieren."[2]

In Folge dieses Denkansatzes erhält nicht nur das Kind einen neuen Platz im Forschungsdesign. Mit der Thematisierung von Umwelt und Individuum – im Hinblick auf Kinder immer im Zusammenhang mit der Sozialisation vorgetragen – wird die Frage nach dem Subjektbegriff aktualisiert. Das Kind ist nicht nur das Ergebnis verschiedener Kontexte und deren

---

1 Honig, Michael-Sebastian/ Leu, Hans Rudolf/ Nissen, Ursula: Kindheit als Sozialisationsphase und als kulturelles Muster. Zur Strukturierung eines Forschungsfeldes, in: Dies. (Hg.): Kinder und Kindheit. Soziokulturelle Muster – sozialisationstheoretische Perspektiven, Weinheim/ München 1996, 9–29.

2 A.a.O. 10. – Diesen neuen Forschungsansatz präsentiert auch eines der großen Handbücher der Kindheitsforschung. Die Breite und Vielfältigkeit der Beiträge dokumentiert dabei die unterschiedliche Herangehensweise an diesen neuen Forschungsansatz: Markefka, Manfred/ Nauck, Bernhard (Hg.): Handbuch der Kindheitsforschung, Neuwied 1993.

wechselseitiger Bezüge. Vielmehr agiert es in diesen Zusammenhängen auch und beeinflusst sie seinerseits.

Es ist anzunehmen, dass sich mit dieser Sicht von Kindern neue Erkenntnisse hinsichtlich der Entwicklung ergeben. Biographische oder auch geschlechtsspezifische Sozialisationsprozesse sind erst ansatzweise untersucht und bieten wohl genügend Stoff für weitere Zugänge zu einem neuen Verständnis des Kindes.[3]

Eine konkrete Umsetzung des neuen Ansatzes der Kindheitsforschung bietet der Survey über Kinder und ihre Eltern in Deutschland.[4] Die Befragung von 700 10- bis 13-jährigen Kindern und ihren Eltern, deren Ergebnis den Wandlungsprozess in Deutschland widerspiegelt, orientiert sich an den unterschiedlichen Richtungen der modernen Kindheitsforschung:

„1. Sozialwissenschaftliche Berichterstattung über soziale Lagen von Kindern und historische Transformationen von Kindheit;
2. Entwicklungspsychologie des Aufwachsens im Übergang zwischen Kindheit und Jugend, Bedingungen gelungener und Risiken mißlungener Entwicklung, bedeutsame Kontexte und individuelle Unterschiede von Entwicklungspfaden;
3. Sozialisationsforschung als Untersuchung der kulturellen Kommunikation zwischen den Generationen und des Hineinwachsens in die kulturellen Muster einer Gesellschaft."[5]

Die Befragung umfasst sehr unterschiedliche und vielfältige Themenstellungen: die Kultur der Kinder, biosoziale Entwicklung und Lebenslauf, Familie einerseits und Schule andererseits sowie Kirche und Religion als Entwicklungs- und Sozialisationskontext, Belastungen und Probleme sowie Selbstportraits von Väter und Müttern in Ost und West.

Mit dem in der neueren Sozialwissenschaft vertretenen Verständnis von Kindern sind günstige Voraussetzungen für den interdisziplinären Dialog gegeben. Die Beschreibung von Kindheit als wechselseitige Beziehungen zwischen heranwachsenden Personen und ihren sich wandelnden soziokulturellen Umwelten einerseits und als Teil des Lebenslaufes andererseits trifft sich mit der Wahrnehmung der Kindheit in den theologischen Ansätzen.[6]

Der Diskurs zwischen Sozialwissenschaft und Theologie ist im Hinblick auf das Kind und das Verständnis von Kindern noch nicht einmal ansatzweise erfolgt. Möglicherweise hat die Konzentration auf die pädagogischen und psychologischen Partner im wissenschaftlichen Gespräch den Blick auf die Sozialwissenschaften etwas verstellt.

---

3 Hurrelmann, Klaus/ Ulrich, Dieter (Hg.): Neues Handbuch der Sozialisationsforschung, Weinheim/ Basel 4. Aufl. 1991.
4 Zinnecker, Jürgen/ Silbereisen, Rainer K.: Kindheit in Deutschland. Aktueller Survey über Kinder und ihre Eltern, Weinheim/ München 1998.
5 A.a.O. 12.
6 Meyer, Evi: Kinder, in: Haslinger, Herbert (Hg.): Handbuch Praktische Theologie, Band 2: Durchführungen, Mainz 2000, 47–60.

In unserem Zusammenhang mag der Hinweis auf diesen Austausch auch zunächst genügen, wobei damit gleichzeitig zukünftiger Forschungsbedarf signalisiert wird.

2. Unterschiede in Deutschland: Ost und West

Als gravierend sind in Deutschland auch ein gutes Jahrzehnt nach der Wiedervereinigung die unterschiedlichen Verhältnisse zwischen alten und neuen Bundesländern zu nennen. Sowohl der Prozess, der sich seit 1989 vollzogen hat, als auch die differenzierte Lage in den einzelnen Ländern lässt sich kaum in Kürze charakterisieren. Doch sollen wenigstens Stichworte die bestehenden Unterschiede markieren:
– noch immer unterschiedliche Gehaltsstufen
– eine im Osten ungleich höhere Arbeitslosigkeit
– unterschiedliches parteipolitisches Wahlverhalten sowie
– im individuellem Bereich ein häufig anzutreffendes Unter- oder Überlegenheitsgefühl gegenüber Deutschen aus der jeweils anderen Hälfte.

Horst-Eberhard Richter und andere haben 1994 1022 Ostdeutsche und 2025 Westdeutsche zum gegenseitigen Wissen über den jeweils anderen befragt.[7] Als Ziel der Befragung wurde die „Kenntnisnahme der beiderseitigen repräsentativen Selbstbeschreibungen" genannt.[8] Die wichtigsten Ergebnisse werden im Folgenden wiedergegeben:
– Ostdeutsche leben mehr in der Gemeinschaft, Westdeutsche grenzen sich mehr ab.[9]
– Als Zukunftssorgen werden beidseitig (allerdings mit noch stärkerer Betonung im Osten) die ansteigende Arbeitslosigkeit und ökologische Zukunftsängste genannt.[10]
– Bei der Frage nach der Lebenszufriedenheit fällt auf, dass Ostdeutsche für sich schlechtere Rahmenbedingungen und ein Defizit an materiellen, jedoch ein Mehr an emotionalen Ressourcen sehen.[11]

Zu den eher persönlichen Wahrnehmungen und Einschätzungen treten die Fakten über die Unterschiede im gesellschaftlichen Bereich. Der Zusammenbruch ganzer Industrien ohne einen entsprechenden neuen Arbeitsplatz hat vor allem Frauen und ältere Menschen betroffen. Die Entwicklung im Hinblick auf die gesamte Gesellschaft charakterisiert Horst-Eberhard Richter:

---

7 Brähler, Elmar/ Richter Horst-Eberhard: Deutsche Befindlichkeiten im Ost-West-Vergleich, in: psychosozial (18) 1995, 7–20.
8 A.a.O. 7.
9 A.a.O. 15.
10 Ebd.
11 A.a.O. 16.

„Im Zeitraffertempo hat sich im Osten die gleiche Aufspaltung wie im Westen von Lebensverhältnissen zwischen zwei Bevölkerungsteilen vollzogen, von denen die einen am Wohlstand partizipieren, die anderen nicht."[12]

Im Hinblick auf die Kinder im wiedervereinigten Deutschland stellt sich die Frage, inwiefern die Wiedervereinigung und insbesondere der Wechsel des gesellschaftlichen Systems auch deren Entwicklung und Verhalten beeinflusst hat. In einem großen Projekt der Deutschen Forschungsgemeinschaft von 1992 bis 1998 wurden „Kindheit und Jugend in Deutschland vor und nach der Vereinigung" untersucht. Ausgehend von einem interdisziplinären Forschungsansatz waren rund 90 Wissenschaftler mit der Frage beschäftigt, in welcher Weise sich der politische und soziale Wandel auf die Kinder auswirkt.[13] Das Ergebnis lässt sich folgendermaßen wiedergeben:

– Arbeitslose Eltern reagieren im Osten weniger depressiv, sondern vielmehr mit einem „psychischen Schutzschild", wodurch sich die Folgen von Arbeitslosigkeit weniger auf die Kinder auswirken.
– In den neuen Bundesländern besteht mehr als im Westen die Tendenz, das Gemeinwesen für das persönliche Schicksal verantwortlich zu machen.
– Jugendliche aus sog. Wendeverliererfamilien haben ein schlechteres Verhältnis zur Demokratie, während die aus den Wendegewinnerfamilien überwiegend positiv eingestellt sind.
– In ostdeutschen Familien wird einerseits die hohe Bedeutung des familiären Rückhalts betont, andererseits der Rückgang der Bedeutung der Familie konstatiert.
– Ostdeutsche Mütter gelten als deutlich strenger als westdeutsche, fordern mehr Disziplin und Regeleinhaltung, ohne jedoch weniger verständnisvoll zu sein.

Der Wertevorstellung und der Persönlichkeitsentwicklung der Kinder wird in dieser Studie besondere Aufmerksamkeit gewidmet. Bei einer Befragung von Berliner Schülerinnen und Schülern in Lichtenberg (Ost) und Charlottenburg (West) in den 7. bis 10. Klassen, die von 1990 bis 1997 jährlich durchgeführt wurde, zeigten sich durchgehend eine geringe Bereitschaft, die anderen kennen zu lernen, und ein Rückgang der gegenseitigen Akzeptanz.[14]

Eine Untersuchung bei Berliner Schulanfängern sollte den Einfluss des Mauerfalls auf die Persönlichkeitsentwicklung ermitteln. Entgegen den ursprünglichen Erwartungen – so Silbereisen – zeigten speziell die Jungen im Westteil problematisches Verhalten.[15] Eine andere Untersuchung zeigt auf,

---

12 Richter, Horst-Eberhard: Zur Sache: Deutschland, in: psychosozial (18) 1995, 21–30, 25.
13 Silbereisen, Rainer: Kindheit und Jugend vor und nach der Wende, in: http://www.dfg. de/aktuell/pressemitteilungen/Archiv/presse 1999. html, 11.03.2000.
14 A.a.O. 2.
15 Ebd.

dass Kinder, die 1990 in Ostdeutschland geboren wurden, im Alter von fünf Jahren eine erhöhte Aggressivität zeigten.[16]

Zusammenfassend hält Silbereisen fest, dass zwar die politische Transformation abgeschlossen, die soziale Integration jedoch noch nicht vollzogen ist.[17]

Im Zusammenhang mit der Analyse der Verhältnisse in West- und Ostdeutschland werden in den vergangenen Jahren immer auch der jeweilige Erziehungsstil und die damit verbundenen Konsequenzen für Kinder und Jugendliche diskutiert. Das Familien- und Erziehungssystem der DDR sah ab dem ersten Lebensjahr eine vollständige Betreuung der Kinder in Krippe, Kindergarten und Hort vor. Die Eltern waren in der Regel beide vierzig Stunden pro Woche berufstätig, was durch das umfassende Betreuungssystem ermöglicht wurde.

In der derzeitigen Diskussion über die unterschiedlichen Erziehungsstile in Ost und West wird verschiedentlich die These vertreten, dass die Erziehung zu Sauberkeit und Disziplin die Gewaltbereitschaft bei Kindern fördere: Durch die Gruppenerziehung seien Individualität und Kreativität unterdrückt worden, wodurch Untertänigkeit dem Staat gegenüber entstanden sei.[18] Dem ist zuletzt vehement Zimmer entgegen getreten, indem er in einer summarischen Bewertung der Erziehung der letzten 30 Jahre eine Überbewertung der Sozialisation vorwirft:

„Auch in diesem Ost-West-Streit eint ... der implizite Glaube an die Allmacht von Erziehung. Wie repressiv die DDR-Erziehung wirklich war, ist umstritten. Unerschütterliche allgemeine Überzeugung ist hingegen, dass repressive Erziehung zu repressivem Verhalten führt; dass die autoritäre Persönlichkeit durch autoritäre Erziehung entsteht – und eine andere Erziehung sie verhindern würde."[19]

Zimmer hält dem gegenüber, dass die Sozialisation nur einen verengten Blick auf das Kind werfe. Entscheidend sei jedoch, die genetische Veranlagung mitzubedenken:

„Die Sozialisationsforschung hatte sich strikt verboten, auch nur zu erwägen, dass es neben der sozialen Transmission eine ganz andere geben könnte: die genetische. Dass der Mensch nicht als unbeschriebenes Blatt auf die Welt kommt, sondern mit bestimmten, biologisch vorgegebenen Dispositionen, durfte nicht sein;

---

16 Ebd.
17 Silbereisen fordert deshalb langfristige wissenschaftliche Begleitung des gesellschaftlichen Wandels für Kinder und Jugendliche, um „unerkannt tickende Bomben" zu entdecken. A.a.O. 3.
18 So der Kriminologe Christian Pfeiffer, zitiert aus einem Radio-Interview, in: Zimmer, Dieter E.: Ein Kind ist schwer zu verderben, in: DIE ZEIT 1999/29, 15–17, 15.
19 A.a.O. 15.

jede solche Überlegung galt als reaktionär, wenn nicht gar faschistisch. Also wurde die Möglichkeit erst gar nicht geprüft."[20]

Ohne auf den Widerspruch einzugehen, den Zimmer mit dieser Position hervorgerufen hat, bleibt doch festzuhalten:

Zum Erbe der Ost-West-Vergangenheit Deutschlands gehören auch die unterschiedlichen Erziehungsstile. Zweifellos sind die Auswirkungen davon in den jetzt jungen Erwachsenen in verschiedenen Formen ausgeprägt vorhanden. Einschneidender dürften jedoch die Tatsache der inzwischen angeglichenen, aber nicht gleichen Lebensweisen und vor allem die Tatsache der unterschiedlichen materiellen Situation zu werten sein.

Der gesellschaftliche Wandel, der sich in Ostdeutschland vollzogen hat und noch immer nicht abgeschlossen ist, bildet sich auch in den einzelnen Familien ab. Marion Titze, Journalistin und Autorin, 1953 in Lichtenwalde bei Chemnitz geboren, reflektiert die Situation innerhalb der Familie auf dem Hintergrund des politischen und gesellschaftlichen Wandels:

„Generationen: In meinem Erleben ist die DDR die Folge dieser drei: Der ersten, die dort ihre Jugend hinter sich ließ, der zweiten, die darin jung war, und der dritten, die darin nicht mehr jung sein wollte. In meiner, der zweiten Generation, konnte man Patenkind werden von Wilhelm Pieck, dem ersten Staatspräsidenten des ersten Arbeiter- und Bauernstaates auf deutschem Boden. Alles war erstmals und ein gehöriger Schlußstrich unter die ungehörige Geschichte, die in der Erwachsenensprache ‚die unselige Vergangenheit' hieß."[21]

Aus autobiographischer Sicht schildert sie die unterschiedliche Wahrnehmung der Kindheit und Jugend in der DDR, wie sie diese selbst erlebt hat, im Vergleich zu ihrem fünfzehnjährigen Sohn, dessen Jugend in die Zeit nach der Wiedervereinigung fällt:

„Als mein eigener Sohn fünfzehn ist, fährt seine Schulklasse am Tag der deutschen Einheit ins Antikommunismus-Museum am Checkpoint Charlie. Dort hört er einen Vortrag, daß die DDR ein Land gewesen sei, in dem sich alle duzten und man geloben mußte, seinen Körper sauber zu halten. Staunend fällt der Blick der Westberliner Mitschüler auf die Kinder aus dem Osten. Die bestürmen noch am selben Tag ihre Eltern, ihnen alles auszuhändigen, was an die DDR erinnert. Sie binden ihre alten Pionierhalstücher um, dekorieren den Klassenraum mit Wimpeln und Arbeiterfahnen ... Mein Sohn versichert, während er die schwarzrotgoldene Kordel aus meinem Diplomzeugnis zieht, daß ich alles zurückerhielte, wenn sie ihre DDR-Performance aufgeführt hätten.

Es war die mittlerweile bis zur Parodie verzerrte Wahrheit, die sie ihrerseits nicht anders als parodieren konnten."[22]

---

20 A.a.O. 16.
21 Titze, Marion: Aber ich glaubte aufs Wort. Kindheit in der DDR, in: Schmölders, Claudia (Hg.): Deutsche Kinder. Siebzehn biographische Portraits, Berlin 1997, 331–349, 333.
22 A.a.O. 331f.

An dieser autobiographischen Darstellung wird deutlich, dass der gesellschaftliche Wandel sich – neben allen politischen und wirtschaftlichen Konsequenzen – in den Familien ganz konkret niederschlägt und auswirkt. Was für die Eltern der heutigen Kinder noch erlebtes eigenes Leben ist, erfahren die Kinder als „Geschichte" in einem Kontext, der für sie unbekannt oder nur schwer zugänglich ist und der doch zugleich auch ihre Gegenwart bestimmt.

In einer kritischen Analyse untersucht Klaus-Peter Hertzsch die Veränderungen, die den Wandel charakterisieren, wobei er insbesondere die Situation der evangelischen Kirche im Blick hat.[23] Er spricht dabei von einer „Krise ..., in der sich unsere Gesellschaft ganz offensichtlich befindet".[24]

Hertzsch nennt drei Themenfelder, die er in unmittelbarem Zusammenhang mit der von ihm erkannten Krise sieht und die er für fragwürdig hält: die Mehrheits-Demokratie in der Massengesellschaft, den Eigentumsbegriff und den Freiheitsbegriff, den er als neuen Leitbegriff der Gesellschaft wahrnimmt.[25] Angesichts der neuen gesellschaftlichen Bedingungen registriert Hertzsch eine „Siegermentalität im Wettbewerb"[26], was ihn zu der Frage nach den Verlierern bringt:

„Was wird aber aus diesen Verlierern, die es in jeder Wettbewerbsgesellschaft geben muß? Die Kehrseite dieser Gesellschaft und ihrer Siegermentalität ist offenbar die Angst, zu diesen Verlierern zu gehören oder zu sehr mit ihnen zu tun zu bekommen. Und ich sehe in unserer neuen Gesellschaft ... bei allen Erfolgen diese Ängste wachsen, die ansteigende Furcht, eines Tages selber die oder der Unterlegene zu sein."[27]

Die Tatsache, dass die Wende Sieger und Verlierer – „keineswegs immer nach den Prinzipien einer historischen, sozialen oder politischen Gerechtigkeit" – hervorgebracht hat, betont auch Ziemer bei seiner Darstellung der kontextuellen Bedingungen für die Seelsorge.[28] Ob die Kinder im Wandel der Gesellschaft im Verhältnis von Ost- und Westdeutschland eher zu den Verlierern oder zu den Gewinnern gehören, wird sich erst noch erweisen. Zweifellos ist jedoch davon auszugehen, dass dieser grundlegende Wechsel eines Regimes von höchster Bedeutung für das Erleben von Kindheit ist – in der Familie ebenso wie im öffentlichen Leben.

---

23 Hertzsch, Klaus-Peter: Auf der Suche nach neuen Lebenszielen, in: DPfBl (97) 1997, 559–565.
24 A.a.O. 561.
25 A.a.O. 561f.
26 A.a.O. 563.
27 Ebd.
28 Ziemer a.a.O. 29

3. Zum Wandel der Familie

Der Wandel der Familie in Deutschland ist für jedermann wahrnehmbar: Weniger Familien mit Kindern, höhere Scheidungsraten als noch vor zehn Jahren, gleichzeitig längere Lebenserwartung der vorhergehenden Generationen, was wiederum das Leben von mehreren Generationen zur gleichen Zeit ermöglicht.[29]

Wenn auch im Gesamten eine Trend zur Vereinzelung und – bezüglich der familiären Lebensform – zur Kleinfamilie zu beobachten ist, so sind die einzelnen Familien doch sehr differenziert zu betrachten. Durch die Individualisierung der Gesellschaft[30] sind die Lebensläufe und -muster, Lebensstile und -entwürfe höchst unterschiedlich.

Der Blick auf die konkrete Situation der Familie in der bundesdeutschen Alltagswirklichkeit zeigt dabei ein sehr vielgestaltiges Bild: Nach einer Untersuchung der Fachhochschule Frankfurt im Jahr 1995 leben nur 29% aller Haushalte in der traditionellen „Normalfamilie". Daneben existieren zahlreiche andere Formen wie Ein-Eltern-Familien, kinderlose Ehepaare, nicht-eheliche Lebensgemeinschaften mit und ohne Kind, nicht zuletzt homosexuelle Partnerschaften mit und ohne Kind.

Auch die Familienphase hat sich verändert: Die Elternphase verlagert sich in höheres Lebensalter und ist gleichzeitig aufgrund der geringeren Kinderzahl kürzer. Dadurch wiederum verlängert sich die nach-elterliche Lebensphase, was insbesondere für Frauen folgenreich ist.[31]

Ebenso weist die Gestaltung der Beziehung innerhalb der Familie ein großes Spektrum auf: Zum einen sind Familien erkennbar, die in hohem Maße aufeinander bezogen sind, in denen die Freizeit von Eltern und Kindern gemeinsam gestaltet wird. Auch eine Berufstätigkeit der Mütter lässt sich durch flexible Rollenteilung der Eltern gut mit dem Familienleben vereinbaren.

Zum andern existieren Familien, in denen für Kinder wenig Raum und Zeit bleibt, weil die berufliche Tätigkeit sowie verschiedene Hobbies und Verpflichtungen die Eltern in außerhäuslichem Kontext sehr fordern.

Die Familie existiert mithin nicht – doch werden im Folgenden einzelne Trends aufzuzeigen sein: Die gegenwärtige Einstellung zum Kinderkriegen und zur Familie, die Veränderung in der Familie durch doppelte Berufstätigkeit der Eltern, die Situation von Scheidungsfamilien und die Lebenswirklichkeit Alleinerziehender.

---

29 Vgl. zum Ganzen: Peuckert, Rüdiger: Familienformen im sozialen Wandel, Opladen 2000;
Grüneisen, Veronika: Familie gestern und heute – Wunsch und Wirklichkeit, in: WzM (53) 2001, 86–97.
30 Beck, Ulrich/ Beck-Gernsheim, Elisabeth (Hg.): Riskante Freiheiten. Individualisierung in modernen Gesellschaften, Frankfurt a.M. 1994.
31 Erler, Michael: Die Dynamik der modernen Familie. Empirische Untersuchung zum Wandel der Familienformen in Deutschland, Weinheim 1996.

3.1. Einstellung zum Kinderkriegen und zur Familie

In Deutschland gab es 1998 22,4 Millionen Familien, wovon rund 10,2 Millionen Ehepaare mit Kindern waren, 9,4 Millionen Ehepaare, bei denen keine Kinder im Haushalt lebten und 2,8 Millionen Alleinerziehende.[32]

Das Statistische Bundesamt teilt darüber hinaus auch mit, dass die Anzahl der Geburten im Jahr 1998 782 000 Kinder betrug, was gegenüber dem Vorjahr einen Rückgang um 3,4% darstellt.[33] Dieser Rückgang der Geburten bestätigt die Entwicklung der vergangenen Jahre.

Das bedeutet: Die Einstellung von Paaren – seien sie verheiratet oder unverheiratet – dem Elternwerden gegenüber ist offensichtlich nicht mehr so eindeutig wie früher.

Mehrere Gründe lassen sich dafür ausmachen: So sind sicherlich für viele finanzielle Aspekte von Bedeutung. Die monatlichen Kosten für ein Kind werden mit 600–900 DM monatlich angegeben.[34]

Darüber hinaus bedeutet ein Kind natürlich eine Einschränkung individueller Lebensmöglichkeiten. Das betrifft sowohl den beruflichen Bereich als auch die Gestaltung der Freizeit. Insbesondere für Frauen bedeutet die berufliche Pause durch Kinderkriegen und Erziehung für mehrere Jahre häufig einen Karriereknick, wenn nicht sogar den Ausstieg insgesamt, zumindest was gehobene Tätigkeiten anbelangt.[35]

Schließlich sind sicherlich auch die unterschiedlich gestalteten Paarbeziehungen mit ausschlaggebend. Die Möglichkeiten, ohne Nachteile oder Sanktionen innerhalb der Gesellschaft mit einem Partner auch ohne die Absicht der Familiengründung zusammenzuleben und sich wieder zu trennen, dabei auch mehrfache Partnerschaften einzugehen – charakterisiert durch die Wortschöpfung „Lebensabschnittgefährte" –, bieten Möglichkeiten für ein unabhängig gestaltetes Leben.

Die Voraussetzungen für Kinder und Familie sind dem gegenüber an eine bewusste Verbindlichkeit gebunden, die im allgemeinen bei eher offenen Partnerschaften so nicht gegeben ist.[36]

Dem Wunsch nach freiheitlicher und selbstbestimmter Lebensgestaltung entspricht andererseits auch die Vorstellung, den Zeitpunkt für die Geburt eines Kindes sehr genau und personorientiert zu planen. Durch die Möglichkeiten der Empfängnisverhütung einerseits und die gezielte Empfängnis

---

32 Statistisches Bundesamt: Zahl der Woche, in: http.//www.statistik-bund.de/presse/deutsch7pm/zdw0009.htm vom 29.02.2000.
33 Ebd.
34 von Thadden, Elisabeth: Wir müssen die Männer zwingen, in: DIE ZEIT 2001/9, 32.
35 Costar, Ilse: Das Verhältnis von Profession, Professionalisierung und Geschlecht in historisch vergleichender Perspektive, in: Wetterer, Angelika (Hg.): Profession und Geschlecht. Über die Marginalität von Frauen in hochqualifizierten Berufen, Frankfurt a.M. 1992, 51–82.
36 Beck, Ulrich (Hg.): Kinder der Freiheit, Frankfurt a.M. 1997.

– bis hin zur In-vitro-Fertilisation – andererseits lässt sich der Gedanke, ein Kind dann zu kriegen, wann „es passt", durchaus realisieren:

„Un enfant si je veux, quand je veux." (Ein Kind, falls ich will, wann ich will.)[37]

In diesem Fall wird der erwünschten Geburt bzw. dem empfangenen Kind mit großem Bewusstsein und gleichzeitig sehr erwartungsvoll entgegengesehen. Allerdings kann die gegenteilige Situation eines unerwünschten Kindes lebenslange Folgen für dieses Kind haben.[38]

Aus alledem lässt sich folgern: Ein Kind zu bekommen, ist in der gegenwärtigen Gesellschaft in der Regel sowohl ein Geschehen, das mit finanzieller und gesellschaftlicher Einschränkung verbunden ist, als auch ein individuell oft sehr erwünschtes und dann auch bejahtes Ereignis. Für das betreffende Kind sind damit Erwartungen der Eltern und der Gesellschaft verbunden.

3.2. Doppelte Berufstätigkeit der Eltern

Wesentliche Aspekte heutiger Kindheit ergeben sich dadurch, dass in vielen Familien beide Eltern berufstätig sind. Nach Angaben des Statistischen Bundesamts waren im Jahr 1998 59,8% der Frauen im Alter von 15 bis 65 Jahren mit minderjährigen Kindern erwerbstätig.[39]

Die Förderung von Frauen im Berufsleben ist dabei ein eigenständiges Ziel innerhalb von Politik und Gesellschaft, das im Hinblick auf die Familiensituation einer Frau umfangreiche Konsequenzen nach sich zieht. Hintergrund dieser Entwicklung ist ein deutlicher Wandel im Frauenbild.[40] Berufliche Tätigkeiten von Frauen beschränken sich dabei nicht auf Aushilfstätigkeiten oder nachgeordnete Berufe, wie dies lange Zeit in hohem Maße der Fall war.

Die Bildungsexpansion der 1970-er Jahre hat dazu geführt, dass beispielsweise 1996 43,8% der Studierenden an deutschen Universitäten und 29,7% an Fachhochschulen Frauen waren.[41]

---

37 So lautet eine französische Werbung zur Empfängnisverhütung. Zitiert in: Zeller-Steinbrich, Gisela: Wenn Paare ohne Kinder bleiben. Seelische Entwicklungen – neue Perspektiven, Freiburg 1995, 126.
38 Amendt, Gerhard: Das Leben unerwünschter Kinder, Frankfurt a.M. 1992.
39 Statistisches Bundesamt: Mitteilung für die Presse, in: http://www.statistik-bund.de/presse/deutsch/pm/p9135031.html, 15.04.1999.
40 Beck-Gernsheim, Elisabeth: Männerrolle, Frauenrolle – Aber was steckt dahinter? Soziologische Perspektiven zur Arbeitsteilung und Fähigkeitsdifferenzierung zwischen Geschlechtern, in: Eckert, Roland (Hg.): Geschlechterrollen und Arbeitsteilung. Mann und Frau in soziologischer Sicht, München 1979, 165–196.
41 Wunderer, Rolf/ Dick, Petra (Hg.): Frauen im Management. Kompetenzen – Führungsstile – Fördermodelle, Neuwied 1997, 243.

Hans Bertram hat in seinen Studien zur Familienforschung nachgewiesen, dass zwischen der Erwerbstätigkeit von Müttern und der Beeinflussung kindlicher Lebensformen signifikante Zusammenhänge bestehen.[42]

Im Vergleich von Ost- und Westdeutschland lässt sich dies deutlich darstellen: Mütter mit einem Kind von weniger als drei Jahren in den neuen Bundesländern sind zu 80% erwerbstätig, bei Kindern in höherem Alter zu 82–87%, wobei Anfang der 1990-er Jahre noch keine gravierende Arbeitslosigkeit im Osten zu verzeichnen war. Dem gegenüber fällt die Erwerbstätigkeit von Müttern mit einem Kind von weniger als drei Jahren in „ländlich-süddeutschen Regionen mit katholischer Prägung" deutlich anders aus: Hier sind 73% der Mütter Hausfrauen, bei Kindern bis zu sechs Jahren noch 53%, bei Kindern in höherem Alter immerhin noch ca. 50%.

Dass die doppelte Belastung für Mütter nicht nur eine Anfrage an deren eigenes Zeitmanagement und deren Stressbewältigung ist, ist unumstritten. Hans Bertram folgert aus seinen Untersuchungen über berufstätige Mütter:

„Die Bereitschaft jedenfalls der jungen Mütter, in West wie in Ost, auch wenn sie berufstätig sind, die notwendigen zeitlichen Aufwendungen für ihre Kinder zusätzlich zu ihrer Berufstätigkeit zu erbringen, macht unseres Erachtens deutlich, daß ein Aufbau von Beziehung zwischen Eltern und Kindern in den ersten Lebensjahren erfolgt, daß Mütter dann eben doch diese zeitlichen Aufwendungen auf sich nehmen ... Möglicherweise führt die Eigenlogik der Eltern-Kind-Beziehung dazu, daß die dem Haushalt und den Kindern zur Verfügung gestellte Zeit nicht gegen die Berufsarbeitszeit aufgerechnet wird, sondern von seiten der Mütter dazu addiert wird, so daß es zu extrem hohen wöchentlichen zeitlichen Belastungen kommt."[43]

Ohne Zweifel liegen hier auch Aufgaben, die gesellschaftspolitisch zu lösen sind. Wenn Frauen in beruflichen Positionen gewollt werden, muss es auch den jeweiligen Arbeitgebern aufgetragen sein, sich an der Übernahme der gesamtgesellschaftlichen Aufteilung von Verantwortung zu beteiligen.[44]

---

42 Bertram, Hans (Hg.): Die Familie in Westdeutschland. Stabilität und Wandel familialer Lebensformen. Deutsches Jugendinstitut: Familiensurvey 1, Opladen 1991; Ders (Hg.): Die Familie in den neuen Bundesländern. Stabilität und Wandel in der gesellschaftlichen Umbruchsituation. Deutsches Jugendinstitut: Familiensurvey 2, Opladen 1992.

43 Bertram, Hans/ Hennig, Marina: Eltern und Kinder. Zeit, Werte und Beziehungen zu Kindern. Vortrag am 6.4.1995 in Stuttgart. Manuskript in: http://paedpsych.jk.uni-linz.ac.at: 4711/LEHRTEXTE/Bertram Hennig98.html, 27.02.2000, 8.

44 Ders: Familien leben. Neue Wege zur flexiblen Gestaltung von Lebenszeit, Arbeitszeit und Familienzeit, Gütersloh 1997.

3.3. Zur Situation von Scheidungsfamilien

Ein weiterer Gesichtspunkt heutiger Kindheit ist die mittlerweile als häufig zu bezeichnende Situation von Trennung und Scheidung der Eltern, die viele Kinder miterleben. Im Jahr 1996 – um eine Zahl als Anhaltspunkt zu nehmen – wurden in Deutschland 175 550 Ehen geschieden. Berechnet nach einer Ehedauer von 40 Jahren entsprechen die Scheidungen des Jahres 1996 34,8% aller Ehen. Auffallend ist dabei, dass nicht nur kurze Zeit bestehende Ehen betroffen sind; bislang lag der „Scheidungsgipfel" im 5.Ehejahr. Vielmehr nehmen auch späte Ehescheidungen zu. Insgesamt kann von einem Höhepunkt der Scheidungshäufigkeit in Deutschland gesprochen werden.[45]

Für die Kinder bedeutet eine Trennung der Eltern eine Belastung. Sie erleben die instabile Lebensform der Ehe sowie die Übergänge in eine andere, noch unbekannte Lebensweise insbesondere dann, wenn ein Elternteil wieder heiratet. Durch die Wiederverheiratung geschiedener Eltern, bei der auch der neue Partner oder die neue Partnerin eigene Kinder mit in die Ehe bringt, entstehen nicht nur Stieffamilien, sondern die Patchworkfamilie. Kinder erleben, dass sie „neue" Geschwister bekommen, möglicherweise sogar in zwei neuen Familien, wenn Mutter und Vater einen Partner oder eine Partnerin mit eigenen Kindern heiraten.[46]

In Kindergärten und Schulen ist diese Konstellation mittlerweile Realität.

Selbst die Produktion von Alltagsgegenständen stellt sich darauf ein. So bietet etwa das schwedische Kaufhaus Ikea seit dem Frühjahr 2000 in seinem Katalog Möbel für ein Kinderzimmer in der Wohnung des alleinstehenden Vaters für den Wochenendbesuch des Kindes an.

An diesem Faktum kann auch die gesellschaftliche Selbstverständlichkeit abgelesen werden, mit der heute Trennung und Scheidung und die damit verbundene Spaltung der Familie vollzogen wird.

Kirsten von Sydow zeigt in einer Untersuchung, dass Frauen, die heute sechzig Jahre und älter sind, die Möglichkeit einer Scheidung für sich selbst weit weniger und vor allem mit erheblichen Schuldgefühlen in Betracht gezogen haben.[47]

---

[45] Bundesinstitut für Bevölkerungsforschung: Bericht 1998 über die demographische Lage in Deutschland, in: http://www.bib-demographie.de/demolage.htm 11.03.2000.

[46] Fthenakis, Wassilios E.: Zweitfamilien, in: Psychologie heute 1985/ 7, 20–26.

[47] von Sydow, Kirsten: Scheidung oder Ausharren in einer „zerfallenen" Ehe. Die subjektive Sicht von Frauen der Geburtsjahrgänge 1895–1936, in: psychosozial (17) 1994, 97–105.

Gleichwohl sind noch heute viele ambivalente Gefühle mit einer Scheidung verbunden. Auch wenn die Trennung gewollt ist, ist sie mit einer Verlusterfahrung und dementsprechend häufig mit Trauer verbunden.[48]

Um wenigstens die beidseitige Kontaktpflege der Kinder zu Mutter und Vater zu ermöglichen und im Konfliktfall auch zu gewährleisten, wurde in den vergangenen Jahren das gemeinsame Sorgerecht nach der Scheidung gefordert, das mittlerweile auch Realität ist.

3.4. Die Lebenswirklichkeit der Ein-Eltern-Familie

Neben der Patchworkfamilie ist durch die individuellen Lebensformen auch eine häufige Familienkonstellation die der alleinerziehenden Mutter und des alleinerziehenden Vaters. Zu den alleinerziehenden Frauen und Männern zählen diejenigen, die mit ihren minder- oder volljährigen Kindern zusammenleben und entweder ledig, verheiratet-getrennt lebend, geschieden oder verwitwet sind.[49]

Die Gesamtzahl der alleinerziehenden Frauen und Männer mit Kindern unter 18 Jahren betrug 1997 in Deutschland 1.834.000, wobei 83,4% davon Frauen sind.[50] Bei den alleinerziehenden Vätern fällt auf, dass sie – statistisch gesehen – in einer Familie mit weniger zu betreuenden Kindern leben (Durchschnitt: 1,4 Kinder), älter sind als alleinerziehende Mütter (Durchschnitt: 35–40 Jahre) und ein höheres Einkommen erzielen als alleinerziehende Mütter.[51]

In der Regel wird heute im Hinblick auf das Kind nicht mehr von alleinerziehenden Eltern, sondern von der Ein-Eltern-Familie gesprochen.

Für die Ein-Eltern-Familie existieren in der Regel mehr organisatorische und psychische Belastungen, weil die Organisation des Alltagslebens und die Aufrechterhaltung des Familiensystems an Vater oder Mutter allein gebunden ist. Der alltägliche Lebensvollzug erfordert von allen Beteiligten hohe Flexibilität und große Belastbarkeit.

Hinzu kommt für das Kind die Abwesenheit eines Familienteils – unabhängig davon, aus welchem Grund diese Person nicht oder nicht mehr bei der Familie ist. Hier kommt es bei den Kindern häufig zu Sozialisationsdefiziten. Mutter oder Vater stellen in einer Person gewissermaßen beide El-

---

48 Oberndorfer, Rotraut: Die subjektive Sicht der Betroffenen im Scheidungsgeschehen, in: Buskotte, Andreas (Hg.): Ehescheidung. Folgen für die Kinder. Ein Handbuch für Berater und Begleiter, Hamm 1991, 9–29.
49 Krüger, Dorothea/ Micus, Christiane (Hg.): Diskriminiert? Privilegiert? Die heterogene Lebenssituation Alleinerziehender im Spiegel neuer Forschungsergebnisse und aktueller Daten des Staatsinstituts für Familienforschung, Bamberg 1999, 24.
50 A.a.O. 24f.
51 Fthenakis, Wassilios E./ Oberndorfer, Rotraut: Alleinerziehende Väter – eine zu vernachlässigende Minderheit? Zur Situation alleinerziehender Väter. Ein Befund, in: Riess/ Fiedler (Hg.) a.a.O. 564–583.

tern dar, was im praktischen Vollzug vielmals gelingt, im Hinblick auf Elternbeziehungen jedoch immer defizitär bleiben muss.[52]

Dabei ist das vater- oder mutterlose Aufwachsen von Kindern keineswegs erst ein Thema der modernen Gesellschaft. Insbesondere zu Kriegs- und Nachkriegszeiten wuchsen zahlreiche Kinder ohne ihren Vater auf. Dass diese Form der Kindheit das gesamte Erwachsenenleben unter Umständen erschwert, zeigt Hartmut Radebold an Beispielen aus seiner therapeutischen Praxis auf: In der psychoanalytischen Behandlung von Erwachsenen, die ihre Kindheit während des Zweiten Weltkriegs in Deutschland vaterlos erlebten, begegnen heute vielfach traumatische Erfahrungen aus der Zeit des Aufwachsens.[53]

Da insgesamt mehr Kinder bei alleinerziehenden Müttern leben, betrifft das Fehlen eines Elternteils in höherem Maße den Vater. Auch Horst Petri hat die Folgen der „Vaterentbehrung" aus seiner therapeutischen Praxiserfahrung heraus beschrieben und damit die Notwendigkeit einer Vaterbeziehung bestätigt. Durch die jahrelange Betonung der Mutter-Kind-Beziehung – so Petri – sei die Bedeutung des Vaters vernachlässigt worden. Beide Eltern sind jedoch für Kinder von größter Wichtigkeit:

„Der Mensch ist das Produkt seiner Herkunft und wird sich seiner selbst nur gewiß, wenn er sich als Teil einer Traditionslinie begreifen kann."[54]

Petri weist auf die Notwendigkeit der Differenzierung zwischen Vaterlosigkeit, Vaterverlust und Vaterabwesenheit hin.[55] Sowohl für das Kind wie für seine Mutter sind damit Unterschiede in der eigenen Gefühlswelt wie auch in der sozialen Einschätzung verbunden.

In jedem Fall – so Petri – hat eine Vaterentbehrung gravierende Folgen für ein Kind: Petri nennt seelische und soziale Auswirkungen wie Leistungsabfall in der Schule oder Abbruch der Berufsausbildung, erschwerte Bildung eines Gefühls für die eigene Weiblichkeit oder Männlichkeit beim Kind, erhöhte Schwierigkeiten in der sozialen Anpassung und im Kontaktverhalten bis hin zur Neigung zu Sucht und Kriminalität.[56]

Er sieht dabei durchaus Möglichkeiten zur Hilfe durch Therapie, lässt aber an der Nachhaltigkeit des Fehlens des Vaters keinen Zweifel:

„Das Defizit, das ein verlorengegangener Vater hinterläßt, bedeutet immer Schmerz, Trauer, Einsamkeit. Es ist immer ein Trauma. Ob und wie es sich ausgleichen und verarbeiten läßt, ist die Herausforderung an eine Kultur, die die

---

52 Frisé, Maria/ Stahlberg, Jürgen: Allein mit Kind. Alleinerziehende Mütter und Väter. Lebensbilder, Gespräche, Auskünfte, München 1992.
53 Radebold, Hartmut: Abwesende Väter. Folgen der Kriegskindheit in Psychoanalysen, Göttingen 2000.
54 Petri, Horst: Das Drama der Vaterentbehrung. Chaos der Gefühle – Kräfte der Heilung, Freiburg 1999, 23.
55 A.a.O. 69ff.
56 A.a.O. 157–163.

Vaterentbehrung als kollektives Phänomen begreifen lernen muß und als Teil der eigenen Ordnung anerkennen und integrieren muß."[57]

Kritisch muss hierzu angemerkt werden, dass gerade durch die moderne Kindheitsforschung die Festlegung auf einen einseitigen Entwicklungsbegriff, wie die Psychoanalyse ihn benutzt, fragwürdig geworden ist. Auch bei der Abwesenheit des Vaters (oder auch der Mutter) ist das Kind nicht nur das Opfer oder Objekt seiner Familienkonstellation.

Die Beispiele von Petri sind überzeugend, doch darf nicht außer acht gelassen werden, dass es ja Menschen mit Therapiebedarf sind, die in die psychoanalytische Praxis kommen, währenddessen es Lebensläufe ohne Therapiebedarf trotz Vaterentbehrung gibt.

In vielen Familien mit alleinerziehenden Eltern kommt es auch zu finanziellen Engpässen oder auch zur Armut. Mit 26,9% ist der Anteil der Sozialhilfeempfänger dreizehnmal so hoch wie bei Zweieltern-Familien mit 2%.[58]

Dabei betrifft die schlechte finanzielle Situation nahezu alle Gruppen von Alleinerziehenden, lediglich die verwitweten Mütter sind in der Regel finanziell abgesichert.[59]

Neben dieser belastenden Lebenssituation des Alleinerziehens gibt es – insbesondere für Frauen – auch positive Auswirkungen. Für manche Frauen bedeutet die Trennung, die der Lebensform als alleinstehender Frau vorausgeht, auch eine Befreiung von unglücklicher Partnerschaft und Fremdbestimmung. Vor allem die berufliche Tätigkeit gibt – bei aller Anstrengung, die sie auch bedeutet – ein Gefühl von Unabhängigkeit und Kompetenz.[60]

Manche Frauen entscheiden sich bewusst für ein Kind ohne Mann, weil diese Lebensform ihnen entspricht.[61]

Die Auswirkung der Lebensform der Ein-Eltern-Familie für die Kinder ist unterschiedlich wahrzunehmen. Auf den Aspekt der Entbehrung eines Elternteils wurde schon hingewiesen. Gleichzeitig sind viele alleinerziehende Mütter und Väter am Aufbau und Erhalt von Beziehungen interessiert, wodurch Kinder intensive soziale Kontakte erleben. Zu diesem Unterstützungsnetz zählen die Herkunftsfamilie der alleinerziehenden Mutter oder des alleinerziehenden Vaters, eine Vertrauensperson außerhalb der Familie (Freundin) und der Bekanntenkreis.[62] In jedem Fall bedeutet die Lebensform der Alleinerziehenden eine Herausforderung an die sozialen, psychi-

---

57 A.a.O. 165.
58 Alt, Andrea u.a.: Arme Alleinerziehende? Frauen-Mutter-Leben zwischen Ansprüchen und Widersprüchen, Mainz 1999, 4.
59 Krüger/ Micus (Hg.) a.a.O. 42–46.
60 Sander, Elisabeth: Alleinziehende Eltern ‚in: Paetzold, Bettina/ Fried, Lilian (Hg.): Einführung in die Familienpädagogik, Weinheim/ Basel 1989, 69–85.
61 Heiliger, Anita (Hg.): Alleinerziehen als Befreiung, Pfaffenweiler 1991.
62 Krüger/ Micus (Hg.) a.a.O. 78.

schen, pädagogischen und ökonomischen Kompetenzen aller Betroffenen – der alleinerziehenden Eltern wie der Kinder:

„Das neue Leben beginnt mit neuen Katastrophen und den Rückfällen in die alten Träume von Sicherheit. An jedem Monatsersten liegt das klein gewechselte Sozialhilfegeld auf dem Küchentisch und wird eingeteilt. Die Kinder sind klüger, ein Mars in der Woche für jeden muß sein oder ein Eis im Sommer. ‚Sonst kannst du es gleich aufstecken.' Sie rechnen genau: für die Mutter eine Zigarette pro Tag. Aber im Winter können sie nur ein Zimmer heizen.
‚Wir schaffen es schon.'
Geschenke gibt es nicht mehr. Der Vater bringt zum Besuchstag Fernlenkautos und Eisenbahn. Die Mutter lernt zu hassen ...
Einer verhaut den Lateintest. Einer fängt an zu klauen. Einer macht wieder ins Bett ...
Gegen jede Vorschrift behält die Nonne den Jüngsten im Kindergarten, kocht ihm das Mittagessen. Er schläft, während sie betet ...
Wider alles Erwarten leiht die Bibliothekarin über Nacht die Bücher aus ...
‚Wir haben es geschafft' steht über der Tür, als die Mutter nach fünf Tagen Prüfung zurückkommt ... "[63]

4. Das Kind im Kontext von Krankheit, Tod und Trauer

Wenn die Lebenssituationen, die für die Seelsorge mit Kindern relevant sind, betrachtet werden sollen, sind neben denen, die durch gesellschaftlichen und familiären Wandel bedingt sind, die krisenhaften Ereignisse im unmittelbar persönlichen Bereich zu nennen. Hierzu gehören auch für Kinder die Erfahrungen von Krankheit, Trauer und Tod.

Eine empirische Erfassung dieses Themenbereiches ist insofern schwierig, weil sozialwissenschaftlich gesicherte Daten und Erkenntnisse lediglich im Hinblick auf einzelne Aspekte der Krankheit existieren. Ohnehin kann damit die – aus seelsorgerlicher Sicht „eigentliche" – Problematik nur partiell erfasst werden.

Ein weiterer schwer empirisch darzustellender Aspekt ist die Verflochtenheit des Kindes mit seinem jeweiligen Umfeld. In die Krankheit, gar in den Tod eines Kindes ist mindestens immer eine Familie involviert, häufig auch die Verwandtschaft und Freunde des Kindes. Was infolgedessen an Herausforderung für die Seelsorge entsteht, lässt sich nicht mit Zahlen belegen. Gleichzeitig hat sich die qualitative Sozialforschung mit dieser Thematik kaum auseinandergesetzt, was einen wesentlichen Grund genau in dieser Kohärenz verschiedener Menschen und Gruppen haben dürfte.

So konzentriert sich der Blick auf die Empirie hier auf eher exemplarische Befunde, und die deskriptive Darstellung steht im Vordergrund. Das

---

[63] Schwarz, Jutta-Ute: Auch Mütter dürfen Fehler machen. Zur Situation alleinerziehender Mütter. Ein Essay, in: Riess/ Fiedler (Hg.) a.a.O. 551–563.

Ziel dieses Kapitels ist es im wesentlichen, in diesen empirisch nicht leicht zugänglichen Themenkreis durch Fakten einerseits, durch Erfahrungsberichte andererseits einzuführen, um die Bedingungen und Notwendigkeiten für Seelsorge zu veranschaulichen.

4.1. Kinder und Krankheit

4.1.1. Zum Verständnis von Krankheit und Gesundheit

Um die Zusammenhänge von Kinderleben und Krankheit darzustellen, ist eine Definition von Krankheit und Gesundheit wichtig. Die verschiedenen Definitionen von Gesundheit sind dabei so widersprüchlich, dass ein einheitliches Verständnis nicht vorausgesetzt werden kann.

Zu Beginn sei hier – als exemplarischer Beitrag über die Sicht von Krankheit und Gesundheit aus dem Blickwinkel eines Kindes – der Brief des Schweizer Jungen namens Chrigi zitiert (Rechtschreibfehler im Original):

„Liebe Leserin, lieber Leser,
eine Krankheit ist etwas, das ich nicht viel habe und die meisten Lehrerinnen und Lehrer auch nicht. Das ist wegen der vielen Ferien, sagt mein Vater. Dabei hatte ich letzten Sommer ausgerechnet in den Ferien die Masern. Das war ein (durchgestrichen: echter Mist) dummes Unheil. Manchmal merkt man erst in der Krankheit die Gesundheit so richtig: Im Skilager bin ich die Stiege hinabgesprungen, grad ins Geländer hinein. Pengda hat es meinen kleinen Zechennagel abenandgespalten und jetzt ist er ganz blau. Und ich denke jetzt dafür viel mehr daran, daß ich einen kleinen Zechen habe. ‚Besser den Zechennagel abenand als das Genick gebrochen' hat der Thöme gesagt. Es gibt auch Kinder, wo fest krank sind. Ich denke meistens, daß nur alte Leute sterben an einer Krankheit. Es gibt aber auch schon ganz kleine kranke Kinder und es gibt Leute, wo sich egstra krank machen, wenn sie viel Tabletten hinabschlucken oder Schnaps trinken oder Haschisch und Helium und Radiom und so sachen. Am traurigsten ist das und wenn die Seele krank ist. Ich wünsche allen gute Besserung! Ihr Chrigi."[64]

Die Weltgesundheitsorganisation – um eine wesentliche Definition zu nennen – hat im Jahr 1946 ein Konzept von Gesundheit aufgestellt, das Krankheit und Gesundheit als Gegenpole darstellt. Demnach ist Gesundheit „a state of complete physical, mental and social wellbeing and not merely the absence of disease and infirmity"[65].

Aus der Erkenntnis eines als unerreichbar zu beschreibenden Zustandes wurde die Definition durch die WHO 1968 umgeändert und folgendermaßen definiert:

---

64 Juchli, Liliane: Heilen durch Wiederentdecken der Ganzheit, Stuttgart 2. Aufl. 1986, 161.
65 World Health Organisation 1948.

„Health means more than freedom from disease, freedom from pain, freedom from untimely death. It means optimum physical, mental and social efficiency and wellbeing."[66]

Aufgrund der Erkenntnisse der Public Health Forschung wurde der Gesundheitsbegriff im WHO-Programm „Health for All by the Year 2000" erneut geändert und beschreibt Gesundheit jetzt als „die Fähigkeit und Motivation, am Leben der Gemeinschaft teilzunehmen und einen Beitrag zum Leben der Gemeinschaft zu leisten"[67]

Den Versuch, die Verfasstheit des Menschen als ein Ganzes zu sehen, unternimmt schwerpunktmäßig die Psychosomatische Medizin. Hier soll – in aller Kürze – die klassisch zu nennende Definition von Victor von Weizsäcker aus dem Jahr 1948 zitiert werden:

„Jede Erkrankung, unabhängig von der Ätiologie, hat somatische, psychische und soziale Aspekte ... Diese Konzeption von Krankheit als einem somato-psychosozialem Gesamtgeschehen will das erlebende Subjekt in seiner sozialen Situation in die einseitig somatisch orientierte Medizin einführen."[68]

Deutlich wird, dass diese allgemeinen Definitionen für Krankheit und Gesundheit diesen Zustand für Kinder nur sehr unzureichend beschreiben. Möglicherweise ist in dieser Vernachlässigung der kindlichen Krankheitssituation ein Hinweis darauf zu sehen, dass Kinder nicht mit dieser Thematik in Verbindung gebracht werden. Auf jeden Fall kommt in den gängigen Definitionen von Krankheit innerhalb der Gesundheitswissenschaften das Erleben der Kinder nicht vor.

Die Tatsache, dass Kinder und ihr Krankheitserleben darin nicht ausdrücklich aufgenommen werden, ist vermutlich mit der geringen Wahrnehmung kranker Kinder in der Gesellschaft verbunden. Sie wird allerdings dadurch erschwert, dass Kinder offensichtlich eher von kurzzeitigen Krankheiten betroffen sind, während Erwachsene mit monate-, manchmal jahrelangen Krankheiten eher Geltung im öffentlichen Bewusstsein erlangen.

Nach einer Veröffentlichung des deutschen Bundesministeriums für Familie, Senioren, Frauen und Jugend von 1997 wird deutlich, dass die Angaben zur Selbsteinschätzung der eigenen Gesundheitsbeeinträchtigung in der Bevölkerung hinsichtlich der Länge der Krankheit in hohem Maße altersspezifisch ist:

---

66 Schramm, Axel: Altern und Gesundheit aus der Sicht der Geriatrie, in: Obernender, Peter (Hg.): Alter und Gesundheit. Gesundheitsökonomische Beiträge Bd. 26, Baden-Baden 1996, 11–28, 17.
Nach Obernender meint *disease* eine „aktive Krankheit" und nicht das „ruhende Leiden", was im Hinblick auf das subjektive Erleben von Schramm kritisch gesehen wird. A.a.O. 17f.
67 World Health Organisation 1977.
68 Zitiert nach Janssen, Paul L.: Psychoanalytische Therapie in der Klinik, Stuttgart 1987, 75.

So liegt der Hauptbestandteil der Gesundheitsbeeinträchtigungen der unter 15-Jährigen bei der Dauer von 1–7 Tagen bei 40%, ebenso bei der Dauer von 1–6 Wochen. Die verbleibenden 20% entfallen auf Kinder und Jugendliche mit chronischen Erkrankungen, die zum Teil von der Öffentlichkeit nicht als Krankheit registriert werden, da sie durch Therapie und Prävention ein weitgehend „normales" Leben ermöglichen wie beispielsweise bei Diabetes oder Asthma.

Im Vergleich zu den kurzen Krankheitszeiten der Kinder verlaufen nach den Angaben des Gesundheitsministeriums Krankheiten im weiteren Lebensalter in zunehmend längeren Zeiträumen. Bei den 15–40-Jährigen sinkt die Dauer einer Gesundheitsbeeinträchtigung von 1–7 Tagen erheblich unter 40% ab, ebenso verringert sich der Anteil der Dauer von 1–6 Wochen. Dagegen steigt der Prozentanteil bei Krankheiten von einem Jahr und mehr auf 12 an.

Bei der Altersgruppe der 40–65-Jährigen liegt der größte Anteil mit unter 40% bei einer Dauer von einem Jahr und mehr, wohingegen die Gesundheitsbeeinträchtigung von 1–7 Tagen und 1–6 Wochen erheblich unter den Prozentanteil der Kinder fällt.

Ganz erheblich steigert sich die unterschiedliche Krankheitszeit noch bei der Gruppe der 65-Jährigen und Älteren: Die Anteile der Dauer von 1–7 Tagen liegt bei weniger als 5%, der Dauer von 1–6 Wochen bei weniger als 14%, während die Krankheitszeit von einem Jahr und länger von mehr als 63% angegeben wird.[69]

So lässt sich die in der Bevölkerung übliche Vorstellung erklären, dass Kinder in der Regel wohlbehalten sind und sich mit keiner bedrohlichen gesundheitlichen Situation auseinandersetzen müssen. Die tatsächliche Erlebensweise von kranken Kindern wird dadurch praktisch nur im unmittelbaren Umfeld des Kindes wahrgenommen. Erst wenn erwachsene Menschen mit der schweren Erkrankung eines Kindes und dem damit verbundenen Leid konfrontiert werden, kommt die Tatsache, dass auch Kinder „ernsthaft" erkranken, ins Bewusstsein. Diese hier eher im Hinblick auf den Individualbereich getroffene Feststellung betrifft auch den öffentlichen Umgang mit dem Thema „Krankheit und Kinder".

4.1.2. Gesundheit und Lebensqualität

Die mittlerweile für den Bereich der Erwachsenen umfangreichen Messungen zur gesundheitlichen Lebensqualität werden beispielsweise nicht auf

---

69 Bauer, Rita u.a.: Datenreport Alter. Individuelle und sozioökonomische Rahmenbedingungen heutigen und zukünftigen Alterns, in: Bundesministerium für Familie, Senioren, Frauen und Jugend (Hg.): Schriftenreihe des Bundesministeriums, Bd. 137, Stuttgart/ Berlin/ Köln 1997, 40–45, 41ff.

Kinder oder zumindest auf Eltern, die über die Lebensqualität mit einem kranken Kind Aussagen treffen, ausgedehnt.[70]

In Deutschland wird der Gesundheit von Kindern aufgrund von breit angelegten Vorsorgeuntersuchungen, die bereits in der Schwangerschaft beginnen und flächendeckend über Kindergärten und Grundschulen weitergeführt werden, gefördert.[71]

Gleichzeitig zeigen Befunde der seit 1986 von der Universität Bielefeld durchgeführten Befragungen, dass schon Kinder und Jugendliche in gleichem Maße Befindlichkeitsstörungen aufweisen wie Erwachsene.[72] Ein Schwerpunkt dieser Untersuchung liegt auf den Zusammenhängen zwischen der sozialen Lebenssituation und gesundheitlichem Befinden.

Als wesentlich wird im Anschluss an diese Untersuchung die Bedeutung von Stress für die Entstehung von Gesundheitsproblemen genannt. Was sich für die Jugendlichen ab 14 Jahre nachweisen lässt – Belastungen in der schulischen und außerschulischen Ausbildung, Versagenserlebnisse, subjektive Unzufriedenheit mit den eigenen Leistungen –, wirkt sich bereits auf jüngere Kinder aus:

„Bereits in der Grundschule werden heute an Kinder ‚harte' Anforderungen gestellt. Vor dem Hintergrund, daß der kompetente Umgang mit Sprache, Schrift und mathematischen Kenntnissen die entscheidenden Grundlagen für die gesamte weitere schulische Karriere bilden, gehören schriftliche Tests zur Ermittlung des Leistungsstandes der einzelnen Kinder bereits im 1. Schuljahr zunehmend zum Lebensalltag. Der schulische Leistungsdruck wird in der überwiegenden Mehrzahl durch die Eltern verstärkt."[73]

Über die Situation von Familien mit chronisch kranken oder behinderten Kindern liegen keine Untersuchungen vor, die von einer großen Zahl von befragten Familien ausgehen. Eher finden sich therapeutische Einzeldarstellungen und entsprechende Interpretationen aus dem Bereich der psychosomatischen Erkrankungen. Daneben sind die Gesundheitsgefährdungen wie auch bereits ernsthafte Erkrankungen im Bereich der Sucht zu sehen.[74]

Von Bedeutung ist auch im Hinblick auf Kinder die Zuschreibung, die in unserer Gesellschaft der Krankheit gegeben wird. So wird Krankheit generell als Verminderung der Lebensqualität angesehen. Je länger die Krank-

---

70 Ravens-Sieberer, Ulrich/ Cieza, Anton: Lebensqualität und Gesundheitsökonomie in der Medizin: Konzepte, Methoden, Anwendung, Landsberg 2000.

71 Schwartz, Friedrich Wilhelm/ Frhr. Von Troschke, Jürgen/ Walter, Ulla: Public Health in Deutschland, in: Deutsche Gesellschaft für Public Health (Hg.): Public Health Forschung in Deutschland, Bern u.a.1999, 23–32.

72 Mansel, Jürgen/ Kolip, Petra: Unglückliche Kindheit. Ergebnisse einer Untersuchung zu Gesundheitsgefährdungen im Kindes- und Jugendalter, in: Dr. med. Mabuse. Zeitschrift im Gesundheitswesen (19) 1994, 47–49.

73 A.a.O. 49.

74 Vgl. zum Ganzen: Priebe, Botho u.a.: Sucht- und Drogenvorbeugung in Elternhaus und Schule, Berlin 1994.

heit dauert und je schwerwiegender sie verläuft und damit die Lebensmöglichkeiten einschränkt, desto geringer wird die Lebensqualität angesehen.

4.1.3. Interpretationen von Krankheit

Krankheit ist – so gesehen – vor allem ein Zustand, der möglichst nicht eintreten oder dann, wenn er aufgetreten ist, so schnell als denkbar beendet werden soll. In dieser Einschätzung unterscheidet sich die Krankheit im Hinblick auf Kinder nicht von der Krankheit der Erwachsenen. Was Michael Klessmann über Krankheit im allgemeinen schreibt, trifft auch für das Erleben kranker Kinder zu:

„Krankheit wird in den meisten Fällen zunächst als ‚stummes' Ereignis erlebt; sie überkommt Menschen, plötzlich oder langsam schleichend, reißt sie heraus aus ihren gewohnten Lebens- und Arbeitsbezügen. Das Ereignis ‚Krankheit' hat erst einmal kein ‚wozu?', keinen Sinn, kein Ziel, es wird erlebt als mehr oder weniger lästige Störung des beruflichen und familiären Alltags, als Unterbrechung auf der Karriereleiter, als Kränkung und Erschütterung des Selbstwertgefühls, als ängstigendes Anzeichen des Alterns – in jedem Fall als etwas, das nicht sein sollte, das so schnell und so wirksam zu bekämpfen ist, auf dessen Beseitigung man einen Anspruch hat."[75]

Dass die Frage nach dem Sinn mit dem Erleben von Krankheit verbunden ist, entspricht in der Regel dem subjektiven Empfinden des einzelnen. In der wissenschaftlichen Sicht von Gesundheit und Krankheit ist dieser Aspekt dem gegenüber vernachlässigt. Matthias Stiehler weist in seiner Untersuchung zu den religiösen Aspekten des Gesundheitsbegriffes darauf hin, dass in einem der führenden Handbücher für Gesundheitswissenschaften (Hurrelmann/Laser: Handbuch der Gesundheitswissenschaften, Weinheim 1998) „die religiöse Perspektive in der Findung von Normen lediglich in einem Anstrich" benannt wird.[76]

Im Hinblick auf kranke Kinder wird – bei „ernsthaft" und schwer kranken Kindern – allerdings sehr schnell die Frage nach dem Sinn oder auch nach Gerechtigkeit gestellt. Insbesondere wenn eine Krankheit zum Sterben des Kindes führt, wird auch von Menschen, die in der Regel keine religiösen Konnotationen vornehmen, in diesem Horizont geurteilt oder zumindest nach einer Antwort gesucht.

So ist die Beziehung von Kindern und Krankheit – in der Einstellung von Erwachsenen, sofern sie nicht professionell mit kranken Kinder konfrontiert sind – von Extremen gekennzeichnet: Einerseits werden Kinder als „gesund und munter" eingeschätzt oder höchstens mit harmlosen Kinderkrankheiten in Verbindung gebracht, andererseits bedeutet die schwere

---

75 Klessmann, Michael: Die Suche nach Sinn in der Krankheit. Säkulare und religiöse Deutungsmuster, in: Praktische Theologie (30) 1995, 158–169, 158.
76 Stiehler, Matthias: Gesundheit als Sehnsucht – Religiöse Aspekte des Gesundheitsbegriffs, in: Zeitschrift für Gesundheitswissenschaften (9) 2000, 24–37, 24.

Krankheit eines Kindes neben der Belastung für die Angehörigen auch eine starke Verunsicherung der Erwachsenen im weiteren Umfeld des Kindes, ja bis hin zu warmherzigen Empfindungen einem „wildfremden" Kind gegenüber, dessen Schicksal in den Medien vorgestellt wird.[77]

Dass diese Sicht nicht nur unrealistisch, sondern für das betroffene Kind auch wenig hilfreich ist, lässt sich unschwer urteilen. Weder die Verharmlosung noch die hohe Emotionalisierung der Krankheitssituation eines Kindes wird dem betroffenen Kind gerecht.

4.1.4. Hilfestellungen für das kranke Kind

Der kranke Mensch wird aus der Sicht der gesunden als einer gesehen, der der Hilfe bedarf. Wenn schon sein Leben im Augenblick angeschlagen ist, so soll er Zuwendung und Heilung bekommen. Bei Kindern steigert sich diese Vorstellung noch: Fürsorge für kranke Kinder und die Bereitschaft zur Hilfe kennzeichnen die durchschnittliche Einstellung kranken Kindern gegenüber.

Gewiss handelt es sich hierbei – neben einer allgemein sozialen Einstellung Kranken und Leidenden gegenüber – um die besondere Bedeutung des Kindes für Erwachsene überhaupt. Ein (kleines) Kind als „Symbol des Lebens schlechthin"[78] ruft in der Regel Zuwendung und Fürsorge hervor. Wenn ein Kind von Krankheit bedroht ist, mobilisiert das im Erwachsenen Unterstützung und Hilfestellung.

Neben der unmittelbaren Zuwendung zu kranken Kindern durch Eltern, Familie und Freunde sind Kinderarztpraxen und -kliniken, ambulante Dienste und Selbsthilfegruppen für kranke Kinder an der Versorgung, Pflege und Heilung beteiligt. Bei einer Betrachtung der organisierten Hilfestellung für kranke Kinder fällt die Vielzahl von Selbsthilfegruppen auf, die für kranke Kinder und ihre Eltern existieren.

In der Regel handelt es sich dabei um Gruppen von Eltern, die sich zusammenschließen, weil eines ihrer Kinder an einer bestimmten, häufig chronischen Krankheit leidet. Im ersten Kapitel wurden bereits die Selbsthilfegruppen krebskranker Kinder erwähnt; darüber hinaus sind viele andere, häufig auch allgemein wenig bekannte Erkrankungen wie Kleinwüchsigkeit oder Parkinson bei Kindern zu nennen.[79]

Ganz gewiss brauchen Kinder in der Zeit einer Krankheit Unterstützung und Hilfe. Gleichzeitig können sie gerade in dem Aushalten und Durchste-

---

[77] Besonders ausgeprägt ist diese Reaktion im Kontakt zu onkologisch kranken Kindern zu beobachten. Der Anblick des meist haarlosen „krebskranken" Kindes erschüttert viele Erwachsene und mobilisiert ihre Hilfs- und Spendenbereitschaft.

[78] Asper, Kathrin: Von der Kindheit zum Kind in uns. Lebenshilfe aus dem Unbewußten, Olten 1988, hier zitiert nach der Taschenbuch-Ausgabe München 1995, 72.

[79] Einen Überblick über alle in Deutschland organisierten Selbsthilfegruppen bietet: Schmid, Raimund: Eltern-Selbsthilfegruppen: Kranke Kinder und aktive Eltern. Ein bundesweiter Wegweiser, Lübeck u.a. 1992.

hen einer Krankheit anderen Menschen auch viel geben. In Erfahrungsberichten und Selbstdarstellungen wird dies immer wieder deutlich.[80] Kranke Kinder nur als hilflose Opfer oder abhängige Lebewesen, deren Angewiesensein auf Fürsorglichkeit gegenüber den gesunden Tagen noch gesteigert ist, wird ihnen nicht gerecht. Gerade schwerkranke Kinder sind in der Lage, Erwachsene, die sie begleiten, durch ihre Lebensweise, ihre Ehrlichkeit und Tapferkeit nachhaltig zu beeindrucken und zu prägen.[81]

4.2. Das sterbende Kind

Dass Kinder sterben, gehört in der allgemeinen Wahrnehmung zum Unfassbarsten menschlicher Lebensereignisse überhaupt. Zum einen liegt die Ursache dafür in der Bedeutung des Kindes als Symbol für Leben und Zukunft, für Wachstum und Offenheit. Wo Kinder existieren, ist Leben weitergegeben worden. Von daher konfrontiert der Tod eines Kindes alle Menschen, die ihn erleben, mit dem Abbruch von Lebensvorstellungen, der Zerstörung von tragfähigen Bildern für das eigene Leben und damit auch mit der eigenen Vergänglichkeit:

Zum andern bedeutet die Tatsache, dass dem Tod eines Kindes in aller Regel Krankheit oder Unfall, jedenfalls sichtbares Leiden in irgendeiner Form vorausgeht, eine zusätzliche Belastung für die Vorstellung vom Sterben des Kindes. Die oben dargestellte Wahrnehmung von Kindern als gesunden, offenen und zukunftsfähigen Lebewesen wird angesichts von schwerkranken Kindern – etwa im Zusammenhang mit dem Inventar einer Intensivstation, Reanimation oder ähnlichen ohnehin schwer zugänglichen Vorgängen – für viele Erwachsenen schlecht aushaltbar.

Von daher ist häufig der sachliche Zugang zum Sterben von Kindern erschwert. Ist der Tod in unserer gegenwärtigen Gesellschaft weitgehend tabuisiert, so trifft dies erst recht für das Sterben von Kindern zu. Im Grunde stehen für das Umfeld von Kindern auch keine Möglichkeiten zur Verfügung, sich in der Konfrontation mit dem Sterben von Kindern einzuüben. Erst wer den Tod eines Kindes erlebt oder zumindest die anschaulichen Erzählungen der Eltern hört, kommt damit überhaupt in Kontakt.

Aus den Erinnerungen eines heute erwachsenen jungen Mannes, dessen um zwei Jahre jüngerer Bruder im Alter von viereinhalb Jahren an Krebs starb, geht die Einschätzung seiner Erlebnisweise als Kind im Zusammenhang mit dem Tod des Bruders hervor:

---

80 Hier ist beispielsweise der schon klassisch zu nennende Eigenbericht aus den USA zu nennen: Herrmann, Nina: Ich habe nicht umsonst geweint. Eine Krankenhausseelsorgerin erzählt, Zürich 1979.
81 Tagung der Evangelischen Akademie Tutzing: „Das kranke Kind. Was geb' ich ihm – was gibt es uns?". Unveröffentlichtes Manuskript, Rothenburg o.T. 1996.

"Als mein Bruder ‚in den Himmel fuhr', stand ich kurz vor meinem siebten Geburtstag. Mit der Formulierung ‚in den Himmel gefahren' wurde mir der Tod meines Bruders, der zwei Jahre jünger war als ich, von einer Bekannten der Familie mitgeteilt, bei der mein älterer Bruder und ich in den Ferien weilten ...
Ich kann mich nicht daran erinnern, daß ich von meinen Eltern auf diesen Moment vorbereitet worden bin. Aber meine Eltern haben mich wahrscheinlich doch vorbereitet, denn ich denke, ich wüßte noch darum, wenn mich die Nachricht vom Tode meines Bruders wie einen Ahnungslosen überraschte. Immerhin mußte mein Bruder sehr oft zum Arzt oder ins Spital. Trotzdem realisierte ich nie wirklich, an was für einer Krankheit er litt. Wahrhaben, daß er todkrank war, wollte ich sicher nicht."[82]

Die eigentliche Aufgabe des Sterbens liegt natürlich beim Kind selbst. Über die Wahrnehmungen des eigenen Todes bei Kindern liegen – verständlicherweise – keine sozialwissenschaftlichen Untersuchungen, wohl aber Auswertungen der Bewusstseinspsychologie, der Kinderpsychoanalyse und neuerdings auch der Religionspädagogik[83] vor.

Marielene Leist beschreibt die Erlebensweise des Kindes in Bezug auf das eigene Sterben entsprechend den unterschiedlichen Alters- und Bewusstseinsstufen.[84] Nach ihrer Beobachtung registriert das „sehr kleine Kind" kaum die eigene Schwäche oder nachlassende Lebenskraft, so lange die Mutter und die vertraute Umgebung gegenwärtig sind. Kinder im Alter von eineinhalb bis drei Jahren nehmen ihre Gefährdung durchaus wahr, doch erst im Alter von dreieinhalb bis vier Jahren sprechen sie davon, wenn auch noch verschlüsselt. Im Vorschul- und Schulalter wird der Tod an sich und damit auch der eigene Tod für Kinder vorstellbar.

Die Kommunikation darüber ist dabei jedoch sehr unterschiedlich. Nach meinen eigenen Erfahrungen mit sterbenden Kindern sprechen diese Kinder kaum „gezielt" von ihrer Situation. Während sterbende Erwachsene durchaus den bevorstehenden Tod thematisieren, geschieht das bei Kindern eher selten. Wenn sie ihr Sterben erwähnen, erfolgt dies – zumindest ab dem Schulalter – meist im Rahmen der alltäglichen Kommunikation und ohne großes Pathos.

Bei meinem Klinikseelsorge-Besuch eines achtjährigen Jungen, der in fortgeschrittenem Stadium eines sehr aggressiven Nierentumors litt, sprach ich das Piepsen des Monitors an, das sehr laut eingestellt war.

S: Stört dich das nicht, das Gepiepse die ganze Zeit?
P: Nein. Die NN hat auch schon gesagt, das sollte aufhören. Aber ich habe den Lautsprecher extra aufdrehen lassen. So höre ich wenigstens, dass mein Herz noch schlägt. So lange das geht, will ich das hören.

---

82 Schindler, Regine (Hg.): Tränen, die nach innen fließen. Mit Kindern dem Tod begegnen. Erlebnisberichte betroffener Kinder und Eltern, Lahr 1993, 23f.
83 Plieth, Martina: Kind und Tod. Zum Umgang mit kindlichen Schreckensvorstellungen und Hoffnungsbildern, Neukirchen 2. Aufl. 2002.
84 Leist, Marielene: Kinder begegnen dem Tod, Gütersloh 1979.

Eine noch gesteigerte Form der Konfrontation mit dem Sterben eines Kindes findet bei dem sogenannten Plötzlichen Kindstod (Sudden infant death Syndrom) – früher in Deutschland auch als Wiegen- oder Krippentod bezeichnet – statt. Bei dieser Todesform werden Kinder – meist in der zweiten Hälfte des ersten Lebensjahres – tot im Bett aufgefunden, ohne dass ein pathologischer Befund nachgewiesen werden kann. Als Todesursache wird dabei häufig Herz- und Atemstillstand angegeben.[85]

Für die Familie bedeutet ein solches Sterben des Kindes eine extreme Situation. Zum einen ist das Auffinden eines toten Säuglings, der vorher augenscheinlich völlig gesund war, noch immer mit einer kriminologischen Untersuchung verbunden, zum anderen stirbt ein Kind, ohne dass ihm von seiner nächsten Umgebung in irgendeiner Form Unterstützung angeboten werden kann. Die Konfrontation mit dieser Form des Sterbens eines Kindes und die Trauer im Anschluss daran belastet allerdings hier mehr die zurückbleibende Familie.

Die zurückbleibenden Geschwister spüren oft die Angst der Mutter, die Situation könne sich noch einmal wiederholen. Häufig wird den Eltern deshalb ein Heimmonitor mitgegeben, der zwar Sicherheit vermittelt, jedoch auch Probleme durch Fehlalarm oder „Krankenhaus-Atmosphäre" schafft. In jedem Fall bedeutet der Plötzliche Kindstod sowohl für die Eltern des verstorbenen Kindes wie auch für zurückbleibende oder nachgeborene Geschwister eine schwierige Situation.

Auf die mittlerweile umfangreichen Untersuchungen zu dieser Todesart bei Kindern und die möglichen Familienzusammenhänge ist hier nur kurz hinzuweisen. Insbesondere Arno Gruen hat sich mit dem Plötzlichen Kindstod aus psychoanalytischer Sicht befasst. Die Tatsache, dass rein medizinische Untersuchungen den unbegreiflichen Tod zwar beschreiben konnten, jedoch keine hilfreiche Erklärung für die „eigentlichen" Ursachen liefern können, bringt ihn zu der Frage nach den tiefer liegenden Gründen. So vertritt Gruen die These, dass die Verdrängung aggressiver Gefühle bei Vätern und Müttern eine Voraussetzung des Todes des ansonsten „völlig gesunden" Babies darstellt.[86]

Gruen zitiert Helmut Boehncke, Professor für Pädiatrie in Hamburg, der ihn in seiner These von der Interdependenz der idealisierten Vater- und Mutter-Rolle und dem Plötzlichen Kindstod unterstützt:

„Ich bin überzeugt davon, daß die naive Suche nach den Ursachen der Todesfälle ergebnislos blieb, weil sie halbblind ist ... das Thema (des frühzeitigen Kindsto-

---

85 Hahn, Jochen: Der plötzliche Kindstod. Sudden infant death Syndrom, Aachen 1995.
Hier wird auch der Stand der medizinischen Forschung zu diesem lange Zeit unbekannten Phänomen dargestellt.
86 Gruen, Arno: Ein früher Abschied. Objektbeziehungen und psychosomatische Hintergründe beim Plötzlichen Kindstod, Göttingen 1999.

des) ist doch eigentlich das Mißlingen einer ‚Begegnung', die durch den Tod abgebrochen wird ...

Übrigens: Wer ist eigentlich der Leidtragende dieses Abschieds, die Mutter oder das Kind? Eigentlich doch wohl das Kind, das immer in den Hintergrund tritt, weil es stumm leidet."[87]

Dass das Leiden eines Kindes zu dessen Tod führt, mag bei dem Plötzlichen Kindstod *ein* Erklärungsmuster sein – zweifelsohne ist es *die* Erklärung bei Suiziden von Kindern. Ist schon das Sterben von Kindern allgemein ein Tabu, so gilt das erst recht für den Kindersuizid.

Aufgrund der problematischen Definition kann über die Häufigkeit des Suizids bei Kindern nicht genau Auskunft gegeben werden. Die Definitionsschwierigkeit ergibt sich daraus, dass die Todessituation häufig einem Unfall gleicht und irgendwie zufällig wirkt: Verkehrsunfälle, Stürze aus großer Höhe, tödliche Verletzungen durch den Umgang mit Gewehren, Ertrinken. Hinzu kommt, dass Kinder in der Regel keinen Abschiedsbrief hinterlassen.[88]

Statistiken über Suizide bei Kindern unter zehn Jahren werden nicht geführt. Für die Suizidrate bei Kindern zwischen 10 und 14 Jahren werden acht auf eine Million angegeben. Bei den Jugendlichen zwischen 15 und 19 Jahren stellt Suizid die zweit- oder dritthäufigste Todesursache dar. Parallel zu den Suiziden bei Erwachsenen liegt die Anzahl der männlichen Personen signifikant höher als bei den weiblichen: 1979 betrug die Rate bei Jungen 11 Fälle pro Million gegenüber fünf Fällen pro Million bei Mädchen.[89]

Die Gründe, die zum Suizid führen, sind vielfältig und schwer zu erschließen. Orbach berichtet von einzelnen Gesprächen mit Kindern, die ihre Todesabsichten äußern. Dabei werden sowohl scheinbar unbedeutende Vorfälle (kein Geschenk bekommen) ebenso genannt wie grundsätzliche Konflikte.[90]

Bei Kindern mit einem Suizidversuch finden sich häufig frühe Erfahrungen mit dem Tod. Da sich beispielsweise durch den Tod eines Elternteils die Situation in der Familie grundlegend ändert, kommt es für das Kind zu Unsicherheiten und Überforderungen, so dass der eigene Tod als Ausweg erscheint.[91]

Abschließend sei aus einem der ganz wenigen belletristischen Texte, die den Kindersuizid zum Gegenstand haben, zitiert.

In dem Roman „Hanna, Gottes kleinster Engel" der Kinderbuchautorin Angela Sommer-Bodenburg wird die Geschichte der fünfjährigen Hanna beschrieben, die unter der kalten Mutter und der kriselnden Ehe ihrer El-

---

87 A.a.O. 11.
88 Orbach, Israel: Kinder, die nicht leben wollen, Göttingen 1990, 29.
89 Ebd.
90 A.a.O. 67ff.
91 Archiv für Sozialpolitik: Suizid bei Kindern und Jugendlichen. Ein Dossier, in: Dr. med. Mabuse. Zeitschrift im Gesundheitswesen (19) 1994, 50–52, 52.

tern leidet. Lediglich ihr Bruder Wolfgang versucht, sie zu verstehen und sieht in ihr einen „kleinen Engel". Bei einem Besuch des Wasserturms mit Vater und Bruder stürzt sie sich von der Brüstung. Aus der Sicht des Bruders wird die Situation beschrieben, als er – nach Hanna – oben auf der Aussichtsplattform des Turmes ankommt.

„Es dauert ein paar Sekunden, bis sich meine Augen an die Helligkeit gewöhnt haben. Dann erkenne ich Hartmut und Manfred, die an der Brüstung stehen.
„Wo ist Hanna?" frage ich.
„Hanna?" antwortet Helmut. „Soll sie denn hier sein?"
Ich laufe auf die andere Seite der Plattform. Da ist Hanna. Sie steht hoch oben auf der Brüstung.
Hanna, nicht! Will ich rufen.
Aber dann ... dann sehe ich ihr himmlisches Gefieder! Ja, ich kann wirklich ihre Flügel sehen. Sie sind weiß, an den Spitzen rosa und nicht sehr groß, gerade richtig für Gottes kleinsten Engel.
Und als Hanna sich jetzt in die Luft erhebt und davon schwebt, sehe ich noch etwas: ein leuchtendes, goldenes Licht, von dem sie ganz umhüllt ist.
Und das Sonnenlicht kann es nicht sein, denn die Sonne ist längst wieder hinter den Wolken verschwunden."[92]

4.3. Kinder und Trauer

Die Vorstellung, dass Trauer eine Krankheit sei, hat Sigmund Freud 1916 in seinem Artikel „Trauer und Melancholie" aufgegriffen und ihr widersprochen.[93]

Wer trauert, ist nicht krank, sondern hat einen Verlust zu beklagen, der von so großer Bedeutung ist, dass sich alle Lebensenergie darauf richtet. An dieser Stelle führt Freud den Begriff der „Trauerarbeit" ein, der die Anstrengung, die eine Trauerzeit bedeutet, sprachlich zum Ausdruck bringt.

Verena Kast nimmt diese Einschätzung auf, wenn sie über die Trauer schreibt:

„Trauern darf nicht länger als ‚Schwäche' betrachtet werden, sondern es ist ein psychologischer Prozeß von höchster Wichtigkeit für die Gesundheit eines Menschen."[94]

Trauer ist dabei durchaus eine Erlebensweise von Kindern, auch wenn sie – ähnlich wie die Krankheit – für viele gar nicht zum „Kindlichen" zu passen scheint.

---

92 Sommer-Bodenburg, Angela: Hanna, Gottes kleinster Engel, zitiert nach der Taschenbuch-Ausgabe München 2. Aufl. 1998, 158f.
93 Freud, Sigmund: Trauer und Melancholie, in: Psychologie des Unbewußten. Studienausgabe Bd. III, Frankfurt a.M. 1975, 194ff.
94 Kast, Verena: Trauern. Phasen und Chancen des psychischen Prozesses, Stuttgart 13. Aufl. 1992, 16f.

Zunächst betrifft die Trauer bei Kindern ganz allgemein das Beklagen eines Verlustes. Das kann beim Kind ein Haustier oder auch die vertraute Schmusekatze aus Plüsch sein. Die Vorstellung, dass dieses geliebte Wesen jetzt verschwunden ist, ruft bei einem Kind großes Leid, oftmals geäußert in lautem Schreien und Weinen, hervor:

„Das Abhanden-kommen oder das Zerstört-werden von solchen *Übergangsobjekten*, von den geliebten Schlaftieren und Puppen, kommt einer frühen Todeserfahrung gleich und dem Verlust einer echten Du-Beziehung, die für das Kind in der Ablösung von den Eltern und im Selbständigwerden unentbehrlich ist."[95]

Im Alter von sechs Jahren beginnen Kinder, sich mit dem Tod zu beschäftigen. Die Vorstellung entsteht, dass ein Tier oder dann auch ein Mensch nicht mehr wiederkommt – also nicht nur „kaputt" ist, um wiederhergestellt zu werden. Nach einer Langzeitstudie an 600 Kindern, die Tobias Brocher zitiert, stellen sich Kinder von fünf bis sechs Jahren vor, Verstorbene würden in der gleichen Form für immer fortbestehen. Im Alter von sieben Jahren können sie zumindest angeben, dass der Leib zerfällt. Ab dem Alter von neun Jahren sehen Kindern den Tod realistisch und beginnen auch, ihn auf sich selbst zu beziehen.[96]

Wenn Kinder trauern, unterscheidet sich die Trauer in der Form nicht von der der Erwachsenen, was die Grundfunktionen betrifft. Lediglich die Intensität des Erlebens ist bei Kindern häufig ausgeprägter. Lautes Weinen oder leises Schluchzen, Aufhören zu essen oder übermäßiges Essen und Naschen, sich Zurückziehen und große Anhänglichkeit – alle Formen der Trauer sind bei Kindern zu beobachten, häufig in schnellem Wechsel und unvermittelt.

Gleichzeitig zeigen Kinder – vor allem im Kindergartenalter, wenn noch keine Todesvorstellung ausgeprägt ist – einen erstaunlichen Realismus gegenüber Tod und Toten, die Erwachsene vielfach fast verunsichert.

Ein vierjähriges Mädchen hat zusammen mit seinem um zwei Jahre älteren Bruder die Mutter, die sich suizidiert hat, am Strick hängend gefunden. Das Kind erzählt in den Wochen nach dem Tod immer wieder vereinzelt von dieser Begebenheit – „die Mama hatte so einen dünnen Hals" –, mehr aber noch davon, wie die Mutter im Sarg lag: „Mit einem blauen Kleid mit weißen Tupfen und einem Schal, damit sie an ihrem dünnen Hals nicht so friert."[97]

Die Erzieherinnen des Mädchens, die sich aufgrund des für Erwachsene äußerst tragischen Vorgangs besonders um dieses Kind gekümmert haben,

---

95 Leist, Marielene: Daß alles, was lebt, eines Tages sterben muß. Zum Thema „Sterben und Tod in frühen Jahren", in: Riess/ Fiedler (Hg.) a.a.O. 147–164, 149.

96 Brocher, Tobias: Wenn Kinder trauern, zitiert nach der Taschenbuch-Ausgabe Reinbek 1985, 19.

97 Dieses Fallbeispiel verdanke ich dem Bericht einer Erzieherin bei einer Fortbildung zum Thema „Wenn Kinder trauern" evangelischer Kindergärten in Kronach/ Oberfranken.

konnten während der Wochen nach dem Suizid der Mutter keine andere als solche „vernünftigen" Reaktionen bemerken.

Verena Kast beschreibt im Anschluss an J. Bowlby (Loss, Sadness an Depression, London 1980) vier Phasen der Trauer:
- Phase des Nicht-wahrheben-Wollens
- Phase der aufbrechenden Emotionen
- Phase des Suchens und Sich-Trennens
- Phase des neuen Selbst- und Weltbezugs.[98]

Für die Trauer der Kinder lässt sich diese Phaseneinteilung frühestens ab dem neunten und zehnten Lebensjahr vornehmen. Insbesondere die lange Zeit der „aufbrechenden Emotionen" verläuft in der Regel bei Kindern schneller, meist auch intensiver.

Immer wieder ist zu beobachten, dass Kinder besonders nach dem Tod eines Geschwisters trauern und dabei in doppelter Weise einsam sind, weil die Eltern selbst mit ihrer Trauer um das verstorbene Kind beschäftigt sind. Insbesondere wenn die Eltern das verstorbene Kind mit dem noch lebenden vergleichen, entstehen starke Spannungen: Auf der einen Seite wird Bruder oder Schwester betrauert, auf der anderen rufen die Verhaltensweisen der Eltern zwiespältige Gefühle hervor.

„Der nagende Zweifel, daß es vielleicht den Eltern lieber gewesen wäre, wenn es selbst gestorben wäre, beginnt in jedem Kind in dem Augenblick, in dem sein Verhalten mit dem des verstorbenen Geschwisters verglichen wird."[99]

Von daher wird die Bedeutung der Begleitung trauernder Eltern, die mit ebenso trauernden Kindern zusammenleben deutlich. Hinsichtlich der Aufgabe für die Seelsorge mit Kindern ist es deshalb wichtig, dass zunächst die Eltern gut gestützt werden.

In Deutschland existieren dazu verschiedene Selbsthilfe-Gruppen. Für Eltern, die ein Kind durch Totgeburt, Neugeborenentod oder Fehlgeburt verloren haben, engagieren sich Eltern, die das Gleiche erlebt haben ehrenamtlich unter dem Namen „Initiative Regenbogen – Glücklose Schwangerschaft". Die gleiche Zielgruppe – Eltern, deren Kind verstorben ist, jedoch ohne ein weiteres Kind – haben die „Lonely parents".

Seit 1984 besteht in Hamburg eine Kontakt- und Informationsstelle „Verwaiste Eltern in Deutschland", die mittlerweile in zahlreichen Städten Regionalgruppen gegründet hat. Diese Selbsthilfegruppe führt auch Trauerseminare für Eltern und Geschwisterkinder durch. Ebenfalls zur Unterstützung trauernder Familien, aber nicht nur mit „Betroffenen" arbeitet die Gruppe „Share". Sie wird auch von Kinderkrankenschwestern, Sozialarbei-

---

98 A.a.O. 57–78.
99 Brocher a.a.O. 76.

terinnen und Hebammen sowie Seelsorgern und Seelsorgerinnen mit gestaltet.[100]

Trauernde Kinder, die mit diesen Möglichkeiten nicht ausreichend begleitet werden, können durch Therapie unterstützt werden. Lothar Janssen schildert anhand von Fallbeispielen einige biographische Skizzen gelungener Trauerbewältigung bei Kindern. Mittels des „Scenotests" (Koffer mit Figuren, Bauklötzen etc., die aufgebaut und einander zugeordnet werden wie die Familie) lässt er Kinder die Familiensituation stellen und macht dadurch den wachsenden Abstand zu Verstorbenen deutlich.[101]

Die Aufstellung von Familien mit lebenden Menschen aus den entsprechenden Therapiegruppen benutzt Bert Hellinger zur Bewältigung von „Verstrickungen", zu denen auch (unabgeschlossene) Trauerprozesse zählen.[102]

---

100 Vgl. zum Ganzen: Lothrop, Hannah: Gute Hoffnung – jähes Ende. Ein Begleitbuch für Eltern, die ihr Baby verlieren und alle, die sie unterstützen wollen, München 3. Aufl. 1993, 226–231.
Schiff, Harriet S.: Verwaiste Eltern, Stuttgart 2. Aufl. 1990.
101 Janssen, Lothar: Therapeutisch-seelsorgerliche Begleitung von Kindern, in: Schindler, Regine (Hg.) a.a.O. 81–83.
102 Hellinger, Bert: Ordnungen der Liebe. Ein Kurs-Buch, Heidelberg 1994.

TEIL IV

*Die Seelsorge mit Kindern
als Beitrag zur allgemeinen Seelsorge*

KAPITEL 7

Pastoralpsychologische Perspektiven für die Seelsorge mit dem Kind

1. Zum Begriff der Pastoralpsychologie

Um den zu Beginn dieser Untersuchung in Aussicht gestellten „pastoralpsychologischen Zuschnitt"[1] für einen Entwurf von Kinderseelsorge zu erhalten, sollen eingangs einige grundlegende Aspekte zum Begriff der Pastoralpsychologie zusammengestellt werden. Die Sicht auf die historische Entwicklung, die das Verständnis und damit der konkrete Vollzug von Pastoralpsychologie durchgemacht haben, kann dabei Anknüpfungspunkte bieten und erleichtert durch die Diskussion der jeweils getroffenen Konzeptionen das Finden des eigenen Standpunktes.

Die Rezeption der Pastoralpsychologie, wie sie sich seit den 30-er Jahren des 20. Jahrhunderts in den Vereinigten Staaten entwickelt hatte, erfolgte zunächst in den Niederlanden, wo bereits Übertragungen auf die europäischen Verhältnisse vorgenommen wurden. Nahezu parallel wurden die Konzepte der verschiedenen amerikanischen Richtungen in Deutschland durch Dietrich Stollberg Ende der 1960-er Jahre und Richard Riess im Laufe der 1970-er Jahre in Deutschland vorgestellt, umgesetzt und modifiziert.

Das Aufkommen dieser neuen Richtung, die etwa ab den 80-er Jahren retrospektiv als „Seelsorgebewegung" bezeichnet wird, war in Deutschland mit viel Widerstand im Bereich der Poimenik wie der gesamten Praktischen Theologie in Theorie und Praxis verbunden. Die Gründung der „Deutschen Gesellschaft für Pastoralpsychologie" im Jahr 1972 setzte einen deutlichen Akzent in dieser Aufbruchsstimmung und gewann die Bedeutung einer „Zeitansage".

In der Folge wurden theoretische Texte zur Pastoralpsychologie verfasst, die sowohl den Anspruch dieses neuen Ansatzes als auch seinen lange Zeit zu führenden Legitimationsnachweis veranschaulichen. Mittlerweile kann von solch einer Notwendigkeit zur Legitimation nicht mehr die Rede sein. Die Seelsorgebewegung hat mehrere Phasen durchlaufen, in Theorie und Praxis der Kirche weithin Akzeptanz gefunden und ihren eigenen Ansatz mehrfach differenziert.

---

1 Vgl. S. 24ff.

Um den weiten Bogen der ungefähr dreißigjährigen Geschichte anzudeuten, werden hier markante Grundlagentexte in exemplarischer Weise skizziert.

Eine der ersten Publikationen zum Theorieverständnis der Pastoralpsychologie war der Aufsatz von Klaus Winkler „Die Funktion der Pastoralpsychologie in der Theologie"[2] von 1973. Winkler setzt sich darin zunächst intensiv mit der „Skepsis" auseinander, die dem Pastoralpsychologen entgegengebracht wird. Davon solle sich jener jedoch nicht abhalten lassen, „sondern die Auseinandersetzung mit dieser Haltung bereits als wesentlichen Teil der anstehenden Aufgabe sehen"[3]. In einem zweiten Schritt beschreibt Winkler die Situation des Seelsorgers, die ebenfalls von eher deprimierenden Empfindungen gekennzeichnet ist. So sei die häufig anzutreffende Verfassung des Seelsorgers in der Gemeinde die der Enttäuschung, welche häufig zu „reaktiver Resignation" führe.[4]

Die Verfassung, in der sich Seelsorge und Seelsorger befinden, bezeichnet Winkler als „Krise". Als mögliche Hilfestellung, mit diesem „Dilemma" fertig zu werden, zählt er drei Möglichkeiten auf, womit er drei pastoralpsychologische Ansätze charakterisiert:

Zum einen empfiehlt Winkler die Lektüre von Hans Asmussens Buch „Die Seelsorge" (München 1933), anhand derer der zeitgenössische Seelsorge seine Denkweise profilieren kann:

„Exemplarisch für restauratives Denken ist dieses Buch insofern, als es von seiner ganzen Konzeption her die von den empirischen Wissenschaften immer weitergetriebene faktische Durchschaubarkeit des menschlichen Verhaltens einfach nicht akzeptieren kann."[5]

Zum zweiten kritisiert er die beispielsweise von Manfred Seitz[6] geforderte Erneuerung der Praktischen Theologie und speziell der Seelsorge durch eine evangelische Asketik. Laut Winkler liegt in dieser Sicht eine „forcierte Differenzierung der (geistlichen) Einzelpersönlichkeit"[7], die sich auf die Seelsorge nachteilig auswirkt.

Schließlich lehnt Winkler die Interpretation der Krise der Seelsorge als eine, die durch die Krise der Theologie ausgelöst wurde (so Josuttis, Otto), ab. Scharfsinnige Problemanalyse verstellten – so Winkler – den Blick für die Möglichkeiten der Praxis. Die kritische Einschätzung dieser drei verschiedenen Ansätze im Bereich der Praktischen Theologie fasst er zusammen:

---

2 Winkler, Klaus: Die Funktion der Pastoralpsychologie in der Theologie, in: Riess, Richard (Hg.): Perspektiven der Pastoralpsychologie, Göttingen 1974, 105–121.
3 A.a.O. 107.
4 Ebd.
5 Winkler a.a.O. 109.
6 Jüngel, Eberhard/ Rahner, Karl/ Seitz, Manfred: Die Praktische Theologie zwischen Wissenschaft und Praxis, München 1968.
7 Winkler a.a.O. 110.

„Der Pastoralpsychologe selbst entscheidet sich mit seinem Vorgehen noch nicht für den einen oder gegen den anderen theologischen Ansatz. Er will vielmehr deren jeweilige Vertreter im Umgang mit der eigenen Einstellung beweglicher machen. Er möchte sie veranlassen, bestimmte und für viele bisher nicht naheliegende Überlegungen in ihr seelsorgerliches Denken und Handeln einzubeziehen."[8]

Nach dieser kritischen Einschätzung der Entwürfe zur Praktischen Theologie, die Anfang der 70-er Jahre aktuell sind, setzt Winkler die inhaltliche Zielsetzung der Pastoralpsychologie fest. Im wesentlichen ist sie mit der „Aufarbeitung emotionaler Komponenten des Denkens und Handelns" beschrieben. Winkler benennt die „Abhängigkeit aller rationalen Äußerungen von emotionaler Vorfindlichkeit", der „eine Grundbefürchtung vieler Christen, die sich ganz allgemein hemmend in bezug auf die psychologische Durchschaubarkeit von Haltungen und Einsichten auswirkt", gegenübersteht.[9]

Ganz im Duktus dieser scharfen Trennweise ist auch sein entscheidender Abschnitt über „Die theologische Zuordnung der Pastoralpsychologie als gegenwärtige Aufgabe der Praktischen Theologie" formuliert. Neben den „theologisch-apologetischen Zuordnungsversuch", der durch ein „tiefsitzendes Misstrauen gegenüber der Psychoanalyse" gekennzeichnet ist und hauptsächlich der theologischen Legitimation dient, stellt er den „psychologischen-apologetischen Zuordnungsversuch", den er bei Pastoralpsychologen wie Scharfenberg und Stollberg sieht:

„Es gibt daneben Pastoralpsychologen, die von ihrer umfassenden psychoanalytischen Vorbildung her eher geneigt sind, theologische Vorfindlichkeiten einer primär psychologischen Argumentation zu konfrontieren, um erst darauf hin zu einer neuen theologischen Verankerung des praktischen Handelns am Mitmenschen zu kommen."[10]

Schließlich formuliert Winkler die Funktion der Pastoralpsychologie als die „Ermöglichung eines persönlichkeitsentsprechenden Credos"[11]. Damit meint er die Möglichkeit der Pastoralpsychologie, mit Hilfe der gegenwärtigen empirischen Anthropologie eine „Wahrnehmungshilfe" zu sein. Wenn sie so von der praxisbezogenen Theologie in Gebrauch genommen wird, führt sie zu erweiterer Selbsterkenntnis und ermöglicht dem Individuum seine eigene Ausprägung des Glaubens. Mit anderen Worten:

„Der Pastoralpsychologe möchte einen Entwicklungsproze ß fördern, der es möglich macht, das allgemeine christliche Credo unmittelbarer auf die individuelle Persönlichkeitsstruktur zu beziehen."[12]

---

8 A.a.O. 111.
9 A.a.O. 113.
10 A.a.O. 117.
11 A.a.O. 118.
12 A.a.O. 120.

An diesem Text werden sowohl die Anfangssituation, in der sich die Pastoralpsychologie befindet, als auch ihre eigene, stark pointierte und nicht auf den offenen Diskurs ausgerichtete Selbstdarstellung deutlich. Die von Winkler in zwei Perspektiven benannte Apologetik kennzeichnet auch seine eigene Position. In einer emotionalen Färbung des Schlusses, in der er seine Mitstreiter zu „Geduld und Beharrlichkeit" im Prozess der theologischen Integration der Pastoralpsychologie auffordert, wird auf eine sympathische Weise die Wegbereiter-Atmosphäre der deutschen Pastoralpsychologen vor nahezu dreißig Jahren gegenwärtig.

In der Fortführung dieses Ansatzes wird zum einen immer wieder die Betonung des Einzelnen hervorgehoben, der zwar in Familie und Gesellschaft eingebunden ist, gleichzeitig als Individuum gesehen wird. Zum anderen wird betont, dass es sich bei der Pastoralpsychologie nicht um eine Spezialanliegen der Seelsorge handelt, sondern alle Bereiche der Praktischen Theologie dadurch verändert werden (sollen).[13]

Der zweite Entwurf zur Charakterisierung der Pastoralpsychologie, der in unserem Zusammenhang zur Theoriebildung mit herangezogen wird, ist die umfassende Darstellung von Joachim Scharfenberg.[14] Mit diesem Werk bietet der Autor erstmalig eine grundlegende Sicht der Pastoralpsychologie, die nach ungefähr fünfzehn Jahren Praxiserfahrung in Deutschland längst zur akzeptierten Theorie von Seelsorge geworden ist.

Kennzeichnend ist nach Scharfenberg die Grenzüberschreitung, in der auch Spannung liegt[15]. Damit meint er die Spannung zwischen der Theologie und den Humanwissenschaften, von denen vor allem die Psychologie von Bedeutung ist.

Nach der Darstellung dieses Spannungsverhältnisses nennt Scharfenberg vier Kriterien einer Pastoralpsychologie: Sie ist
– hermeneutische Psychologie

„Die Pastoralpsychologie muß eine hermeneutische Psychologie sein. Sie muß der prinzipiellen Zirkelstruktur der Verstehensvorgänge Rechnung tragen und das Verstehen von Menschen mit dem Verstehen von Texten verbinden."

– dynamische Psychologie

„Die Pastoralpsychologie muß eine dynamische Psychologie sein, das heißt, sie muß der innerpsychischen Dynamik der spezifisch menschlichen Kommunikationsvorgänge gerecht werden."

---

13 Vgl. beispielsweise: Thilo, Hans-Joachim: Psyche und Wort. Aspekte ihrer Beziehungen in Seelsorge, Unterricht und Predigt, Göttingen 1974.
14 Scharfenberg, Joachim: Einführung in die Pastoralpsychologie, Göttingen 1985, hier zitiert nach 2. Aufl. 1990.
15 A.a.O. 13.

– psychohistorische Orientierung

„Die Pastoralpsychologie muß eine psychohistorische Orientierung aufweisen, um die Zusammenhänge zwischen individueller Biographie und geschichtlich-symbolischen Manifestationen zu erfassen."

– Konfliktpsychologie

„Die Pastoralpsychologie muß eine Konfliktpsychologie sein, um den tragenden Einsichten religiöser Anthropologie gerecht zu werden."[16]

Grundlegend für Scharfenbergs Verständnis ist die Tatsache, dass zwischen einer „theologischen Theorie, der keine seelsorgerliche Praxis mehr entspricht" einerseits und „einer von den Humanwissenschaften übernommenen Praxis, die nicht mehr theologisch verantwortet werden kann" andererseits ein Auseinanderbrechen von Theorie und Praxis festzustellen ist. Daraus leitet er die „Notwendigkeit zur Entwicklung einer pastoralpsychologischen Anthropologie" ab.[17]

Scharfenberg will gerade mit seinem Konzept von Pastoralpsychologie die beiden Bereiche der Theologie und der Psychologie (die im Grunde für die Humanwissenschaften im allgemeinen steht) zusammenbringen. Ihr gemeinsames Schnittfeld ist dabei die Anthropologie. Von daher formuliert er inhaltliche Vorstellungen in vier nochmals unterteilten Thesen, von denen aus der ersten hier zitiert wird:

„Von einer funktionsfähigen pastoralpsychologischen Theorie darf erwartet werden, daß sie die verschiedenen ... Praxismodelle auf ihre theologischen und anthropologischen Implikationen hin befragt, mit ihnen in eine Auseinandersetzung eintritt und so Entwürfe entwickelt, die sowohl die Wirklichkeit des Menschen als auch die Sinngehalte des christlichen Glaubens zu deuten verstehen."[18]

Die gesamte Darbietung dieses Ansatzes besitzt an keiner Stelle mehr den apologetischen Charakter, der bei Winkler offensichtlich ist. Scharfenberg kann nicht nur auf eine erprobte Praxis der Pastoralpsychologie in weiten Kreisen der deutschen Seelsorge blicken, er legt seine Vorstellungen tatsächlich in einer weitgehend von Akzeptanz getragenen Atmosphäre nieder. Die Bestimmung des „grenzüberschreitenden Begriffs"[19], den die Pastoralpsychologie darstellt, unternimmt er aus einer Position der eigenen dreißigjährigen Erfahrung und im Kontext einer „weltweiten pastoralpsychologischen Bewegung"[20]

Ebenfalls deutlich gestärkt durch die Entwicklung zeigt sich die Darstellung eines weiten Spektrums von pastoralpsychologischen Reflexionen, die das Team des Seelsorgeinstituts Bethel 1994 vorlegt – bezeichnenderweise

---

16 A.a.O. 49.
17 A.a.O. 206.
18 A.a.O. 206f.
19 A.a.O. 13.
20 Ebd.

für Klaus Winkler zum 60. Geburtstag, wodurch an der persönlichen Biographie eines einzelnen maßgeblichen Vertreters der deutschen Seelsorgebewegung die Entwicklung der Pastoralpsychologie im Sinne eines ständigen Wachstums exemplifiziert wird.[21]

Bewusst im Anschluss an Winkler formuliert Michael Klessmann den dreifachen Anspruch der Pastoralpsychologie, wobei die Weiterentwicklung seit der ersten Theorie-Publikation mehr als klar hervortritt. Das Selbstverständnis der Pastoralpsychologie beinhaltet demnach
– einen dynamisch-politischen Anspruch
– einen strukturellen Anspruch
– einen pragmatischen Anspruch.
Innerhalb dieser drei Perspektiven kommt das Profil der Pastoralpsychologie wohl am besten in dem ersten Punkt zum Ausdruck:

„Seelsorge als Praxis der Kirche konnte und sollte nicht länger nur als ‚Wurmfortsatz' des ‚Eigentlichen' der Theologie sein, der Verkündigung, der Dogmatik, der Exegese."[22]

Gleichzeitig beinhaltet diese Darstellung der Pastoralpsychologie mit der Geschichte von nahezu dreißig Jahren auch eine Feststellung der Normalität. Die Aufbruchstimmung – in aller Leidenschaft – ist der Realität gewichen:

„Pastoralpsychologie ist funktional eingegliedert, die pastoralpsychologische Stimme ist inzwischen zu einer unter vielen geworden ... Akademische Theologie und Pastoralpsychologie stehen nicht mehr unbedingt gegeneinander, sondern bilden inzwischen eine Art Koalition gegen die unheilige Allianz von Psychoboom, Esoterik und gesellschaftlichem Irrationalismus in dem Bewußtsein, daß wir heute gesellschaftlich, politisch und kirchlich neue Kommunikationsformen brauchen, um den veränderten Herausforderungen der vielbeschworenen Postmoderne begegnen zu können."[23]

So ist diese Darstellung aus dem Jahr 1994 Erfahrungsbilanz und Ernüchterung gleichzeitig. Gerade aber, weil die Pastoralpsychologie eine Stimme unter vielen ist, muss sie deutlich erkennbar sein, um nicht im allgemeinen Stimmengewirr unterzugehen.

So stellen wir nun die Frage nach dem Profil noch einmal an eine der jüngsten Veröffentlichungen der Seelsorgeliteratur, an die schon in Kapitel 3 herangezogene „Seelsorgelehre" von Jürgen Ziemer[24]. Hier setzt sich der Autor im Rahmen der Darstellung der wichtigsten Seelsorgekonzepte der Gegenwart mit der aktuellen Seelsorgediskussion auseinander, wobei er sei-

---

21 Klessmann, Michael/ Lückel, Kurt (Hg.) Zwischenbilanz: Pastoralpsychologische Herausforderungen. Zum Dialog zwischen Theologie und Humanwissenschaften, Bielefeld 1994.
22 Klessmann, Michael: Einleitung, in: Klessmann/ Lückel (Hg.). a.a.O. 7–10, 7.
23 A.a.O. 9.
24 Ziemer, Jürgen: Seelsorgelehre, Göttingen 2000.

nen Standpunkt als einen „mit der Perspektive auf den durch die Seelsorgebewegung inspirierten pastoralpsychologischen Seelsorgeansatz" kennzeichnet.[25]

In der Rezeption der wesentlichen Grundgedanken formuliert Ziemer vier „Konturen eines pastoralpsychologischen Seelsorgeansatzes". Demnach ist eine solche Seelsorgelehre:
– erfahrungsbezogen
– hermeneutisch
– interdisziplinär
– integrativ.

Die starke Betonung der Erfahrung des Einzelnen stellt bei dieser Aufzählung das Fundament dar. Gerade indem die Seelsorge sich auf die individuellen Erfahrungen einstellt, zielt sie darauf hin, dass es zu einer „Erfahrung mit der Erfahrung"[26] kommt. Es geht nicht um die jeweils einzelne Lebenssituation allein, sondern um die Möglichkeit, dass aus Lebenserfahrungen Glaubenserfahrungen werden.

Um hier an die biblischen Texte anzuknüpfen, führt Ziemer die Kategorie der Hermeneutik ein. Den Gedanken der Verbindung eines Verstehens von Menschen mit dem Verstehen von (biblischen) Texten rezipiert er von Scharfenberg. Dabei hat er als Theologe des Ostens Deutschlands besonders die Menschen im Blick, die mit ihren lebensgeschichtlichen Erfahrungen wenig Beziehung zu den „Texten des Glaubens" haben.[27]

Die Zeitgemäßheit des Entwurfs von Ziemer zeigt sich auch in der Entfaltung der dritten Kategorie, der Interdisziplinarität. Hier verlässt er die Verengung auf die Psychologie als alleinigen Gesprächspartner mit der Theologie aus der Erkenntnis heraus, dass auch individuelle Probleme nicht immer im psychischen Bereich allein ihre Ursachen haben. Die Betonung der sozialen Dimension erinnert an den politischen Aspekt, den Klessmann für die Pastoralpsychologie beschreibt.

Mit dem integrativen Moment schließlich nimmt Ziemer die kontextuelle Bezogenheit des Menschen in den Blick. Dabei geht es einerseits um die einzelnen Dimensionen des Menschen für sich – Leib, Seele, Geist –, die in einer Interdependenz zueinander stehen, andererseits um die Verbindung des Menschen mit seiner Umwelt. Hier greift Ziemer den aktuellen Ansatz der „Ökotherapie" von Howard Clinebell mit auf, der zu dieser Umwelt nicht nur die Beziehungen zu Menschen, sondern auch die zur gesamten belebten Welt rechnet.[28]

---

25 A.a.O. 96.
26 Ziemer zitiert hier Gerhard Ebeling, der vom Glauben als „gottgemäßer Erfahrung mit der Erfahrung" spricht. A.a.O. 96f.
27 A.a.O. 98.
28 Clinebell, Howard: ‚Ökotherapie' – Ein Paradigma für eine ökologisch-soziale Identität, in: WzM (50) 1998, 160–174.

2. Zusammenfassung der bisherigen Ergebnisse und ihre pastoralpsychologische Relevanz

Um die bisherigen Erkenntnisse über die unterschiedlichen Aspekte zum Kind im Folgenden auf einen pastoralpsychologischen Entwurf von Kinderseelsorge hin zusammenzubringen, sind zunächst die Ergebnisse der einzelnen Teile unserer Untersuchung summarisch festzuhalten.

2.1. Zusammenfassung der Ergebnisse aus Teil I bis Teil III

TEIL I:

Der Ausgangspunkt der Seelsorge mit Kindern liegt in der praktischen Tätigkeit im Kinderkrankenhaus. Die Tatsache, dass dort organisierte und kirchlich verantwortete Seelsorge geschieht, zeigt die Wertschätzung der Kirche gegenüber jedem – auch dem kranken, behinderten, sterbenden – Kind. Die Seelsorge ist dabei Teil des kirchlichen Interesses am Kind, das auch in anderen Arbeitsfeldern zum Ausdruck kommt.

Die kontinuierliche Seelsorgetätigkeit mit Kindern, die zunehmend auch außerhalb der Klinik geschieht, bedarf einer theoretischen Zuordnung insofern, als sie ein neues Spezialgebiet der Seelsorge darstellt. Die praktisch längst vollzogene Tätigkeit ist in das bestehende Theoriegebäude der Praktischen Theologie einzuordnen.

Aufgrund ihrer in Deutschland über 30-jährigen Entwicklung versteht sich die Pastoralpsychologie heute als eine interdisziplinär ausgerichtete theologische Denkweise, die entsprechende Perspektiven für kirchliches Handeln erarbeitet. Von daher ist eine Reflexion über das Kind sowohl in theologischer wie auch humanwissenschaftlicher Blickrichtung erforderlich.

TEIL II:

Die theologische Anthropologie hat das Kind nur in einem sehr begrenzten Umfang zum Gegenstand. Im Hinblick auf die biblische Grundlage fällt zum einen die Geringschätzung des Kindes im allgemeinen, demgegenüber die Wertschätzung des Kindes bei Jesus ins Gewicht.

Zur theologischen Anthropologie aus systematischer Sicht trägt vor allem die Lehre Martin Luthers von der fides infantium Konstruktives bei. Im Ergebnis beschreibt sie den Glauben des Kindes als vollwertigen Glauben, der dem von Erwachsenen in keiner Weise nachsteht, was seine „Qualität" betrifft.

Den Grundgedanken der vollen Geltung als Mensch beschreibt auch Karl Rahner, der dem Kind anthropologisch eine eigene Würde beimisst.

So wenig das reale Kind Gegenstand der Theologie ist, so umfangreich ist die Beschäftigung mit dem Jesuskind in der Geschichte der christlichen Frömmigkeit, des christlichen Brauchtums und der Kunst. Die Bedeutung, die dadurch der Kindwerdung Gottes im Vollzug des Glaubens zukommt, steht die geringe Beachtung in der Theologie diametral gegenüber.

TEIL III:

Für die Wahrnehmung des Kindes in seiner lebensweltlichen Situation sind empirische Erkenntnisse und Beschreibungen heranzuziehen.

Zum einen zeigt die Rezeption der religionspsychologischen Forschungen der vergangenen drei Jahrzehnte eine differenzierte Darstellung der Entwicklung des menschlichen Glaubens sowie der menschlichen Wertvorstellungen. Deutlich wird, dass der Mensch in jedem Lebensalter religiöse Vorstellungen hat, die sich dem Inhalt nach hinsichtlich seiner religiösen oder kirchlichen Herkunft unterscheiden.

Die deskriptive Darstellung der konkreten Situation des Kindes im Hinblick auf die Herausforderungen für eine seelsorgerliche Begleitung zeigt das Kind als Teil eines gewaltigen Wandlungsprozesses. Dabei ist zwischen den gesellschaftlichen Veränderungen und solchen, die sich in unmittelbarer Umgebung in der Familie des Kindes wie auch beim Kind selbst vollziehen, zu unterscheiden. Hier kommt die starke Bezogenheit des Kindes auf seine Umwelt zum Ausdruck. Die Gestaltung der Gesellschaft, vor allem der Familie, dominiert das Leben des Kindes.

Ebenso wird das ausdrückliche Angewiesensein des Kindes auf ein tragfähiges und förderndes Umfeld angesichts seines persönlichen Erlebens im Hinblick auf Krankheit, Sterben und Trauer deutlich.

2.2. Die pastoralpsychologische Herausforderung

Aus diesen Ergebnissen leiten sich Annahmen für eine pastoralpsychologische Umsetzung in eine Grundlegung von Seelsorge mit Kindern ab:
- Weil theologische Anthropologie – auch wenn dies erst ansatzweise formuliert ist – das Kind als „ganzen Menschen" sieht, ist jedes Kind, unabhängig von Alter, geistiger, psychischer und körperlicher Verfassung als solch ein Mensch zu akzeptieren. Das Kind wird nicht erst ein Mensch, es ist schon einer (Janusz Korczak). Das gilt insbesondere für Kinder, die nie dem entsprechen können, was sie nach dem Bild eines vernunftbegabten, sprachfähigen und selbstverantworteten Menschen sein sollen.
- Situationen, die Krisen auslösen und von daher einen Seelsorgebedarf hervorrufen, betreffen das kindliche Leben ebenso wie das von Jugendlichen und Erwachsenen. Die Fähigkeit, eine religiöse Interpretation der

Welt und eine Gottesvorstellung zu formulieren, ist für die seelsorgerliche Zuwendung nicht konstitutiv.
- Die spezifische Verfassung des kindlichen Menschen ist durch das Angewiesensein auf die Umwelt, durch die Fähigkeit der Beziehungsaufnahme verbunden mit einer Kommunikationsfähigkeit auch im nicht-verbalen-Bereich sowie durch die grundsätzliche Offenheit für Wachstum gekennzeichnet.
- Diese kindliche Verfasstheit erfordert sowohl Respekt für ihre Besonderheit als auch die Entwicklung angemessener Formen für die Seelsorge. Darunter sind die Akzeptanz der vorhandenen Persönlichkeit, die Berücksichtigung der Leiblichkeit, die Bedeutung der Kontextualität sowie das Verständnis für Wachstum und den damit verbundenen Zeitbegriff zu verstehen.

Diese Aspekte werden nun im Näheren entfaltet.

3. Pastoralpsychologische Perspektiven für die Seelsorge mit Kindern

3.1. Die Betonung der Ganzheit des Kindes

Aus den anthropologischen Annahmen geht hervor, dass das Kind als ein ganzer Mensch zu sehen ist. So selbstverständlich wie das erscheint, ist jedoch diese Aussage nicht.

In zweifacher Hinsicht erscheint das Kind nicht unbedingt als „ganzer Mensch": Sowohl in Bezug auf die Entwicklung, die noch vor ihm liegt, als auch im Fall einer (angeborenen) Krankheit oder Behinderung. Diese beiden Lebensbedingungen des Kindes – die erste, die für jedes Kind, wie die zweite, die für manche Kinder zutrifft – legen den Schluss nahe, dass das Kind doch erst noch „wird" oder eben im Fall einer Krankheit oder Behinderung nicht „wird", was es sein soll oder wie es gedacht ist. Sehen wir die beiden Aspekte näher an:

Aufgrund des tatsächlich noch vor ihm liegenden Wachstums wird das Kind in der Regel als Lebewesen am Beginn gesehen in der Weise, dass es den eigentlichen Status des Menschseins noch nicht erreicht hat.

Focussiert wird diese Annahme an dem Punkt der Entwicklung. Tatsächlich entwickelt sich ein Kind noch in hohem Maße. Vom Augenblick der Geburt an setzt es immer wieder neue Möglichkeiten aus sich heraus. Am augenscheinlichsten sind dies die körperlichen Entwicklungsschritte, die insbesondere im ersten Lebensjahr außerordentlich beeindrucken: Vom Neugeborenen, das Reflexe zeigt und die Bezugsperson Mutter durch den Geruchssinn wahrnimmt, bis hin zum ersten Geburtstag, an dem viele Kinder bereits erste freie Schritte unternehmen können, ihre Umgebung kennen und bereits durch verbale Äußerung sehr genau ihren Willen kundtun, ist ein Weg mit vielen Fort-Schritten zurückgelegt.

In keinem Stadium des Menschseins wird so viel von Entwicklung gesprochen wie beim Kind. Die Entwicklung des Körpers, der Sprache, der Persönlichkeit zeigt auch offensichtlich, dass der Mensch sich verändert und neue Fähigkeiten und Ausdrucksformen beherrscht. Die Begeisterung von Eltern und Verwandten, durchaus aber auch von ferner stehenden Menschen gibt deutliche Anzeichen dafür, dass Entwicklung beim Kind Anlass zur Freude und zur positiven Bewertung gibt. Dabei wird natürlich ein bestimmtes Bild von Entwicklung zugrunde gelegt, das die Interpretation zulässt, dass es auch zu „Fehlentwicklungen" kommt.

Insbesondere im Hinblick auf Kinder, die bereits mit solchen Fehlentwicklungen zur Welt kommen, lässt sich deutlich zeigen, dass in der Regel sowohl von Fachleuten wie Neonatologen und Hebammen, aber auch von Menschen, die nach ihrem Gefühl und einer allgemeinen Anschauung entscheiden, ein klares „Menschenbild" existiert: Ein Mensch, der zur Welt kommt, wird als gesund bezeichnet, wenn bestimmte Merkmale erfüllt werden, die heute durch ein Neugeborenen-Screening abgefragt werden.

Fred Salomon, selbst Arzt und von daher einerseits dem medizinischen Menschenbild verpflichtet, korrigiert andererseits diese auf der Grundlage der Descartesianischen Anthropologie beruhende Vorstellung vom Menschen, die in Krankheit und Behinderung einen Defekt sieht. Vielmehr gehe es darum, immer den Menschen in seiner Komplexität zu sehen:

„Der Mensch *hat* keine Seele, keinen Körper, keine Emotionen, keinen Geist. Er *ist* ganz Seele, ganz Körper, ganz Emotion, ganz Geist. Es ist nicht ein Teil an ihm krank oder gesund. Er ist immer als ganzer Mensch krank oder gesund."[29]

Auch die gesamte Entwicklung eines Kindes wird durch Untersuchungen festgehalten, die seine „Normalität" hinsichtlich Größe und Gewicht, Sprache und Sozialverhalten attestieren oder eben Fehlentwicklungen benennen. Schnell wird dabei das Wort „Defizit" gebraucht, denn im Hinblick auf die Vorstellung von einem gesunden Kind kann natürlich benannt oder, falls noch Ungewissheit besteht, medizinisch durch Untersuchungen abgeklärt werden, inwiefern eine Unterscheidung zum Normalbild festgestellt werden kann.

So hilfreich diese Vorstellung von Durchschnittswerten und Normalentwicklung für eine flächendeckende Vorsorge ist, so wenig wird sie dem einzelnen Kind in seiner Wahrnehmung als Mensch gerecht. Am deutlichsten erscheint sicherlich bei einem behinderten Kind, wie wenig das Bild von einem „Normalmenschen" diesem konkreten Lebewesen, seiner Geschichte und seinen Fähigkeiten entspricht.

Sowohl die Blickrichtung, die sich schwerpunktmäßig der Entwicklung verschreibt, als auch die, die jeden Menschen von Kindesbeinen an einer Normalität zuordnen will, erschweren den Zugang zum wirklichen Men-

---

29 Salomon, Fred: Fortschritte in der Medizin. Konsequenzen für das Menschenbild, in: WzM (51) 1999, 410–422, 417.

schen. Die tatsächliche Wesensart, selbst die körperlichen Ausdrucksmöglichkeiten eines Menschen sind nur partiell etwas von dem, was er im Ganzen ist.

Das wird insbesondere hinsichtlich der Vernunftbegabung deutlich. Die wichtige Erkenntnis der Aufklärung, dass der Mensch sich seines eigenen Verstandes zu bedienen habe, um seine Welt zu gestalten, führt leicht zu einer Überbewertung dieses Aspektes des Menschseins. Die Vernunftbegabung, die die Sprach- und Denkfähigkeit einerseits und das Selbstbewusstsein andererseits ermöglicht, charakterisiert durchaus wesentliche Merkmale des Menschen. Sie macht jedoch den Menschen nicht aus.

Die Relativität der Entwicklung eines Kindes wird jedoch nicht nur vom Kind her, sondern auch von der Sicht der „Entwicklung" des Menschen überhaupt, also auch vom Erwachsenen her deutlich. So sehr der erwachsene Mensch in der Entwicklungsfähigkeit dem Kind nachsteht, so sehr ist er doch auch andererseits auf Entwicklung angewiesen. Die Vorstellung, dass es dabei einen „Höhepunkt" gibt, auf den die menschliche Entwicklung von Geburt an zuläuft, um von diesem Zeitpunkt an wieder abzunehmen, ist durch die Lebenslaufforschung[30] überholt.

Theorien der Altersforschung beispielsweise machen deutlich, in welchem Maße sich auch der alternde Mensch verändert und von daher immer noch entwickelt.[31] Gerade der Wechsel in der gerontologischen Betrachtung vom „Alter" als einem Lebensabschnitt hin zum Prozess des „Alterns" als Ausdruck fortwährender Entwicklung stellt hier einen paradigmatischen Wechsel dar. Deutlich wird dies insbesondere an der Ablösung des Defizit-Modells durch das Kompetenz-Modell.[32]

Auch von theologischer Seite aus ist die Vorstellung einer fortlaufenden Entwicklung des Menschen kritisch zu betrachten. Keineswegs ist zu bestreiten, *dass* der Mensch sich entwickelt. Die Wertigkeit einer stringenten oder gar geradlinigen Entwicklung ist allerdings diskussionswürdig.

In doppelter Weise kritisiert Henning Luther – 1991 im Alter von 43 Jahren an Aids gestorben – die Rede von der Vollkommenheit und dem Streben danach. So gebe die Vollkommenheit das Menschliche nicht eigentlich wieder, vielmehr strahle sie im „kalten Glanz". Zum anderen wird der Gedanke des in sich abgeschlossenen Lebens von Luther durch die Wahrnehmung korrigiert, dass das Leben immer mit „Brüchen" einhergeht und niemals nur Wachstum oder Gewinn allein ist. Von daher sind wir – nach Luther – „immer auch Fragmente und Entwürfe der Zukunft".[33]

---

30 Meulemann, Heiner: Stichwort: Lebenslauf, Biographie und Bildung, in: Zeitschrift für Erziehungswissenschaft (2) 1999, 305–324.
31 Vgl.: Lehr, Ursula: Psychologie des Alterns, Heidelberg/ Wiesbaden 7. Aufl. 1991.
32 Oswald, Wolf D. u.a.(Hg.): Gerontologie. Medizinische, psychologische, sozialwissenschaftliche Grundbegriffe, Stuttgart 2. Aufl. 1991.
33 Luther, Henning: Leben als Fragment, in: WzM (43) 1991, 262–271, 266.

Die Ganzheit des Menschen besteht darin, dass er als Mensch so geschaffen ist, wie er ist. Auch die vielen noch zu entwickelnden Anlagen und Möglichkeiten des Kindes ändern nichts daran, dass es als „ganzer" Mensch konstituiert ist. Gleichzeitig qualifiziert diese Sichtweise auch den erwachsenen Menschen in seiner Vorläufigkeit und Gebrochenheit als „ganzen Menschen":

„Das bringt unter dem Aspekt meiner jederzeitigen Sterblichkeit auch den Trost mit sich, daß ich als Fragment zu jeder Zeit sowohl unvollständig wie auch gerade in meiner Fragmentarität vollständig bin, gleichgültig, ob ich mit achtzig Jahren – wie man so schön sagt – lebenssatt sterbe oder ob ich als dreijähriges Kind durch eine Krankheit, einen Unfall dem Leben entrissen werde – beides gleich unmittelbar zu Gott."[34]

3.2. Zur Bedeutung des Glaubens für die Seelsorge

Zu den pastoralpsychologischen Anfragen an die Seelsorge mit Kindern gehört auch die Thematik des Glaubens. Immer wieder wird die Frage gestellt, inwiefern Kinder ein Gegenüber, gar ein Partner für die Seelsorge sein können, wenn nicht deutlich ist, ob sie einen Glauben haben. Insbesondere hinsichtlich von Säuglingen und Kleinkindern ist bei einem solchen Begriff schlecht vermittelbar, inwiefern sie zur Seelsorge „fähig" sind.

Diese Frage berührt eine der wesentlichen Grundannahmen über die Seelsorge überhaupt. Ist der Glaube des Seelsorgepartners (nicht: Gesprächspartners) eine Voraussetzung für die Seelsorge? Kann die Begegnung zwischen einem Menschen, der in bester Absicht „Seelsorge" treiben will, überhaupt so genannt werden, wenn sein Gegenüber keinen Glauben besitzt?

Zunächst ist dabei das Seelsorgeverständnis zu klären. Ohne auf eine Präsentation der derzeitigen Definitionen im Einzelnen zurückzukommen, lässt sich zusammenfassend sagen, was schon eingangs in dieser Untersuchung benannt worden ist. Unter Seelsorge wird die Zuwendung zu einem Menschen, der zum Zeitpunkt der Begegnung mit dem Seelsorger oder der Seelsorgerin seine eigene Lebensgewissheit oder Aspekte davon verloren hat und sich von daher in einer Krise befindet, verstanden.

„Seelsorge ist kirchliche Hilfe für einzelne oder Gruppen in Krisen und Konflikten unter seelischem Aspekt und mit seelischen Mitteln."[35]

Die Ursachen für diese Krisen oder Konflikte können vielfältig sein. In der Regel sind diese „Anlässe" zur Seelsorge auch gar nicht gleich wahrzuneh-

---

34 Dörner, Klaus: „Leben als Fragment". Die Politik der Lebensführung vom Anderen her, in: WzM (52) 2000, 128–141, 134.
35 Stollberg, Dietrich: Art. Seelsorge, in: Evangelisches Kirchenlexikon, Göttingen 1996, 173–188, 175.

men. Selbst in Situationen, die von ihrem Kontext her einen bestimmten Inhalt des Gespräches vermuten lassen, wie dies etwa in der Krankenhaus-, Gefängnis- oder Altenheimseelsorge der Fall ist, bleibt doch zunächst immer offen, ob der Mensch, der die Seelsorge braucht, ein Mensch mit lebendigem Glauben ist.

Selbst in der Seelsorgepraxis des Gemeindepfarrers und der -pfarrerin gibt es seelsorgerliche Konstellationen mit Menschen, deren „Glaubensverfassung" nicht eingeschätzt werden kann, auch wenn sie zu anderen Zeiten ihres Lebens, in denen ihnen die Seelsorgerin begegnet ist, eine Verwurzelung im Glauben von sich behaupten konnten.

Wer die Seelsorge mit einem Menschen an dessen Glauben bindet, wird weder dem Menschen noch einem reflektierten Verständnis von Glauben und schließlich auch nicht einem pastoralpsychologischen Verständnis von Seelsorge gerecht. Wenn Seelsorge sich an Menschen in Krisen richtet, ist das entscheidende Kriterium, dass ein Mensch sich in eben solch einer Lebensverfassung befindet. Entscheidend ist das Brüchigwerden seiner Lebensgewissheit einerseits und seine Erwartung oder zumindest das Für-möglich-Halten, dass die Begegnung mit dem Seelsorger Hilfe und Erleichterung schafft, andererseits.

Für die seelsorgerliche Begegnung ist weder die Tatsache, dass ein Mensch sich verbal ausdrücken kann noch die Tatsache, ob dieser Mensch, der in der Seelsorge begegnet, einen Glauben „hat", ausschlaggebend.

Hinzu kommt ein Einwand vom Verständnis des Glaubens her. Zum einen lässt sich Glaube nicht von Menschen einschätzen, insbesondere nicht hinsichtlich seiner Intensität. Die Unterscheidung der Religionspsychologie zwischen faith und belief verhilft dazu, dass Getragenwerden, das auch mit Lebensgewissheit bezeichnet werden kann, von Inhalten, die eher mit Bekenntnis zu beschreiben wären, zu differenzieren ist. Die Frage, wie intensiv das Wahrnehmen eines „Sich getragen Fühlens" erlebt wird, kann tatsächlich nur von jedem einzelnen subjektiv beantwortet werden.

Zum andern widerspricht es dem Charakter des Glaubens als Geschenk Gottes, als Zustand verstanden zu werden. Ein Mensch hat keinen Glauben in dem Sinn, dass er ihn in sich trägt und jederzeit über ihn verfügt. Eher lässt sich sagen, dass der Glaube immer wieder neu erfahren wird und dabei im Leben des Einzelnen auch Wandlungen durchmachen kann. Letzten Endes bleibt der Glaube – welchen Inhalts auch immer – unverfügbar und Gottes Geschenk.

Unabhängig von einer Äußerung des Seelsorgepartners über den eigenen Glauben kann die Seelsorgerin bei ihrem Partner religiöse Vorstellungen registrieren oder sie sogar zum Gesprächsthema werden lassen. Diese Vorstellungen sind für eine seelsorgerliche Begegnung immer von Bedeutung, auch wenn inhaltlich zwischen denen der Seelsorgerin und ihrem Gegenüber große Unterschiede bestehen.

Auch die Frage des Getauftseins ist für die Seelsorge von nachgeordneter Bedeutung. Wenn ein Mensch nach Seelsorge fragt oder wenn sie ihm angeboten wird – z.B. bei einem Besuch oder einem Gespräch in einem zunächst nicht „seelsorgerlichen" Zusammenhang –, kann nicht danach gefragt werden, ob er oder sie getauft ist.

Bezüglich der Seelsorge mit Kindern nimmt innerhalb der hier vorgetragenen Überlegungen die Lehre Martin Luthers von der fides infantium einen wichtigen Raum ein. Das könnte zur der Vorstellung führen, für die Seelsorge mit Kindern wäre das Zugestehen eben solchen Kinderglaubens Voraussetzung. Dem muss klar widersprochen werden.

Wenn Karl Brinkel in seiner Darstellung der Lehre von der fides infantium bei Luther darauf hinweist, dass Luther immer das getaufte Kind im Blick hat, so ist das auch aus dessen Zeit heraus zu erklären: Ein anderes als ein getauftes Kind gab es praktisch nicht. Wo Luther an ein Kind denkt, sieht er ein getauftes Kind vor sich.

Dem gegenüber haben wir es in der Seelsorge der Gegenwart mit zahlreichen Menschen zu tun, die nicht getauft sind oder von denen wir zum Beginn der seelsorgerlichen Begegnung nicht wissen (können), ob sie getauft sind. Das betrifft etwa die Urlauber- oder auch die Notfallseelsorge und viele Formen der Begegnungen innerhalb kirchlicher Veranstaltungen, aus denen sich Seelsorge entwickelt.

So gilt generell: Die Seelsorge richtet sich an Menschen in Krisensituationen ihres Lebens, wobei weder der Glaube noch die Taufe oder gar die Kirchenmitgliedschaft Voraussetzung sind.

Hinsichtlich des Glaubens bei Kindern, der sich nicht äußern oder nicht in Worte gefasst werden kann, gilt noch ein weiteres: Wenn Seelsorge sich an erwachsene Menschen richtet, ohne dass vorher abgewogen wird, ob sie denn auch „glauben", sollte dies erst recht für Kinder gelten. Diese Forderung stellt nicht nur einfach ein Postulat dar, sondern gründet in der Gleichbehandlung der Menschen hinsichtlich ihrer Wichtigkeit: So lange wir bei Erwachsenen „in Not" nicht danach fragen, welcher Art ihr Glauben ist und ob sie eventuell getauft sind, sollte dies auch kein Gesichtspunkt sein, der für die Seelsorge mit Kindern maßgeblich ist.

Eher könnte man bei der Frage, in welcher Weise sich bei Kindern religiöse Vorstellungen entwickeln könnten, an die Verantwortung der Kirche appellieren. So lange wir die Taufe in einem volkskirchlichen Rahmen vollziehen, obliegt der Gemeinde die Verantwortung, den getauften Kindern Möglichkeiten zu bieten, im Glauben zu wachsen. Das gilt nicht nur für den Bereich des religiösen Unterrichts und der Verkündigung im (Kinder)Gottesdienst, sondern auch im Hinblick auf die Seelsorge. An diesem Punkt schließe ich mich den aktuellen Forderungen von Friedrich Schweitzer[36] an.

So wenig die Seelsorge darauf gründet, dass der Mensch, mit dem der Seelsorger oder die Seelsorgerin eine Begegnung hat, seinen Glauben klar benennen kann, so unabdingbar ist dies für die Seelsorgenden:

---

36 Vgl. S. 142, Anm. 79.

„Ohne Rückbezug auf die grundlegenden theologischen Setzungen läuft die christliche Seelsorge leer ... Die theologische Prämisse setzt *mit ihren Sätzen von Gott den Rahmen für eine Lehre vom Menschen,* die anfänglich und letztlich den Menschen dem Menschen entzogen sein läßt, positiv gesagt: Die ihn sein Leben als eine Melodie spielen läßt, deren Töne ihm Gott gegeben hat und die er wissentlich/ unwissentlich allein zur Ehre Gottes spielt."[37]

Dieses Wissen um die „theologischen Setzungen" ist bei der professionellen Seelsorgerin vorauszusetzen. Mehr noch: Worauf sie selber gründet, was ihre eigene Glaubenshaltung ist und wie sie diese pflegt, muss reflektiert sein und immer wieder neu reflektiert und gelebt werden. Dass dabei die Konfrontation mit den Schicksalen und Krisen des Lebens sowie der seelsorgerliche Umgang damit es sind, die diesen Glauben wiederum prägen und die theologischen Setzungen immer wieder neu beeinflussen, lässt sich hier zunächst nur deskriptiv feststellen. Wer im Vollzug seelsorgerlichen Handelns steht – insbesondere in Grenzsituationen des kindlichen Erlebens – wird diese Erfahrung immer wieder neu machen.

Dies soll abschließend illustriert werden durch eine autobiographische Schilderung Dietrich Bonhoeffers, die einen der ganz wenigen schriftlichen Nachweise von Seelsorge mit Kindern durch Theologen darstellt. Bonhoeffer beschreibt dabei sowohl die kindliche Verhaltensweise sehr genau als auch seine eigene Unsicherheit angesichts der Herausforderung durch den Zehnjährigen und gibt damit die Eindrücklichkeit des gesamten Geschehens wieder.

Bonhoeffer schreibt aus seinem Vikariat in Barcelona an Walter Dreß (1.9.1928):

„Heute hatte ich einen ganz einzigartigen seelsorgerischen Fall, ... der mir trotz seiner Einfachheit zu denken gab. Morgens um 11 Uhr klopft es und es kommt ein 10jähriger Junge in mein Zimmer mit irgendeiner Bestellung von seinen Eltern, um die ich ihn bat. Ich merke, daß mit dem Jungen ... irgend etwas los ist; und schon kommts: er bricht in Tränen aus, ganz wild und ich höre nur noch die Worte: ‚Der Herr Wolf ist tot', er weint und weint; ‚ja wer ist denn Herr Wolf?' Das ist ein junger Schäferhund, der seit 8 Tagen krank war und nun vor einer halben Stunde gestorben ist.

Also er ist untröstlich, setzt sich auf mein Knie und kann kaum Fassung finden; und er erzählt mir dann, wie er gestorben sei und daß nun alles aus sei. Mit dem Hund allein habe er immer gespielt, morgens sei er ans Bett gekommen und habe ihn geweckt – und nun sei er tot. Was war dazu zu sagen? So erzählt er mir eine ganze Weile. Dann ist er plötzlich ganz still mit seinem herzzerbrechenden Weinen und sagt: ‚aber ich weiß ja, der ist gar nicht tot.' ‚Wie meinst du das denn?' ‚Ja dessen Geist ist doch jetzt im Himmel und freut sich da: in der Klasse hat mal einer die Religionslehrerin gefragt, wie es im Himmel sei, und da hat sie gesagt: sie wäre noch nicht da gewesen; sagen Sie mir doch jetzt, werde ich den ‚Herrn Wolf' mal wiedersehen? Der ist doch ganz gewiß im Himmel?' Da stand

---

37 Bizer, Christoph: Auf dem Weg zu einer praktischen Anthropologie des Kindes und des Jugendlichen, in: Riess/ Fiedler (Hg.) a.a.O. 743–756, 752.

ich da und sollte antworten: ja oder nein ... Da war einer, der Bescheid wissen wollte und das ist immer bös. Da sagte ich ihm denn kurz entschlossen: Sieh mal, Gott hat den Menschen gemacht und die Tiere, und hat die Tiere gewiß auch lieb; und ich glaube, es ist bei Gott so, daß sich alles, was sich lieb gehabt hat auf der Erde, wirklich lieb gehabt, daß das auch bei Gott zusammen bleibt, denn liebhaben ist ein Stück von Gott; wie das geschieht, das wissen wir freilich nicht. – Nun hättest du das Gesicht von dem Jungen sehen sollen; er hatte ganz aufgehört zu weinen ...

Die ganze Sache war dem Kind so ernst, wie unsereinem, wenn etwas ganz Hartes geschieht. Aber ich bin geradezu überrascht – ergriffen von der Naivität der Frömmigkeit, die in einem sonst ganz wilden Jungen, der an nichts denkt, in solchem Augenblick wach wird. Da steht man, der man ‚Bescheid wissen' soll, ganz klein daneben; und ich muß immer noch an das zuversichtliche Gesicht denken, mit dem er fortging. Einer von den Fällen von ‚Lächeln unter Tränen' und gewiß ein Fall, wie er nicht häufig wiederkehrt."[38]

3.3. Die spezifischen Kennzeichen des Kindes im Hinblick auf die Seelsorge

In ausführlicher Form wurde bereits die Bezogenheit des Kindes auf seine Umwelt dargestellt. Vom Augenblick der Geburt an ist es auf die Zuwendung und die Fürsorge liebevoller Personen in seinem Umfeld angewiesen.

Bereits unmittelbar nach der Geburt verfügt das Kind über die Fähigkeit, zwischen sich und der Umwelt zu unterscheiden. Auf die Frage nach den Ursachen für diese Fähigkeit hat Martin Dornes (im Anschluss an Daniel Stern) nachgewiesen, dass bereits pränatal eine Kommunikation zwischen der Mutter und dem Kind besteht. Von daher können Säuglinge schon direkt nach der Geburt sehen und schmecken, riechen und fühlen. Vor allem aber reagieren sie nicht nur, sondern befinden sich in Wechselwirkung zu ihrer Mutter, sie „kommunizieren" mit ihr.[39]

Sowohl für die nicht-sprachliche Kommunikation als auch für den Erwerb der Sprache braucht das Kind stabile und zuverlässige Beziehungen. Vertraute Worte wie auch Geräusche geben dem Kind Sicherheit und Geborgenheit. Wer regelmäßig mit einem Kind zusammen ist, kann sich auch ohne Worte oder mit Phantasielauten mit dem Kind verständigen.

Eine meiner Studentinnen berichtet von einem epileptischen Kind, das aufgrund seiner schweren Anfälle im Alter von ca. drei Jahren in ein Therapiezentrum für Epilepsiekranke gekommen ist. Das Kind reagiert kaum auf Zuwendung und altersgemäße Angebote zum Spielen.

---

38 Bonhoeffer, Dietrich: Brief vom 1.9.1928 an Walter Dreß, in: Staats, Reinhard/ Wünsche, Matthias (Hg.): Dietrich Bonhoeffers Abschied von der Berliner „Wintertheologie" – Neue Funde aus seiner Spanienkorrespondenz 1928, in: Zeitschrift für neuere Theologiegeschichte (1) 1994, 179–200, 195f.
39 Dornes, Martin: Der kompetente Säugling. Die präverbale Entwicklung des Menschen, Frankfurt a.M. 9. Aufl. 1999.

Eher per Zufall ergibt es sich, dass ein Gärtner, der an dem Kind im Rollstuhl vorbeigeht, ihm mit einem charakteristischen Pfiff einen Gruß „zupfeift". Auf diesen Pfiff hin reagiert das Mädchen mit Lachen und Freude. Der Gärtner wiederholt diese Begrüßung, bis sie zum Ritual wird. Jeden Morgen lacht das Kind schon beim Spaziergang an der Stelle, wo es den Gärtner erwartet.

Die besondere Fähigkeit zur nicht-sprachlichen Kommunikation hat der Säugling, also das Kind in dem Stadium, in dem weder der Verstand noch seine Sprache ausgebildet sind. Trotz dieses scheinbaren „Defizits" läuft bei einem Kind in diesem Alter – und weit darüber hinaus – die Beziehung über Kommunikation. Tragen, Streicheln, Wiegen, Liebkosen, bestimmte sich immer wiederholende Bewegungen (wie beispielsweise Kreisen auf dem Bauch) kommunizieren dem Kind Zuwendung und Nähe, geben ihm Geborgenheit und lassen es zur Ruhe kommen. Umgekehrt können fahrige oder hektische Bewegungen das Kind erregen und eine bestehende Unruhe steigern.

Ein weiteres Spezifikum des Kindes ist seine Offenheit und seine Neugier. In der Regel ist ein Kind an seiner Umgebung interessiert, möchte Neues und neue Menschen kennen lernen und probiert gerne Dinge oder Tätigkeiten aus. Wenn das Kind sprechen kann und eine Vorstellung von dem Wachsen von Menschen und auch von sich selber hat, vergleicht es sich mit Älteren und möchte „groß" sein.

Durch seine Neugier erschließt sich das Kind die Welt, erprobt sich selbst und misst seine Fähigkeiten. Erwachsene, die mit Kindern zusammenleben, können von dieser Neugierde der Kinder angesteckt werden; häufig erkennen sie manche Besonderheiten oder auch ganz alltägliche Kleinigkeiten des Lebens wieder neu.

Ein drittes Spezifikum von Kindern schließlich ist ihre Fähigkeit zu Freude und damit verbunden ihre Freundlichkeit. Ein Kind, dem nicht zu große Belastungen auferlegt sind durch Krankheit, schlechte Behandlung durch Eltern oder andere Erwachsene oder durch ein aktuell erlebtes Leid, ist in der Regel fröhlich und häufig lustig. Kinder sind mit relativ wenig Aufwand zum Lachen zu bringen und „bei Laune" zu halten. Da ihre Art, Gefühle zu erleben, immer ganz intensiv ist, können sie einerseits schnell weinen oder auch zornig werden, andererseits wieder fröhlich und unternehmungslustig sein.

Mit dieser Art sind Kinder in der Lage, die Atmosphäre positiv zu gestalten. Ihre direkte und offene Art macht es Erwachsenen leicht und häufig werden sie von der lebensfrohen Weise von Kindern förmlich „angesteckt". Das lässt sich besonders dort beobachten, wo erwachsene Menschen selbst bedrückt, krank oder einsam sind.

An der Charakteristik der Besonderheiten des Kindes wird deutlich, dass in der Beobachtung von Kindern Erkenntnisse zu Tage treten, die dem Erwachsenen wiederum Auskunft über sich selbst geben. Gerade im Zusammenleben von Kindern und Erwachsenen werden die Wechselwirkungen und gegenseitigen Einflussmöglichkeiten sehr deutlich.

So lässt sich an dieser Stelle auch nochmals der Faden aus den biblisch-theologischen Reflexionen aufnehmen. Im Kinderevangelium Mk 10,13–16, auf das näher eingegangen wurde, stellt Jesus die Kinder als Vorbild für Erwachsene hin. Was bedeutet nun letztlich „werden wie die Kinder?"

Klaus Winkler hat dabei besonders die provokatorische Wirkung der Kinder betont. Indem sie sind, wie sie sind, fordern sie Erwachsene heraus, ihr eigenes Selbst zu entdecken und so zu werden.[40]

Auch Hans Bernhard Kaufmann betont die Verschiedenheit von Erwachsenen und Kindern: Erst durch die Differenz wird deutlich, was die einen von den andern annehmen können. Kaufmann benennt dabei drei Charakteristika: Zum einen sind Kinder – im Gegensatz zu Erwachsenen – bereit, den anderen gelten zu lassen, wie er ist. Dass Menschen verschieden sind, wird akzeptiert, ohne dass ein Kind immer Vergleiche ziehen muss, bei denen es letzten Endes nur den eigenen Wert begründet. Den zweiten Unterschied benennt Kaufmann damit, dass Kinder sich beschenken lassen können:

„Was heißt es aber positiv, Gottes Reich und Gottes Liebe wie ein Kind empfangen, sich wie ein Kind öffnen, Geschenke annehmen können und doch frei bleiben? Ja, das kann man eigentlich nur, wenn man sich mit jedem Geschenk selbst schenkt. Oder wenn man durch jedes Geschenk, was man annimmt, den anderen selbst annimmt."[41]

In einem dritten Punkt sieht Kaufmann schließlich die Differenz zwischen Erwachsenen und Kindern in der Haltung der Welt und den Mitmenschen gegenüber. Während Erwachsene misstrauisch sind und das Taktieren lernen, sind Kinder offen und nicht berechnend, „ursprünglich anders: ihre Offenheit, Verwundbarkeit spiegelt ihre Nähe zum Reich Gottes"[42].

3.4. Der Respekt für die Besonderheit kindlicher Lebensweise

Die skizzierten Beschreibungen machen noch einmal von der Beobachtungsposition aus deutlich, dass Kinder eine eigene Weise des Lebens, der Wahrnehmung und der Kommunikation haben. Sie unterscheiden sich von Jugendlichen und Erwachsenen durch verschiedene Spezifika, die zwar nicht unbedingt an das biologische Kindesalter gebunden sind, die jedoch in dieser Phase charakteristisch sind.

---

40 Winkler, Klaus: Werden wie die Kinder? Christlicher Glaube und Regression, Mainz 1992.
41 Kaufmann, Hans Bernhard: Kindsein als Modell des Menschseins, in: Stollberg, Dietrich/ Riess, Richard (Hg.): Das Wort, das weiterwirkt. Aufsätze zur Praktischen Theologie in memoriam Kurt Frör, München 1981, 21–32, 28.
42 A.a.O. 29.

Wer Kindern begegnet und sie mit dem Verständnis sieht, wie es hier im ersten Abschnitt dargestellt ist, wird diese Besonderheiten wahrnehmen und wertschätzen. Ein Kind wird dann als Kind unter den speziellen Bedingungen seiner Lebenszeit gesehen werden, ohne dass es schon auf etwas hin gedacht oder gar ausgerichtet wird.

Mit größtem Nachdruck vertritt diesen Respekt dem Kind und seiner jeweils eigenen Art gegenüber der polnische Arzt und Erzieher Janusz Korczak. Seine Gedanken hat er 1928 in dem grundlegenden Aufsatz „Das Recht des Kindes auf Achtung" veröffentlicht. Zentrale Sätze sind nach wie vor gültig:

„Wir träumen von dem vollkommenen Menschen der Zukunft ... Als Schuld wird einem Kind alles angerechnet, was unsere Ruhe, unseren Ehrgeiz und unsere Bequemlichkeit stört, was uns bloßstellt und ärgert, was gegen unsere Gewohnheiten verstößt, Zeit und Überlegung in Anspruch nimmt ... Unsere Befürchtungen, unser Argwohn, sogar das Bemühen des Kindes, sich zu bessern, werden zu seiner Schuld. ‚Siehst du, du kannst, wenn du nur willst.' Immer haben wir etwas auszusetzen, und unersättlich fordern wir mehr.

Geben wir taktvoll nach, vermeiden wir unnötige Reibereien, erleichtern wir das Zusammenleben? Sind nicht gerade wir eigensinnig, launisch, angriffslustig und unberechenbar? ... In unserer Trägheit wäre es uns lieb, wenn keines der Kinder uns jemals Mühe machte ... "[43]

Der Respekt für das Kind orientiert sich im Wesentlichen an den Charakteristika, wie sie oben aufgezählt werden.

Was Korczak 1928 gefordert hat, ist über dreißig Jahre später als Erklärung der UNO über die Kinderrechte formuliert worden. 1989 sind die Rechte des Kindes erneut in der Konvention der Vereinten Nationen über die Rechte des Kindes festgeschrieben worden. In dieser aktuellen Fassung wird auch das Recht des Kindes auf Religion angesprochen (§ 14).

Was als Recht auf Religion im geistigen Bereich und besonders hinsichtlich der Förderung des Kindes im Bildungssektor formuliert wird, gilt als Recht auf

Seelsorge im Rahmen der kirchlichen Pastoralpsychologie: Das Kind hat ein Recht auf Seelsorge.

Die Formulierung eines Rechtes auf Seelsorge speziell für Kinder nimmt die besonderen Lebensausformungen des Kindes mit auf. Hier kann nochmals auf Janusz Korczak zurückgegriffen werden, der in seinem pädagogischen Hauptwerk „Wie man ein Kind lieben soll" „drei Grundrechte" für das Kind postuliert:

„1. Das Recht des Kindes auf seinen Tod,
2. Das Recht des Kindes auf den heutigen Tag,
3. Das Recht des Kindes, so zu sein, wie es ist."[44]

---

43 Korczak, Janusz: Das Recht des Kindes auf Achtung, Göttingen 6. Aufl. 1998, 29ff.
44 Ders.: Wie man ein Kind lieben soll, Göttingen 8. Aufl. 1983, 40.

4. Zusammenfassung

Für die Seelsorge mit Kindern bedeutet das: Die Zuwendung zu Kindern vom Säugling bis zum Schulkind basiert theologischerseits auf der Wertschätzung und Akzeptanz der Persönlichkeit des Kindes. Nicht weil etwas mit ihm erreicht werden soll, nicht weil es für die Zukunft präpariert oder geworben werden soll, sondern weil es jetzt als vollgültiger Mensch Zuwendung braucht. Die Definition der Seelsorge, in Krisensituationen zur Vergewisserung der Lebensgewissheit beizutragen, gilt für die Wahrnehmung seines Lebens beim Kind ebenso wie beim Jugendlichen und Erwachsenen.

Die besondere Situation des Kindes hinsichtlich seiner körperlichen Ausstattung und leiblichen Befindlichkeit ist dabei zu berücksichtigen. Von hervorgehobener Bedeutung sind dabei die Notwendigkeit der Fürsorge und Unterstützung durch eine verständnisvolle Umwelt sowie die Berücksichtigung der Kommunikationsmöglichkeiten des Kindes.

Dass ein Kind sich noch entwickelt, ist selbstverständlich. Doch nicht nur das Kind unterliegt einem ständigen Wachstumsprozess, sondern auch der Erwachsene ist in fortwährender Entwicklung begriffen. Einen Zeitpunkt im Lebenslauf, womöglich ein biologisches Alter für die „Fähigkeit" zur Seelsorge gibt es nicht.

Kapitel 8

Die Bedeutung der Erkenntnisse aus der Seelsorge mit Kindern für die allgemeine Seelsorge

*1. Zur Relevanz der Erkenntnisse aus der Seelsorge mit Kindern
für die allgemeine Seelsorge*

Die pastoralpsychologischen Konsequenzen, die aus den Erkenntnissen dieser Untersuchung im Hinblick auf die Seelsorge mit Kindern zu ziehen sind, gelten keineswegs nur für die Begegnung mit Kindern. Die einzelnen Aspekte sind vielmehr auf Menschen aller Lebensalter und in allen Lebenssituationen zu übertragen. Dabei stellt die spezifische Sicht von Kindern keine Engführung dar, sondern vermittelt eher eine vertiefte Sicht des Menschen.

Wo der Mensch – auch der Erwachsene – einem Kind in seinem Angewiesensein auf Fürsorge und Zuneigung gleicht, zeigt sich das spezifisch Menschliche in seiner deutlichsten Ausformung.

Von daher kann alles, was über die seelsorgerliche Begegnung mit dem Kind erarbeitet wurde, auf den erwachsenen Menschen gleichsam übertragen werden. Einfach gesagt: Was für das Kind zutrifft, trifft auch für den Menschen in jedem anderen Lebensalter zu.

Am deutlichsten wird dies wahrscheinlich in der Krankenhausseelsorge, insbesondere mit Schwerkranken. In der Klinik wird in vielfacher Hinsicht der Erwachsene zum Kind – dass hier auch kritische Gesichtspunkte über den Ablauf einer streng hierarchischen Organisation anzuführen sind, sei nur am Rande bemerkt. Für unseren Zusammenhang interessiert vor allem die subjektive Wahrnehmung der Erlebnisweise des Einzelnen.

In der Regel sind bei diesem Zusammenhang Menschen in Regressionsphasen im Blick: Kranke, Sterbende, Trauernde. Sie befinden sich in Lebenssituationen, die sie in mancherlei Hinsicht in frühere Stadien ihrer Persönlichkeitsentwicklung zurückversetzen.

Neben der Zeit der Krankheit gibt es Lebenssituationen des Menschen jeden Alters, die zur allgemein beschriebenen Situation des Kindes eine deutliche Nähe aufweisen. An solche Phasen, in denen Menschen wieder „kindlich" werden, ist bei einem Transfer der Erkenntnisse aus der Kinderseelsorge zu denken. Hier wären insbesondere auch die Zeiten des Lebens zu nennen, die als Übergänge bezeichnet werden können: Schulanfang, Eintritt ins Arbeitsleben, Umzug, Verlassen des elterlichen Hauses durch die Kinder, Verlust des Arbeitsplatzes und ähnliche mehr.

Dabei ist charakteristisch, dass es sich – zumindest bei einigen dieser im Folgenden aufzuzählenden Personengruppen – nicht um vorübergehende Zeiten des Lebens handelt, sondern um (Jahre) lang anhaltende Lebenszustände.

Zu diesen Lebensumständen lassen sich verschiedene zählen, die in zunehmender Häufigkeit auftreten und damit unsere gegenwärtige Gesellschaft und letzten Endes auch die Herausforderungen an kirchliche Seelsorge prägen.

Die Menschen, an die hier gedacht wird, sind Demenzkranke, Patienten auf Intensivstationen und Menschen, denen die Notfallseelsorge sich zuwendet. Bei allen drei Gruppen handelt es sich um Menschen in exemplarischen Situationen, an denen einerseits die Notwendigkeit von Seelsorge aufzuzeigen ist, andererseits die Möglichkeiten der Kinderseelsorge gut übertragbar sind. So sollen im Folgenden die einzelnen Aspekte auf diese Zielgruppen übertragen und anschließend praxisorientiert ausgeführt werden.

Was über die Bedeutung der Ganzheit des Menschen angesichts von Krankheit, Behinderung oder anderer denkbarer Beeinträchtigungen gesagt ist, gilt natürlich nicht nur für Kinder. Dass der Mensch ein „Ganzes" ist auch bei Fehlen oder Ausfall von bestimmten körperlichen und geistig-seelischen Möglichkeiten, steht aufgrund der biblisch-theologischen Anthropologie außer Zweifel.

So wie das Kind schon ein Mensch ist und nicht erst einer wird, sind Menschen auch „ganze" Menschen, selbst wenn bestimmte Funktionen nicht oder nicht mehr vorhanden sind. Auch im Fall von bleibenden und irreversiblen Ausfällen ist der Mensch als eine Ganzheit zu sehen und zu respektieren.

Bezüglich des „Vorhandenseins" von Glauben ist ähnlich zu argumentieren. Wenn sich ein Mensch in einer Notsituation befindet, in der er einer seelsorgerlichen Zuwendung bedarf, ist nicht danach zu fragen, ob er denn glauben könne. Dabei ist die Frage nach der „Not" natürlich sehr differenziert zu sehen. Hier ergibt sich eine große Affinität des seelsorgerlichen Handelns zum diakonischen. Die Sorge für die „Seele" kann beim Menschen, insofern er als Ganzes wahrgenommen wird, nur so gedacht sein, dass auch der „Leib" mit einbezogen wird. Auch für diakonisches Handeln gilt, dass die Glaubensverfassung oder überhaupt die religiöse Orientierung eines Menschen für den Empfang diakonischer Zuwendung nicht entscheidend ist.

Auf die im Zusammenhang mit der pastoralpsychologischen Herausforderung als dritten Punkt genannte Bezogenheit des Menschen auf seine soziale Umgebung wurde bereits hingewiesen. Gerade der alte, kranke und pflegebedürftige Mensch kann – wie das Kind – ohne die Hilfe, Betreuung und Pflege der anderen nicht existieren.

Am wichtigsten scheint bei einer Übertragung der genannten Charakteristika der Kinderseelsorge für andere Formen der Seelsorge der Respekt vor der jeweiligen Persönlichkeit zu sein. In diesem Gesichtspunkt verdichten sich die vorher genannten zu dem, was die seelsorgerliche Begegnung unter Partnern – bei aller Unterschiedenheit – erst ermöglicht.

Wer die Personengruppen, die hier in den Blick zu nehmen sind, vor sich Revue passieren lässt, wird schnell merken, dass sich der Respekt vor anderen leicht formulieren, in der konkreten Begegnung oftmals schwer leben lässt. Angesichts von schwer Verunfallten oder massiv psychisch Beeinträchtigten, angesichts des Gegenübers von altersverwirrten oder gar komatösen Patienten wird die menschliche Begegnung sehr schwierig. Als Folge der eigenen Hilflosigkeit und Ohnmacht erscheint eine Bagatellisierung der jeweiligen menschlichen Befindlichkeiten oft als naheliegende Erleichterung.

Auf die seelsorgerliche Begegnung mit eben diesen Personengruppen werde ich im Folgenden noch näher eingehen. Die Menschen, mit denen wir es in der Notfallseelsorge, der Seelsorge mit Dementen und Komatösen zu tun haben, fordern Seelsorgende in höchstem Maße heraus. Für diese Begegnungen können die Erkenntnisse der Seelsorge mit Kindern hilfreich und zukunftsweisend insofern sein, als die Lebensverfassung dieser Menschen in den genannten Punkten denen der Kinder ähnlich ist.

2. Die Seelsorge mit Dementen

Aufgrund der Zunahme von Menschen, die über 60 Jahre und dabei speziell derer, die über 80 Jahre werden, wird die Seelsorge mit alten Menschen einer der Schwerpunkte zukünftiger kirchlicher Arbeit sein. Bis zum Jahr 2030 wird in der Bundesrepublik Deutschland ein Anstieg der über 60-Jährigen von heute 16,9 Millionen auf 26,4 Millionen erwartet, was einem Prozentsatz in der Gesamtbevölkerung von 36 gegenüber dem heutigen von 20 entspricht. Der Anteil der über 80-Jährigen nimmt voraussichtlich von 3,3, Millionen auf 4,1 Millionen zu.

Bei einem derartigen Anstieg der hochbetagten Bevölkerung ist auch mit einer drastischen Zunahme gerontopsychiatrischer Patienten zu rechnen. Schätzungen gehen davon aus, dass 2030 ungefähr 1,3 bis 2 Millionen Demenzkranke in Deutschland leben werden.[1]

Von daher ist es nicht nur hilfreich, sondern für die professionell gestaltete Seelsorge-Begegnung unerlässlich, grundlegende Daten über die Demenz zu kennen. Um die These, dass die Erkenntnisse der Seelsorge mit Kindern auf diese Menschengruppe übertragbar seien, zu untermauern, sind hier skizzenhaft die anthropologischen Bedingungen Demenzkranker darzustellen.

---

1 Werner, Bert: Demenz. Epidemiologie, Ursachen und Folgen einer psychischen Erkrankung im Alter, Weinheim/ München 1997, 298.

Grundsätzlich wird zwischen Vaskulärer Demenz und der Demenz „Typ Alzheimer" unterschieden. Beide Varianten beginnen schleichend, was die Diagnosestellung erschwert. Als diagnostische Kriterien gelten für beide Demenz-Typologien die Gedächtnisbeeinträchtigung, Aphasie (Störung der Sprache), Apraxie (Beeinträchtigung von motorischen Aktivitäten), Agnosie (Unfähigkeit, Gegenstände wiederzuerkennen trotz intakter sensorischer Funktionen) sowie Störungen der Ausführungsfunktionen. Diese Defizite im kognitiven Bereich verschlechtern insgesamt das frühere Leistungsniveau und schmälern soziale und berufliche Funktionen.

Daneben existieren zusätzliche Differenzierungskriterien, die auf neurologischen Untersuchungen beruhen. Bei der Demenz „Typ Alzheimer" sind noch als wesentliche Kriterien der schleichende Verlauf und die Unabhängigkeit von Depression und Schizophrenie zu nennen.[2]

Bei den Primären Demenzen handelt es sich um irreversible Krankheitsprozesse, bei denen vor allem das Gehirn betroffen ist. Dem gegenüber entstehen Sekundäre Demenzen infolge anderer Erkrankungen wie Stoffwechselstörungen oder endokriner Störungen oder Vitaminmangel.

Die bekannteste Form der Demenz-Erkrankung ist die Alzheimer-Demenz. 1906 beschrieb der Neurologe Alois Alzheimer erstmals seine Beobachtung der sogenannten neurofibrillären Degeneration, einer Verdickung von interzellulären Fibrillen. 1910 benannte Emil Kraepelin dieses Krankheitsbild mit dem Namen Alzheimer'sche Krankheit. Durchschnittlich wird eine Krankheitsdauer von sechs Jahren geschätzt, wobei mit zunehmendem Alter des Patienten der Krankheitsverlauf kürzer ist.[3]

Neben den schon genannten kognitiven und praktischen Verlusten bleiben dem Alzheimer-Patient wesentliche Fähigkeiten erhalten. Dazu zählen die Möglichkeiten der Differenzierung zwischen sich und anderen, die Fähigkeit des Nein-Sagens, das Erleben von Gefühlen und die Wahrnehmung von Bedürfnissen wie Kommunikation und Wertschätzung, Nahrung und Ausscheidung, Luft, Wärme und Geborgenheit. Ganz offensichtlich steht der emotionale Bereich damit im Vordergrund.

„Was erleben Demenzkranke? Sie erleben Angst, weil sie Gesichter und Zusammenhänge nicht erkennen, und sich wie im Nebel fühlen; vor allem bezüglich des Raums (Wo bin ich, wohin will ich? Wo ist zu Hause?), der Zeit (Ist Tag oder Nacht? Sommer? Winter? Bin ich fünf?), der Situation (Fremde sind hektisch, sprechen über mich, ziehen mich aus ...) und nicht zuletzt bezüglich ihrer eige-

---

2 Oesterreich, Klaus: Psychische Krankheit im Alter am Beispiel der Demenz. Definition – Abgrenzung normalen Alterns vom psychopathologischen Alter, in: Schmidt, Roland/ Stephan, Regina (Hg.): Der dementiell erkrankte ältere Mensch – Probleme der praktischen Altenhilfe, Berlin 1984, 15–22.

3 Hafner, Manfred D./ Meier, Andreas: Geriatrische Krankheitslehre, Teil 1 und 2, Bern 1998.

nen Person (früher war ich wer, früher gelang alles ... jetzt versage, vergesse ich, verliere Wasser; ich bin allein in Scham, Angst)."[4]

Wer Demenzkranken begegnet, sieht oft die „verdeckte" Seite ihrer Bedürfnisse, weil sie auf eine nicht schnell erkennbare Weise geäußert werden. Dazu gehört auch der Vorgang, der in der Gerontopsychiatrie als Verleugnung bezeichnet wird, und eine Ausklammerung der Realität meint.[5]

Als eine hilfreiche und inzwischen weit verbreitete Möglichkeit, Alzheimer-Patienten angemessen zu begegnen, hat sich die Methode der Validation von Naomi Feil erwiesen. Unter Validation („Gültigkeitserklärung") wird verstanden, das, was im Patienten an Möglichkeiten der Lebensbewältigung liegt, geltend zu machen und zu bekräftigen. Naomi Feil vertritt die These, dass durch eine bestimmte Kommunikationsform auch dem altersverwirrten Patienten der Zugang zu seiner emotionalen Seite eröffnet werden kann:

„Durch Validation kann man diesen Menschen helfen, ihren Wert wiederzuerlangen. Validation bietet einfache, praktische Techniken an, die helfen, ihre Würde wiederherzustellen und zu verhindern, dass sie in das Stadium des Vegetierens absinken."[6]

Ziele der Validation sind die Wiederherstellung des Selbstwertgefühls, die Reduktion von Stress, die Rechtfertigung gelebten Lebens und die Verbesserung verbaler und non-verbaler Kommunikationsfähigkeit.

An dieser in der Altenhilfe mittlerweile vielfach geübten Form der Kommunikation wird die Nähe zur Seelsorge schnell deutlich. Auch wenn die Methode der Validation im Bereich der Alten*pflege* beheimatet ist, so lassen sich durchaus Anregungen für das *seelsorgerliche* Gespräch mit Demenzkranken darin sehen. Die Haltung, die den Pflegenden im Konzept der Validation nahe gelegt wird – die Würde des Patienten wiederherzustellen – kommt der in dem hier beschriebenen Ansatz für Seelsorge mit Kindern sehr nahe. Dass der Mensch so sein darf, wie er jetzt ist, dass gleichzeitig seine individuelle Biographie gesehen wird, macht den Respekt vor dem Menschen aus.

Darüber hinaus zeigen die Ziele dieser bewährten Kommunikationsform mit verwirrten Patienten die Nähe zum Kontakt mit Kindern. Nicht die Klärung der „Realität" von Erwachsenen oder Nicht-Dementen steht im Vordergrund, sondern die Möglichkeit, den Demenzkranken zu stützen und seine Wünsche oder Befürchtungen anzusprechen.

---

4 Abt, Stephan M.: Der Umgang mit altersverwirrten Menschen: Das Gebot der Würde, in: Korrespondenzblatt der diakonischen Gemeinschaften von Neuendettelsau (135) 2001, 78–91, 87.
5 Kipp, Johannes/ Jüngling, Gerd: Einführung in die Gerontopsychiatrie, 3. Aufl. München 2000.
6 Feil, Naomi: Validation in Anwendung und Beispielen, München 2. Aufl. 2000, 42.

Schließlich liegt eine weitere Parallelität zwischen Kindern und Dementen in der erforderlichen hohen Betreuungsintensität. Ein gelegentliches Gespräch ist für eine seelsorgerliche Begleitung sicher nicht ausreichend. Vielmehr ist die kontinuierliche Zuwendung einer Person von entscheidender Bedeutung. Dazu kommt die völlig unterschiedliche Wahrnehmung der Zeit, wie sie auch bei Kindern anzutreffen ist. Ein Seelsorgebesuch von einer halben Stunde kann wie eine Minute empfunden werden, eine entscheidende gute Kommunikation in ihrer hilfreichen Wirkung wie „eine Ewigkeit".

Während in mancher Hinsicht auch Ähnlichkeiten zwischen der Seelsorge mit Kindern und der mit alten Menschen bestehen, existieren doch wesentliche Unterschiede. Darauf braucht hier nicht näher eingegangen zu werden, weil unser Anliegen darin liegt, aus der Seelsorge mit Kindern Folgerungen für andere Arbeitsbereiche zu ziehen.

Doch soll wenigstens ein Blick auf die Abgrenzung der Seelsorge mit Dementen von der mit alten Menschen geworfen werden.

Ein wesentlicher Unterschied zur Seelsorge mit alten Menschen allgemein liegt in der verbalen Möglichkeit vieler alter – nicht verwirrter! – Menschen. Was Heiderose Gärtner als die Grundschritte für die Seelsorge mit alten Menschen beschreibt, trifft deshalb nur für Menschen mit sprachlicher und bewusster Kommunikation zu:

„Bewusstmachung, Bewahrung, Bewältigung, Beziehung, Befreiung und Befähigung"[7] setzen Bewusstsein, kognitive Fähigkeiten und Sprache voraus. Ähnliches gilt für die Möglichkeiten der Altenseelsorge in den sogenannten Erzähl-Cafes oder auch der Bilanzierung eigenen Lebens.[8]

Aus der Darstellung der Demenz und der (verbliebenen) Kommunikationsmöglichkeiten ist deutlich geworden, dass der Seelsorge mit dieser Menschengruppe die Seelsorge mit Kindern näher kommt als die mit alten Menschen, die möglicherweise im gleichen Lebensalter sind wie Demenzkranke.

3. Die Seelsorge auf der Intensivstation

Wesentliche Anstöße gibt die Seelsorge mit Kindern auch für die Seelsorge auf der Intensivstation. In der Regel werden dort Menschen behandelt, die entweder eine große Operation hinter sich haben und noch intensiv beobachtet und medizinisch therapiert werden müssen, oder Menschen, denen es so schlecht geht, dass sie mit dem umfangreichen Apparat der Hochleis-

---

7 Gärtner, Heiderose: Und wenn sie alt werden, werden sie dennoch blühen ... Ein Beitrag zu Grundfragen kasuellen Handelns der Kirche unter besonderer Berücksichtigung der Seelsorge mit alten Menschen, exemplarisch dargestellt an der Alterskasualie Goldene Konfirmation, Aachen 1997.
8 Bierlein, Karl Heinz: Lebensbilanz, München 1994.

tungsmedizin versorgt werden müssen. Dabei werden die elementaren Lebensfunktionen unterstützt: Atmung, Herz-Kreislauf-Funktion, Stoffwechsel und Körpertemperatur, Regulierung des Elektrolyt-Haushaltes des Menschen.

Durch die Möglichkeit zur Organtransplantation kommen zudem noch Menschen nach einer Organverpflanzung oder hirntote Menschen, denen ein Organ entnommen werden soll, als Patienten auf der Intensivstation hinzu.

Patienten, die notfallmäßig eingeliefert wurden, sind oft nur als „Körper" bekannt, manchmal auch durch die Umstände, die zu ihrer Einlieferung führten.

Lydia Füg schildert diese Situation aus der Sicht der Fachkrankenschwester:

„Vordergründig interessant sind Laborwerte, Röntgenbilder und andere Meßwerte. Daraus wird sich die Diagnose ableiten lassen, die wiederum für die Prognose die Basis darstellt ... Das wiederum aktiviert Handlungsabläufe, die zum Ziel haben, gemessene pathogene Werte in chemische und physikalische Toleranzbereiche zu therapieren."[9]

Was für die Seelsorge von Bedeutung ist, ist die Ähnlichkeit im Befinden und in der Situation der Patienten zu der von Kindern. Durch die körperliche Schwäche und die Verbindung mit den technischen Geräten sind sie in hohem Maße auch auf die Zuwendung im körperlichen Bereich angewiesen. Dazu kommt die vielfach unmögliche oder sehr erschwerte Kommunikation, etwa beim Angeschlossen-Sein an ein Beatmungsgerät.

Ungewöhnlich nah schildert dieses Erleben der französische Autor Jean-Dominique Bauby Er verlor nach einem Gehirnschlag alle Ausdrucksmöglichkeiten, war vollständig gelähmt, unfähig zu sprechen, sich zu rühren oder zu schlucken (Locked-in-Syndrom). Nur durch das Blinzeln mit einem Auge konnte er sich verständlich machen und hat auf diese Weise seine eindrückliche Schilderung „diktiert":

„An einem Tag finde ich es spaßig, mit vierundvierzig Jahren gesäubert, umgedreht, abgewischt und gewindelt zu werden wie ein Säugling. In voller infantiler Regression empfinde ich dabei sogar eine vage Lust.

Am nächsten Tag kommt mir das alles im höchsten Maße erschütternd vor, und eine Träne rollt in den Rasierschaum, den ein Pfleger auf meinen Wangen verteilt. Und das wöchentliche Bad taucht mich zugleich in Jammer und Glückseligkeit."[10]

Aus der Mitteilung eines solchen Erlebens heraus legt sich ein Vergleich der Seelsorge mit Kindern mit der auf der Intensivstation nahe. In besonderer

---

9 Füg, Lydia: Spontaneität und Ethik. Ihre Bedeutung im Rettungswesen bzw. in der Intensivmedizin, in: Städtler-Mach, Barbara (Hg.): Ethik im Gesundheitswesen, Berlin/ Heidelberg 1999, 103–128, 116f.
10 Bauby, Jean-Dominique: Schmetterling und Taucherglocke, Wien 1997, 18.

Weise wird dies deutlich, wenn der Patient bewusstlos ist. In der Regel wird mit dieser Bezeichnung der Patient beschrieben, der nicht ansprechbar ist oder zumindest auf Ansprache weder kommuniziert noch sonst irgendeine Reaktion zeigt. Was die Einschätzung eines solchen Menschen von außen betrifft, so gilt er schnell als ein Mensch, der praktisch kein Gegenüber, sondern höchstens einen zu pflegenden Körper darstellt.

Doch wird selbst aus anästhesiologischer und intensivmedizinischer Sicht diese scheinbare Unansprechbarkeit des Menschen in Frage gestellt:

„Es sollte uns vorsichtig machen im Umgang mit denen, die wir als bewußtlos oder als ‚nicht ansprechbar' bezeichnen. Wir empfangen von ihnen vielleicht keine uns verständlichen Botschaften. Wir sind vielleicht nicht ansprechbar für das, was sie uns mitteilen können. Doch der Bewußtlose hat einige Wahrnehmungsmöglichkeiten für unser Verhalten und versteht uns vielleicht besser als wir ihn."[11]

Dass Menschen auch dann Wahrnehmungen haben, wenn sie keine Reaktion zeigen, wird von vielen aufmerksamen Ärzten und Pflegenden auf Intensivstationen zugestanden. Insofern können wir davon ausgehen, dass die sorgfältige und fachlich gute Pflege, ebenso die liebevolle und achtsame Seelsorge eine fördernde und hilfreiche Wirkung auf die Patienten mit sich bringt. Hier ist noch einmal Fred Salomon mit einem Beispiel, das die Ähnlichkeit zwischen Kindern und Patienten auf der Intensivstation betont, zu zitieren:

„Was sich in dem Menschen abspielt, den wir als bewußtlos bezeichnen, wissen wir nicht. Es überrascht uns immer nur, wenn wir auf der uns verstehbaren intellektuellen Ebene Momente aus der Phase der vermeintlichen Bewußtlosigkeit mitgeteilt bekommen, wie z.B. durch die Frage des jungen Mannes nach der Schwester, die ihn mit dem Kosenamen ansprach."[12]

Klaus Dörner geht so weit, dass er die Bewusstlosigkeit überhaupt ausschließt. Während er das bewusste Sein als „die erlebte Seite des gelebten Lebens" bezeichnet, darf seiner Meinung nach von einem sogenannten Bewusstlosen nur gesagt werden, dass er als unerreichbar erlebt wird.[13]

Vor allem im Hinblick auf die lebenserhaltenden Maßnahmen und die damit verbundenen Kosten wird immer wieder der Versuch unternommen, dem bewusstlosen Patienten seine Subjektivität abzusprechen, um damit die aufwendigen Überlebensmaßnahmen für absetzbar zu erklären. Dem widerspricht Dörner energisch. Vielmehr sieht er in der Begegnung mit Bewusstlosen eine Möglichkeit zur existentiellen Erfahrung:

---

11 Salomon, Fred: Bewußtsein und Bewußtlosigkeit aus anästhesiologischer und intensivmedizinischer Sicht, in: Bienstein, Christel/ Fröhlich, Andreas (Hg.): Bewußtlos. Eine Herausforderung für Angehörige, Pflegende und Ärzte, Düsseldorf 1994, 25–34, 32.

12 Ebd.

13 Dörner, Klaus: Leben mit Be-wußt-sein?. Eine Annäherung, in: Bienstein/ Fröhlich (Hg.) a.a.O. 10–15.

„Beatmungspatienten, apallische Menschen, psychisch Kranke und Altersverwirrte sind eine Chance für existentielle Begegnungsmöglichkeiten. Unser Umgang mit denen, die wir bisher gedankenlos die Bewußtlosen genannt haben, deren bewußtes Sein ohne rationale Fähigkeiten in die Beziehungsaufnahme eintritt, wirft uns auf das zurück, was an sich immer der existentielle Kern der Begegnung zweier Menschen ist, die ihre gegenseitige Unverfügbarkeit und Unerreichbarkeit zur Basis ihrer Begegnung machen und dadurch den unendlichen Reichtum nicht-rationaler, menschlicher Begegnungsmöglichkeiten erleben."[14]

Bei diesen Worten lässt sich unschwer an den Kontakt mit einem Säugling denken. Er begegnet uns einerseits nicht-rational und gibt uns damit in keiner bewussten Weise Anstöße für irgendeine Erkenntnis über uns oder die Welt, andererseits schenkt er allein durch sein Dasein die Vorstellung von Leben und Zukunft, das Angesprochen-Werden durch ein Gegenüber. Gerade der Aspekt der Unverfügbarkeit der Begegnung unterstreicht den Charakter des Lebens als Geschenk.

Für die Seelsorge auf der Intensivstation bedeutet eine geschärfte Wahrnehmung der Menschen, die uns dort als Patienten begegnen, die Möglichkeit, die eigene Lebenssituation deutlich und „bewusst" wahrzunehmen. Selbst im Aushalten der – intensivmedizinisch gesehen – ausweglosen Situation liegt die Möglichkeit einer Begegnung mit dem Menschen und der damit verbundenen Rückbezogenheit auf die eigene Situation.

4. Aspekte zur Notfallseelsorge

Als ein weiteres Arbeitsfeld, dem die Seelsorge mit Kindern wertvolle Impulse zu geben imstande ist, ist die Notfallseelsorge zu nennen. Hier handelt es sich um ein ganz junges Arbeitsgebiet kirchlicher Seelsorge, das sowohl dabei ist, sich zu etablieren als auch seine Eigenständigkeit darzustellen.

Notfallseelsorge tritt dann auf, wenn sich in kleinerem oder größerem Rahmen ein Unglück ereignet hat. Dabei ist sowohl an individuelle Notfälle wie einen Autounfall, der zwei oder drei Personen betrifft, zu denken als auch an größere Katastrophen, die in der Regel mit öffentlichem Interesse und einer breiten Mediendarstellung verbunden sind. Als Beispiele in jüngster Zeit sind das Zugunglück in Eschede oder das Brennen der Seilbahn in Kaprun anzuführen.[15]

Vielfach wird das Eingreifen von Helfergruppen mit dem Begriff der Rettung in Verbindung gebracht, was zum einen die tatsächliche Not, zum

---

14 A.a.O. 15.
15 Eine Verschriftlichung der Erfahrungen liegt von dem Grubenunglück in Borken vor: Arbeitsgruppe Stolzenbachhilfe (Hg.): Nach der Katastrophe. Das Grubenunglück von Borken. Ein Erfahrungsbericht über drei Jahre psychosoziale Hilfe, Göttingen 1992.

anderen die Krisensituation, die sich bei derartigen Ereignissen einstellt, akzentuiert.

Seit 1989 gibt es in Deutschland den Beruf des Rettungsassistenten, der das notärztliche Team von Ärzten und Sanitätern unterstützt. Die Tatsache, dass für diese Tätigkeit ein eigener Beruf geschaffen wurde, liefert einen Hinweis auf die Notwendigkeit der Rettungsdienste, die wiederum Rückschlüsse auf die gesellschaftliche Situation zulässt.

Der Einsatz von Rettungsdiensten basiert auf hervorragender Kommunikation und klar beschriebenen Handlungsabläufen:

„Wenn eine Rettungsleitstelle in Mittelfranken angibt, daß nach spätesten 15 Minuten das Einsatzfahrzeug auch im entlegensten Einzugsbereich vor Ort sein muß, erlangen Kleinigkeiten, wer beispielsweise den Notfallkoffer trägt oder öffnet, wer die Medikamente richtet bzw. standardmäßige Reanimationsmaßnahmen vorbereitet, höchste Wichtigkeit für den schnellstmöglichen Beginn der Wiederbelebungs- und anderer Rettungsmaßnahmen."[16]

Die Notfallseelsorge unterstützt in dieser Atmosphäre von Leben und Tod, Chaos und Tempo die Rettungsdienste. Insofern ist sie der Krisenintervention nahe, grenzt sich gleichzeitig von ihr ab:

„Ich definiere deswegen die Notfallseelsorge am liebsten als eine Seelsorge, die zwar in der Nähe von Krisenintervention angesiedelt, aber nicht mit ihr identisch ist. Mit der Krisenintervention teilt sie den Aspekt der psychischen Ersten Hilfe, welche übrigens in der Notfallmedizin mehr und mehr als konstitutiver Beitrag auch zur körperlichen Gesundung ernstgenommen wird."[17]

Die menschliche Begleitung der Notfallseelsorge kommt sowohl den Mitarbeitenden der Rettungsdienste als auch den Verunglückten und deren Angehörigen zugute.[18]

Die Krisensituation, die ein Unglück für die Betroffenen bedeutet, führt dazu, dass sich Verunglückte und die Menschen, die unmittelbar dabei sind, hilflos und allein fühlen. Selbst bei größtem Einsatz von Technik und Menschen entstehen das Gefühl von Verlassenheit und die Sehnsucht nach Sicherheit und Geborgenheit. In einer Talk-Show des Theologen Jürgen Fliege mit Opfern des Unglücks von Eschede erzählt der Moderator und Pfarrer von einem eigenen kleineren Unfall.

„Er berichtete sehr eindrücklich, wie er sich damals nach elementarer Zuwendung gesehnt hat: eine Decke hätte so etwas ‚wie Mama' darstellen können."[19]

---

16 Füg a.a.O. 106.
17 Funke, Johannes Gerrit: Notfallseelsorge – ein junges kirchliches Aufgabenfeld, in: DPfBl (98) 1998, 661–663, 661.
18 Fertig, Botho/ v. Wietersheim, Hanjo (Hg.): Menschliche Begleitung und Krisenintervention im Rettungsdienst, Wien 1997.
19 Funke a.a.O. 662.

Von diesem Angewiesensein auf elementare Zuwendung und die Vermittlung des Gefühls „Es wird alles gut" berichten viele Menschen im Rückblick auf ihr Erleben nach einem Unfall. An dieser Stelle wird die Ähnlichkeit zu Kindern in Krisensituationen mehr als anschaulich: Es geht nicht darum, Gespräche zu führen oder Erklärungen abzugeben; weder Prognosen noch das Reden über Gefühle sind angesagt. Was gebraucht wird, ist die menschliche Nähe einer Person, die – zumindest im Erleben des Unglückopfers – „über" den Dingen steht und gleichzeitig die Verbindung zu der Welt hält, aus welcher der betroffene Mensch gerade durch sein Unglück gerissen wurde.

Davon unberührt ist die Tatsache, dass im zeitlichen Abstand zu einem Unglück für die Betroffenen seelsorgerliche Gesprächspartner von großer Wichtigkeit sind. Dann wird es häufig um die Aufgabe gehen, wieder und wieder das Geschehene zu erinnern und den Fragen nach dem Grund oder dem Sinn des Ganzen Raum zu geben. Die posttraumatische Belastungsreaktion ist mittlerweile als ein eigenes Symptom anerkannt, das therapiebedürftig ist.

Johannes Gerrit Funke stellt – ähnlich wie Klaus Dörner in der Begegnung mit den sogenannten Bewusstlosen – die *Beziehung* zu den Menschen, denen er in der Notfallseelsorge gegenüber tritt, in den Mittelpunkt. Dabei steht der Seelsorger in einer doppelten Beziehung: Die eigene Beziehung des Seelsorgers zu Gott bildet für ihn die Voraussetzung für diese Begegnung mit den Verunfallten und den Rettungskräften:

„Menschen, denen innerhalb weniger Augenblicke so ziemlich alles zerbrochen ist, was bis dahin ihren Lebensentwurf prägte, benötigen einen Beistand, der von diesem Vertrauen herkommt. Das läßt sich auch umkehren: in der Begegnung mit Menschen, die in ein solches Loch gefallen sind, lernen wir immer wieder selber neu, auf den Bund (Gottes, d.Verf.) als tragende Grundlage des Lebens zurückzukommen."[20]

So wird deutlich, dass selbst in der auf das Minimum reduzierten Kommunikation mit einem Verunglückten, selbst angesichts der extremen Umstände auf einer Straße oder neben einem brennenden Haus, der Mensch als ein ganzer wahrgenommen, die Begegnung mit ihm aufgenommen und eine Beziehung zu ihm hergestellt wird. Der Notfallseelsorger wird dabei zu dem, was Jürgen Fliege als „Mama" bezeichnet und was sich in der Seelsorge mit Kindern lernen lässt.

---

20 A.a.O. 663.

5. Zusammenfassung

An den drei dargestellten Arbeitsbereichen kirchlicher Seelsorge – mit Dementen, auf der Intensivstation und in der Notfallseelsorge – lassen sich bezüglich der menschlichen Begegnung Ähnlichkeiten zwischen der Seelsorge mit diesen Personengruppen und der Seelsorge mit Kindern ausmachen. Bei allen diesen Bereichen handelt es sich um seelsorgerliche Arbeitsfelder, deren Bewältigung erst im Entstehen ist. Gleichzeitig wird sich die Notwendigkeit, in diesen Bereichen seelsorgerlich tätig zu werden, aufgrund der gesellschaftlichen und medizinischen Entwicklung erheblich ausweiten.

Von der Seelsorge mit Kindern sind für diese Formen der Seelsorge hilfreiche Impulse zu erwarten. Wenn Menschen in Lebenssituationen kommen, die denen eines Kindes sehr ähnlich sind, können die Erkenntnisse der Kinderseelsorge darauf übertragen werden. Das betrifft die genannten Charakteristika der Seelsorge mit Kindern: das Verständnis des Menschen, die Zuwendung auch ohne Wissen um dessen Glauben, die Kommunikationsmöglichkeiten und den Respekt vor dem Menschen in seiner jetzigen Befindlichkeit.

Von daher liegt in einer reflektierten und pastoralpsychologisch verantworteten Seelsorge mit Kindern ein Ansatzpunkt für die gesamte Seelsorge. Insbesondere dort, wo die Kommunikation stark eingeschränkt ist und das klassische Seelsorgegespräch nicht stattfinden kann, ist auf die Möglichkeiten der Seelsorge mit Kindern zurückzugreifen.

Diese These trifft sich mit den Ansätzen von Seelsorge, die sowohl die Leiblichkeit[21] insgesamt als auch die Bedeutung jeder körperlichen Verfassung des Menschen ernst nehmen[22]. Insofern stellt die Seelsorge mit Kindern zum einen eine Ergänzung der Ansätze dar, die auf das gesprochene Wort und die Bedeutung des Gespräches ausgerichtet sind. Zum andern ist sie eine Weiterführung der Entwürfe von Seelsorge, die sich auf den nonverbalen Bereich und die Begegnung mit nicht sprachfähigen Menschen konzentrieren.

Mascha Kaléko: Einem Kind im Dunkeln

Gib mir deine kleine Hand.
So, nun bist du nicht allein.
Kind, du sollst nicht einsam sein
mit dem Schatten an der Wand.[23]

---

21 Vgl. exemplarisch: Klessmann, Michael/ Liebau, Irmhild: Seelsorge als „Verleiblichung der Theologie". Pastoralpsychologische Akzente bei Dietrich Stollberg, in: Dies. (Hg.): Leiblichkeit ist das Ende der Werke Gottes. Körper – Leib – Praktische Theologie, Göttingen 1997, 11–21.
22 Naurath, Elisabeth: Seelsorge als Leibsorge. Perspektiven einer leiborientierten Krankenhausseelsorge, Stuttgart/ Berlin/ Köln 2000.
23 Krenzer, Rolf (Hg.): Lesebuch der Jahreszeiten, Freiburg 1993, 219.

Anhang: Text der EKD-Konferenz

Seelsorge in Kinderkliniken und auf Kinderstationen – Konzeption
Erstellt von der Fachkonferenz für Seelsorger und Seelsorgerinnen in Kinderkliniken und auf Kinderstationen im Bereich der Gliedkirchen der EKD
Frankfurt/ Main am 26.5.1995

1. Grundsätze

Kinder-Krankenhaus-Seelsorge hat zum Partner das Kind in seinem Umfeld.

Sie nimmt das Kind unter unterschiedlichen Blickrichtungen wahr. Sie sieht das geborene oder krank gewordene, verletzte und verletzbare, ausgelieferte, in seinem Vertrauen erschütterte, mißbrauchte, enttäuschte und sich schuldig fühlende Kind, die oft nicht nur im Krankenhaus grausame Realität der Kindheit. Sie sieht das Kind, das Träger von Sehnsüchten, Idealen, Erwartungen und Projektionen und dem Mythos von der glücklichen Kindheit. Und sie sieht das so beschriebene Kind, das in denen, die ihm begegnen und mit ihm leben, entsprechende Assoziationen wachruft. Darum bezieht Seelsorge am Kind immer auch dessen Umfeld ein (Familie, System Krankenhaus, usw.). Insofern geschieht Kinder-Krankenhaus-Seelsorge immer in der Spannung einerseits zwischen der Wirklichkeit des Kindes, seines Umfeldes und seiner Geschichte, den persönlichen und gesellschaftlichen Entwicklungen an und den Projektionen auf das Kind im allgemeinen und dieses spezielle Kind im besonderen und andererseits dem Anspruch der Seelsorge.

Ihren Anspruch begründet Kinder-Krankenhaus-Seelsorge in Gottes Begegnung mit dem Menschen in der Geschichte, deren Weg sich nach neutestamentlicher Überlieferung als Gottes Mensch- und Kindwerdung einerseits und der Gotteskindschaft des Menschen andererseits beschreiben lässt und woraus Kind und Kindheit ihre unüberholbare Würde beziehen. Kindsein ist damit eine Grundbefindlichkeit, die bereits das vollständige Menschsein umfaßt und sich durch das gesamte menschliche Dasein zieht. Das Kind ist Symbol des Menschseins. „Es holt in seiner Geschichte nur ein, was es ist." (Rahner). Gott kommt im Kind zur Sprache. Darum geht Kinder-Krankenhaus-Seelsorge davon aus, daß das Kind ein eigenständiges Subjekt, nicht unfertiger Erwachsener ist. Sie geht davon aus, daß das Kind eine eigenständige, ernstzunehmende Religiosität und Spiritualität hat, eine eigene Ebene seelsorgerlicher Begegnung, die verstehbar ist und angesprochen werden kann, so wie das Kind in seiner Sprache aufgesucht werden kann.

Die durch das Kind im Krankenhaus erfahrene Wirklichkeit wirkt sich auch auf dessen Glauben aus. „Wo ein Mensch als Kind sich ausgesetzt und verloren erfährt, wird es das fast unvermeidlich als Erfahrung einer letzten metaphysischen Ausgesetztheit und Verlorenheit ins Absurde und Sinnleere, in seine eigene Gottlosigkeit deuten." (Rahner). In der seelsorgerlichen Zuwendung wird die göttliche Annahme des Kindes ohne jede Vorbedingung sichtbar.

Kinder-Krankenhaus-Seelsorge bedeutet danach: dem Kind zu begegnen und bei ihm auszuhalten, ohne die Spannung, in der es lebt, auflösen zu können. Darin liegt die Möglichkeit neu entstehenden Vertrauens.

2. Ziele

Seelsorge mit kranken Kindern beginnt mit deren Wahrnehmung. Dazu gehören die Anerkennung der anthropologischen Befindlichkeiten, die jeweils neue Situation und das Umfeld eines Kindes.

In der Kontaktaufnahme zum Kind drückt sich bereits die Wertschätzung gegenüber dem Kind aus. Das Kind, auch der neugeborene Säugling, wird aufgesucht aufgrund seiner Menschenwürde von Anfang an.

Die Seelsorgerliche Begegnung mit dem Kind wird von Zuwendung getragen. Dieses ist zweckfrei. Das Kind wird nicht untersucht, behandelt oder belehrt.

Seelsorge geschieht durch Begleitung des Kindes und seines Umfeldes. Sie ist an den Bedürfnissen des Kindes ausgerichtet.

Durch die Seelsorge wird dem Kind auf seinem Weg Unterstützung angeboten. Diese reicht von der Präsenz eines Seelsorgers oder einer Seelsorgerin über verschiedene Kommunikationsformen, Worte, Handlungen und Symbole der christlichen Verkündigung bis hin zu konkreten Hilfeleistungen und Angeboten an Mitarbeitende und Familien.

3. Arbeitsfeld und Tätigkeit

Kinder-Krankenhaus-Seelsorge geschieht vorrangig in der Kinderklinik und auf Kinderstationen sowie in Bereichen, in denen Kinder den Kasus der Seelsorge konstituieren (Wöchnerinnenstationen usw.). Sie geschieht immer im Rahmen der Familie und des Krankenhauses bzw. der Station. Das Kind begegnet uns als eigenständige Person und gleichzeitig im Zusammenhang mit Eltern, Geschwistern und dem Krankenhauspersonal. Dabei kann sich der Schwerpunkt verlagern je nach der seelsorgerlichen Bedürftigkeit, nach der Rolle und den Möglichkeiten des Seelsorgers und der Seelsorgerin. Seelsorge für ein Kind kann auch Seelsorge für Angehörige und Bezugspersonen sein. Im Kontakt mit dem System „Familie" ist eine ständig neue Rollenbeschreibung des Seelsorgers und der Seelsorgerin nötig.

Auch die Mitarbeitenden sind immer in besonderer Weise in ihren eigenen Kindheitserfahrungen und in ihrem Rollenverständnis von Vater und Mutter berührt. Dadurch entsteht eine größere Verletzbarkeit, die in einem besonders bedeutsamen und wachsamen Umgang des Seelsorgers und der Seelsorgerin damit ihren Niederschlag finden soll.

Die Arbeit in der Kinderklinik und auf Kinderstationen geschieht im wesentlichen durch Einzel- und Gruppengespräche, durch Spiel, kreatives Tun, gemeinsames Erleben, Gottesdienst, Gebet und rituelle Handlungen. Ebenso umfaßt sie seelsorgerliche und fachlich orientierte Angebote für Mitarbeitende.

Die Möglichkeiten des Seelsorgers und der Seelsorgerin begründen sich auch darin, dass sein/ ihr Platz außerhalb des Systems „Familie", außerhalb des therapeutischen Teams und außerhalb der Krankenhaushierarchie bleibt.

4. Fähigkeiten und Kompetenzen

Der Seelsorger und die Seelsorgerin arbeiten im kirchlichen Auftrag in einer Institution mit eigenen Strukturen. Das erfordert die Entwicklung einer persönlichen, theologisch-pastoralen und beruflichen Identität mit der Integration der Ziele einer Kinder-Krankenhaus-Seelsorge.

In der Kinderklinik schlägt sich besonders deutlich die fortschreitende Säkularisierung, Digitalisierung und Individualisierung der Gesellschaft nieder. Das erfordert eine hohe Flexibilität, besondere Spiritualität und den Mut zur Phantasie.

Die Arbeit mit ihrer überwiegenden Geh-Struktur erfordert ein selbständiges Arbeiten und ein hohes Maß an Selbstorganisation.

Der Seelsorger und die Seelsorgerin müssen ihre Arbeitskraft sinnvoll einsetzen können zwischen
– den verschiedenen Stationen
– Kurzzeitliegern und Langzeitliegern
– Begleitung der Angehörigen und Begleitung der Kinder
– Personal und Patienten
– Angeboten von Veranstaltungen und Besuchen
– Mitwirken an krankenhausinternen Einrichtungen wie Schule, Fortbildungen und krankenhausexternen Einrichtungen wie Selbsthilfegruppen, sozialen Einrichtungen
– Kontakten zur Gemeinde und Kontakten im Krankenhaus

Für die Arbeit im Krankenhaus sind besonders die Kontakt- und Beziehungsfähigkeit wichtig. Das heißt: Der Seelsorger und die Seelsorgerin sollen zu Menschen und vor allem zu Kindern Kontakt aufnehmen und ein Vertrauensverhältnis aufbauen können.

Der Seelsorger und die Seelsorgerin sollen mit Beziehungen professionell reflektiert umgehen können.

Der Seelsorger und die Seelsorgerin sollen die Bereitschaft mitbringen, seelsorgerliche Perspektiven in einen interdisziplinären Dialog einzubringen.

Für die Arbeit in der Kinderklinik sollen der Seelsorger und die Seelsorgerin Zugang haben zu den kindlichen Anteilen der eigenen Person.

Der Seelsorger und die Seelsorgerin sollen das Beziehungsgeflecht, in dem das Kind und seine Familie in der Klinik stehen, sehen und einschätzen können. Dazu müssen sie sich besondere Kenntnisse aneignen.

Es ist unumgänglich, Grundkenntnisse zu haben über das das Kind jeweils betreffende Krankheitsbild, dessen Verlauf und Therapie.

Der Seelsorger und die Seelsorgerin sollen in Krisen- und Konfliktsituationen sowie bei Sterben und Tod und in schweren Krankheiten Begleiter sein können.

Die speziell in der Kinderklinik auftretenden ethischen Fragen (Gentechnologie, vorgeburtliche Diagnostik, Organtransplantation usw.) und die besondere Betroffenheit angesichts leidender Kinder erfordert eine besondere Gesprächskompetenz im Umgang mit den Mitarbeitenden.

In allem sind eigene emotionale Stabilität und Belastbarkeit wichtig. Der Seelsorger und die Seelsorgerin sollten die eigene Person im seelischen Gleichgewicht halten könnten zwischen Belastung und Entspannung.

5. Qualifikation

5.1. Voraussetzungen

Die Kinder-Krankenhaus-Seelsorge wird von kirchlichen Mitarbeitern und Mitarbeiterinnen unterschiedlicher Profession wahrgenommen.

Für alle gelten folgende Voraussetzungen:
- Grundlagen von Theologie und Pädagogik
- Befähigung zu kasualem Handeln
- kirchliche Beauftragung
- die Ausbildungsstandards der Krankenhausseelsorge (KSA oder vergleichbare Seelsorgeausbildung)
- Bereitschaft zur Selbsterfahrung, Reflexion der eigenen seelsorgerlichen Arbeit und Teilnahme an fachspezifischer Supervision für Kinder-Krankenhaus-Seelsorge.

5.2. Kompetenzerwerb

Die Kompetenzen können in einem System von Einführung, Aus- und Fortbildung sowie reflektierter Praxis erworben werden durch:
- 14tägige Einführungskurse in die Kinder-Krankenhaus-Seelsorge
- spezielle Fortbildungen, die durch in der Kinder-Krankenhaus-Seelsorge Erfahrene angeboten werden. Ein Baukastensystem wird vom Seelsorgeinstitut Bethel oder anderen Einrichtungen in Zusammenarbeit mit der Fachkonferenz entwickelt. Es sollen mindestens folgende Themen berücksichtigt werden:
  o Entwicklungspsychologie
  o Psyche des Kindes
  o Kindspezifische Medizin und Krankheitsbilder
  o Sozialisation
  o Anthropologie des Kindes
  o Theologie (Religion) des Kindes
  o Ethische Fragen (frühgeburtliche Diagnostik, Genetik...)
  o Schwangerschaftsmedizin
  o Sterben und Trauer bei Kinder und Eltern
  o Weiterbildung in systemischem Denken bzw. Familienseelsorge

5.3 Der Seelsorger und die Seelsorgerin, die schwerpunktmäßig in Kinderkliniken und auf Kinderstationen arbeiten, sind verpflichtet zur Teilnahme an der jährlich stattfindenden überregionalen Fachkonferenz und den Treffen der zuständigen Regionalgruppe.

6. Rahmenbedingungen

In dieser besonderen Kliniktätigkeit sollen der Seelsorger und die Seelsorgerin in verstärktem Maße mit Ärzten, Therapeuten und Pflegepersonen zusammenarbeiten. Absprachen und die Teilnahme an Teambesprechungen sind notwendig.

Gespräche mit und Begleitung von Kindern, Angehörigen und deren Bezugspersonen sind zeitintensiv. Dabei ist zu berücksichtigen, daß die Verarbeitung dieser besonders belastenden Erfahrungen gewährleistet ist.

Angemessen in Abhängigkeit von Anstellung und Arbeitssituation ist eine Zuteilung von 1:100 bei Vollzeitbeauftragung, d.h. 1 Seelsorger/ in für 100 Betten. Bei schwerstkranken Kindern sollte die Bettenzahl deutlich geringer sein.

Zugunsten der Patienten sollte darüber hinaus eine Schwerpunktbildung im Verantwortungsbereich möglich sein (statt „flächendeckender" Arbeitsweise) bzw. dazu ermutigt werden.

Bedingungen vor Ort:
- eigenes Dienstzimmer für vertrauliche Gespräche
- eigener Telefonanschluß
- ausreichend finanzielle Mittel zur Beschaffung von Materialien usw.
- 5-Tage-Woche
- prinzipieller Bereitschaftsdienst in Absprache mit der Klinik
- selbständige, flexible Zeiteinteilung mit entsprechendem Zeitausgleich.

Literaturverzeichnis

Abt, Stephan M.: Der Umgang mit altersverwirrten Menschen: Das Gebot der Würde, in: Korrespondenzblatt der diakonischen Gemeinschaften von Neuendettelsau (135) 2001, 78–91.
Albrecht, Christoph: Einführung in die Hymnologie, Göttingen 1973.
Alt, Andrea u.a.: Arme Alleinerziehende? Frauen-Mutter-Leben zwischen Ansprüchen und Widersprüchen, Mainz 1999.
Amendt, Gerhard: Das Leben unerwünschter Kinder, Frankfurt a.M. 1992.
Arbeitsgruppe Stolzenbachhilfe (Hg.): Nach der Katastrophe. Das Grubenunglück von Borken. Ein Erfahrungsbericht über drei Jahre psychosoziale Hilfe, Göttingen 1992.
Archiv für Sozialpolitik: Suizid bei Kindern und Jugendlichen. Ein Dossier, in: Dr. med. Mabuse. Zeitschrift im Gesundheitswesen (19) 1994, 50–52.
Ariès, Philippe: L'enfant et la vie familiale sous l'ancien régime, Paris 1960, Deutsch: Geschichte der Kindheit, München 1975.
Asheim, Ivar: Glaube und Erziehung bei Luther. Ein Beitrag zur Geschichte des Verhältnisses von Theologie und Pädagogik, Pädagogische Forschungen 17, Heidelberg 1961.
Asper, Kathrin: Von der Kindheit zum Kind in uns. Lebenshilfe aus dem Unbewußten, Olten 1988.
Baier, Herwig: Von der Hilfsschule zum sonderpädagogischen Förderzentrum, in: Bayerische Schule (28) 1994, 362–364.
Bastian, Hans-Dieter/ Röbbelen, Ingeborg: Kind und Glaube, Pädagogische Forschungen 25, Heidelberg 1964.
Bauby, Jean-Dominique: Schmetterling und Taucherglocke, Wien 1997.
Bauer, Rita u.a.: Datenreport Alter. Individuelle und sozioökonomische Rahmenbedingungen heutigen und zukünftigen Alterns, in: Bundesministerium für Familie, Senioren, Frauen und Jugend (Hg.): Schriftenreihe des Bundesministeriums, Bd. 137, Stuttgart/ Berlin/ Köln 1997, 40–45.
das baugerüst. die zeitschrift, die weiterdenkt. Zeitschrift für Mitarbeiterinnen und Mitarbeiter in der evangelischen Jugendarbeit und außerschulischen Bildung: Themenheft „Seelsorge und Beratung", (49) 4/ 1997.
Becher, Werner: Erfahrungen bei der Seelsorge für ein sterbendes Kind, in: WzM (23) 1979, 16–27.
– (Hg.): Kranke Kinder zwischen Familie und Klinik, Frankfurt a.M. 1980.
Beck Ulrich/ Beck-Gernsheim, Elisabeth (Hg.): Riskante Freiheiten. Individualisierung in modernen Gesellschaften, Frankfurt a.M. 1994.
– (Hg.): Kinder der Freiheit, Frankfurt a.M. 1997.
Beck-Gernsheim, Elisabeth: Männerrolle, Frauenrolle – Aber was steckt dahinter? Soziologische Perspektiven zur Arbeitsteilung und Fähigkeitsdifferenzierung zwischen Geschlechtern, in: Eckert, Roland (Hg.): Geschlechterrollen und Ar-

beitsteilung. Mann und Frau in soziologischer Sicht, München 1979, 165–196.

Behringer, Hans Gerhard/ Harz, Frieder: Hören – Sprechen – Feiern. Seelsorgerliche Begleitung in der Kindertagesstätte, in: Riess, Richard/ Fiedler, Kirsten (Hg.): Die verletzlichen Jahre. Handbuch zur Beratung und Seelsorge an Kindern und Jugendlichen, Gütersloh 1993, 608–628.

Beneker, Christian: Hospiz „Löwenherz" will Kindern Sterben erleichtern. Ein weiteres deutsches Kinderhospiz soll entstehen, in: epd-Wochenspiegel 33/2000, 11.

Bentrup, Christel: Jugendliche mit langwierigen Erkrankungen in der Kinderklinik in: WzM (39) 1987, 422–424.

–: Versuch einer Situationsbeschreibung der Seelsorge im Kinderkrankenhaus Bereich der evangelischen Landeskirchen, in: WzM (39) 1987, 386f.

Berliner, Rudolf: Die Weihnachtskrippe, München 1955.

Bertram, Hans (Hg.): Die Familie in Westdeutschland. Stabilität und Wandel familialer Lebensformen. Deutsches Jugendinstitut: Familiensurvey 1, Opladen 1991.

–: Familien leben. Neue Wege zur flexiblen Gestaltung von Lebenszeit, Arbeitszeit und Familienzeit, Gütersloh 1997.

– / Hennig, Marina: Eltern und Kinder. Zeit, Werte und Beziehungen zu Kindern. Vortrag am 6.4.1995 in Stuttgart. Manuskript in: http://paedpsych.jk.uni-linz.ac.at: 4711/LEHRTEXTE/Bertram Hennig98.html, 27.02.2000.

Bieritz, Karl-Heinrich: Der Weihnachtsfestkreis, in: Ders.: Das Kirchenjahr. Feste, Gedenk- und Feiertage in Geschichte und Gegenwart, München 1998, 187–201.

Bierlein, Karl Heinz: Lebensbilanz, München 1994.

Bitzer, Matthias: Die Chefvisite, in: Dr. med. Mabuse. Zeitschrift im Gesundheitswesen (19) 1994, 22.

Bizer, Christoph: Auf dem Weg zu einer praktischen Anthropologie des Kindes und des Jugendlichen, in: Riess, Richard/ Fiedler, Kirsten (Hg.): Die verletzlichen Jahre. Handbuch zur Beratung und Seelsorge an Kindern und Jugendlichen, Gütersloh 1993, 743–756.

Blohm, Johannes (Hg.): Kinderbibeltag, Kinderkirchentag: Gemeinsam feiern, singen und spielen. Eine praktische Anleitung zur Vorbereitung und Gestaltung mit Tips, Erfahrungsberichten und Modellen, München 1994.

– (Hg.): Kinder herzlich willkommen. Kirche und Gemeinde kinder- und familienfreundlich gestalten. Ideen und Beispiele, München 1996.

Blunck, Walter: Die Vereinigung leitender Kinderärzte und Kinderchirurgen Deutschlands, in: Kinderarzt (23) 1992, 1899–1900.

Bobzin, Dorothea: Seelsorge im Kinderkrankenhaus – Versuch eines Konzepts, in: WzM (39) 1987, 403–411.

Bonhoeffer, Dietrich: Brief vom 1.9.1928 an Walter Dreß, in: Staats, Reinhard/ Wünsche, Matthias (Hg.): Dietrich Bonhoeffers Abschied von der Berliner „Wintertheologie" – Neue Funde aus seiner Spanienkorrespondenz1928, in: Zeitschrift für neuere Theologiegeschichte (1) 1994, 179–200.

Boßmann, Dieter/ Sauer, Gert/ Deßecker, Klaus: Wann wird der Teufel in Ketten gelegt? Kinder und Jugendliche stellen Fragen an Gott, Lahr/ München 1984.
Brähler, Elmar/ Richter, Horst-Eberhard: Deutsche Befindlichkeiten im Ost-West-Vergleich, in: psychosozial (18) 1995, 7–20.
Braun, Ottheinz: Das sterbende Kind und seine seelischen Probleme, in: Kinderarzt 1976, 155–159.
–: Seelsorge am kranken Kind – ein Problem?, in: WzM (29) 1977, 144–154.
–: Seelsorge am kranken Kind. Was Ärzte, Psychologen und Seelsorger dazu sagen, Stuttgart 1983.
Brinkel, Karl: Die Lehre Luthers von der fides infantium bei der Kindertaufe, Berlin 1958.
Brocher, Tobias: Wenn Kinder trauern, Reinbek 1985.
Brunner, Judith: „Der Jesus kann auch gut mit Kindern umgehen". Christologie der Vorschulkinder, in: Büttner, Gerhard/ Thierfelder, Jörg (Hg.): Trug Jesus Sandalen? Kinder und Jugendliche sehen Jesus Christus, Göttingen 2001, 27–71.
Bundesinstitut für Bevölkerungsforschung: Bericht 1998 über die demographische Lage in Deutschland, in: http: //www.bib-demographie.de/demolage.htm. 11.03.2000.
Clinebell, Howard: „Ökotherapie" – Ein Paradigma für eine ökologisch-soziale Identität, in: WzM (50) 1998, 160–174.
Coles, Robert: The Spiritual Life of Children, Boston 1990.
Costar, Ilse: Das Verhältnis von Profession, Professionalisierung und Geschlecht in historisch vergleichender Perspektive, in: Wetterer, Angelika (Hg.): Profession und Geschlecht. Über die Marginalität von Frauen in hochqualifizierten Berufen, Frankfurt a.M.1992, 51–82.
Conrad, Joachim: Die junge Generation im Alten Testament (Diss. Leipzig 1963), Stuttgart 1970.
Comenius-Institut (Hg.): Förderprogramm für den Kindergarten, Bände 1–7, Münster 1979ff.
Dahlgrün, Corinna: Harry Potters Trivialreligiosität, in: PTh (90) 2001, 78–87.
De Mause, Lloyd (Hg.): The History of Childhood, New York 1974, Deutsch: Hört ihr die Kinder weinen. Eine psychogenetische Geschichte der Kindheit, Frankfurt a.M. 1977.
Deutsches Jugendinstitut (Hg.): Was für Kinder. Aufwachsen in Deutschland, München 1993.
Dieterich, Michael: Psychotherapie, Seelsorge, Biblisch-therapeutische Seelsorge, Neuhausen – Stuttgart 1987.
– (Hg.): Praxisbuch Seelsorge mit Kindern: in Liebe leiten, Neuhausen – Stuttgart 1994.
Domin, Hilde: Hier. Gedichte, Frankfurt a.M. 1993.
Dörner, Klaus: Leben mit Be-wußtsein? Eine Annäherung, in: Bienstein,Christel/ Fröhlich, Andreas (Hg.): Bewußtlos. Eine Herausforderung für Angehörige, Pflegende und Ärzte, Düsseldorf 1994, 10–15.
–: „Leben als Fragment". Die Politik der Lebensführung vom Anderen her, in: WzM (52) 2000, 128–141.

Dornes, Martin: Der kompetente Säugling. Die präverbale Entwicklung des Menschen, Frankfurt a.M. 9. Aufl. 1999.
Drewermann, Eugen: Dein Name ist wie der Geschmack des Lebens. Tiefenpsychologische Deutung der Kindheitsgeschichte nach dem Lukasevangelium, Freiburg 1986.
Ebeling, Gerhard: Lutherstudien, Bd. 2: Disputatio de homine, Teil 1: Text und Texthintergrund, Tübingen 1977.
Eichendorffs Werke. Hg. von Dietze, Richard, Leipzig 1891.
Elgeti, Ricarda: Zum Verhältnis von Theologie und Psychoanalyse, in: Klessmann, Michael/ Lückel, Kurt (Hg.): Zwischenbilanz: Pastoralpsychologische Herausforderungen. Zum Dialog zwischen Theologie und Humanwissenschaften, Bielefeld 1994, 89–99.
Erikson, Erik H.: Identity and Life Circle, New York 1959, Deutsch: Identität und Lebenszyklus, Frankfurt a.M. 6. Aufl.1980.
Erler, Michael: Die Dynamik der modernen Familie. Empirische Untersuchung zum Wandel der Familienformen in Deutschland, Weinheim 1996.
Evangelische Aktionsgemeinschaft für Familienfragen in Bayern (Hg.): Kinder erwünscht – Unterwegs zu einer kinder- und familienfreundlichen Gemeinde, Nürnberg 1988.
Evangelisches Gesangbuch. Ausgabe für die Evangelisch-Lutherische Kirche in Bayern und Thüringen.
Fairchild, Roy W.: Seelsorge mit depressiven Menschen, Mainz 1991.
Fangmeier, Jürgen: Theologische Anthropologie des Kindes, Theologische Studien 77, Zürich 1964.
Feil, Naomi: Validation in Anwendung und Beispielen, München 2. Aufl. 2000.
Fertig, Botho/ v. Wietersheim, Hanjo (Hg.): Menschliche Begleitung und Krisenintervention im Rettungsdienst, Wien 1997.
Fowler, James W.: Stages of Faith. The Psychology of Human Development and the Quest for Meaning, San Francisco 1981, Deutsch: Stufen des Glaubens. Die Psychologie der menschlichen Entwicklung und die Suche nach Sinn, Gütersloh 1991.
–: Theologie und Sozialwissenschaften in den USA – Chancen und Grenzen der Zusammenarbeit, in: Nipkow, Karl Ernst u.a. (Hg.): Praktische Theologie und Kultur der Gegenwart. Ein internationaler Dialog, Gütersloh 1992, 155–169.
Fraas, Hans-Jürgen: Die Religiosität des Menschen. Ein Grundriß der Religionspsychologie, Göttingen 1990.
Freud, Sigmund: Die Traumdeutung, Ges. Werke 2. und 3. Band (1900–1901), Frankfurt a.M. 4. Aufl. 1966.
–: Drei Abhandlungen zur Sexualtheorie, Ges. Werke 5. Band (1904–1905), Frankfurt a.M. 4. Aufl. 1966.
–: Zwangshandlungen und Religionsübungen, in: Ges. Werke 7. Band (1906–1909), Frankfurt a.M. 4. Aufl. 1966.
–: Totem und Tabu (1912/13), in: Studienausgabe (Hg. von Mitscherlich, Alexander u.a.), Bd. IX, Frankfurt a.M. 1969, 287–444.
–: Trauer und Melancholie (1916), in: Psychologie des Unbewußten. Studienausgabe (Hg. von Mitscherlich, Alexander u.a.), Bd. III, Frankfurt a.M. 1975, 194ff.

Frisé, Maria/ Stahlberg, Jürgen: Allein mit Kind. Alleinerziehende Mütter und Väter. Lebensbilder, Gespräche, Auskünfte, München 1992.

Frör, Peter: Seelsorge auf der Intensivstation, in: Klessmann, Michael (Hg.): Handbuch der Krankenhausseelsorge, Göttingen 1996, 51–63.

Fthenakis, Wassilios E.: Zweitfamilien, in: Psychologie heute 1985/7, 20–26.

– / Oberndorfer, Rotraut: Alleinerziehende Väter – eine zu vernachlässigende Minderheit? Zur Situation alleinerziehender Väter. Ein Befund, in: Riess, Richard/ Fiedler, Kirsten (Hg.): Die verletzlichen Jahre. Handbuch zur Beratung und Seelsorge an Kindern und Jugendlichen, Gütersloh 1993, 564–583.

Fuchs, Rosemarie: Stationen der Hoffnung. Seelsorge an krebskranken Kindern, Zürich 1984.

Füg, Lydia: Spontaneität und Ethik. Ihre Bedeutung im Rettungswesen bzw. in der Intensivmedizin, in: Städtler-Mach, Barbara (Hg.): Ethik im Gesundheitswesen, Berlin/ Heidelberg 1999, 103–128.

Funke, Johannes Gerrit: Notfallseelsorge – ein junges kirchliches Aufgabenfeld, in: DPfBl (98) 1998, 661–663.

Gärtner, Heiderose: Und wenn sie alt werden, werden sie dennoch blühen ... Ein Beitrag zu Grundfragen kasuellen Handelns der Kirche unter besonderer Berücksichtigung der Seelsorge mit alten Menschen, exemplarisch dargestellt an der Alterskasualie Goldene Konfirmation, Aachen 1997.

Gärtner, Michael: Über die Kindvergessenheit der Kirche. Wie Kinder ihre Kirche sehen – Reflexionen zu einem Kinderhearing, in: Praktische Theologie (31) 1996, 83–87.

Gellner, Christoph: Weisheit, Kunst und Lebenskunst. Fernöstliche Religion und Philosophie bei Hermann Hesse und Bertolt Brecht, Mainz 1994.

Gewalt, Dietfried (Hg.): Schwerhörigenseelsorge im Gespräch, Nordhorn 1991.

Gockerell, Nina: Il Bambino Gesu. Italienische Jesuskindfiguren aus drei Jahrhunderten, München 1997.

Götzelmann, Arnd: „Kinder an die Macht!". Chancen und Aufgaben der Arbeit mit Kindern in der Kirchengemeinde, in: Praktische Theologie (31) 1996, 116–139.

Gräb, Wilhelm: Lebensgeschichten. Lebensentwürfe. Sinndeutungen. Eine praktische Theologie gelebter Religion, Gütersloh 1998.

Greiner, Dorothea: Segen und Segnen. Eine systematisch-theologische Grundlegung, Stuttgart 1998.

Grethlein, Christian: Leben mit Kindern im Kindergottesdienst, in: PTh (83) 1994, 509–518.

Grom, Bernhard: Kerygma, Symbol, Struktur – oder Erfahrung. Religionspädagogische Konzepte, in: Katechetische Blätter 113, 480–487.

Gruen, Arno: Ein früher Abschied. Objektbeziehungen und psychosomatische Hintergründe beim Plötzlichen Kindstod, Göttingen 1999.

Grüneisen, Veronika: Familie gestern und heute – Wunsch und Wirklichkeit, in: WzM (53) 2001, 86–97.

Hafner, Manfred D./ Meier, Andreas: Geriatrische Krankheitslehre, Teil 1 und 2, Bern 1998.

Hahn, Jochen: Der Plötzliche Kindstod. Sudden infant death Syndrom, Aachen 1995.

Hanisch, Helmut: Die zeichnerische Entwicklung des Gottesbildes bei Kindern und Jugendlichen. Eine empirische Vergleichsuntersuchung mit religiös und nicht-religiös Erzogenen im Alter von 7–16 Jahren, Leipzig/ Stuttgart 1996.
–: „... und manchmal träume ich, daß Gott eine Tochter hat, die sich um die Gedanken, Wünsche und Träume der Kinder kümmert ...". Zur religiösen Phantasie von Kindern, in: Ritter, Werner H. (Hg.): Religion und Phantasie. Von der Imaginationskraft des Glaubens, Göttingen 2000, 89–112.
Haufe, Günther: Das Kind im Neuen Testament, in: ThLZ (104) 1979, 625–638.
Heiliger, Anita (Hg.): Alleinerziehen als Befreiung, Pfaffenweiler 1991.
Heimbrock, Hans-Günter: Lernwege religiöser Erziehung, Göttingen 1984.
Hellinger, Bert: Ordnungen der Liebe. Ein Kurs-Buch, Heidelberg 1994.
Herbst, Michael: Ich bin so traurig – Ich habe mein Herz in eine große Schüssel gelegt. Seelsorge an schwerkranken und sterbenden Kindern im Kinderkrankenhaus, in: Glaube und Lernen (9) 1994, 70–86.
Hermann, Nina: Ich habe nicht umsonst geweint. Eine Krankenhausseelsorgerin erzählt, Zürich 1979.
Hertzsch, Klaus-Peter: Auf der Suche nach neuen Lebenszielen, in: DPfBl (97) 1997, 559–565.
Hesse, Hermann: Kinderseele (insel taschenbuch), Frankfurt a.M./ Leipzig 1998.
Hinck, Walter: Das Gedicht: Entschlackte Sprache, in: Ders: Stationen der deutschen Lyrik. Von Luther bis in die Gegenwart – 100 Gedichte und ihre Interpretationen, Göttingen 2000, 13–23.
Honig, Michael-Sebastian/ Leu, Hans Rudolf/ Nissen, Ursula: Kindheit als Sozialisationsphase und als kulturelles Muster. Zur Strukturierung eines Forschungsfeldes, in: Dies. (Hg.): Kinder und Kindheit. Soziokulturelle Muster – sozialisationstheoretische Perspektiven, Weinheim/ München 1996, 9–29.
Huchel, Peter: Ausgewählte Gedichte, Frankfurt a.M. 1973.
Hull, John M.: Wie Kinder über Gott reden. Ein Ratgeber für Eltern und Erziehende, Gütersloh 1997.
Hunt, Swanee: The Socio-Ethical Dimensions of Empathy: Elements of Robert Coles' Mode of Inquiry as Paradigmatic for Pastoral Care and Counseling, Diss. Denver 1986.
Hurrelmann, Klaus/ Ulrich, Dieter (Hg.): Neues Handbuch der Sozialisationsforschung, Weinheim/ Basel 4. Aufl. 1991.
Janssen, Lothar: Therapeutisch-seelsorgerliche Begleitung von Kindern, in: Schindler, Regine (Hg.): Tränen, die nach innen fließen. Mit Kindern dem Tod begegnen. Erlebnisberichte betroffener Kinder und Eltern, Lahr 1993.
Janssen, Paul L.: Psychoanalytische Therapie in der Klinik, Stuttgart 1987.
Josuttis, Manfred: Der Weg in das Leben. Eine Einführung in den Gottesdienst auf verhaltenswissenschaftlicher Grundlage, München 1991.
Juchli, Liliane: Heilen durch Wiederentdecken der Ganzheit, Stuttgart 2. Aufl. 1986.
Jüngel, Eberhard/ Rahner, Karl/ Seitz, Manfred: Die Praktische Theologie zwischen Wissenschaft und Praxis, München 1968.
Kammer der EKD für Ehe und Familie: Gottes Gabe und persönliche Verantwortung. Zur ethischen Orientierung für das Zusammenleben in Ehe und Familie, Gütersloh 1998.

Kaschnitz, Marie Luise: Die Gedichte, in: Gesammelte Werke, Fünfter Band, Frankfurt a.M. 1985.

Kast, Verena: Trauern. Phasen und Chancen des psychischen Prozesses, Stuttgart 13. Aufl. 1992.

Kaufmann, Hans Bernhard: Kindsein als Modell des Menschseins, in: Stollberg, Dietrich/ Riess, Richard (Hg.): Das Wort, das weiterwirkt. Aufsätze zur Praktischen Theologie in memoriam Kurt Frör, München 1981, 21–32.

Kegan, Robert: The Evolving Self. Problem and Process in Human Development, New York 1982, Deutsch: Die Entwicklungsstufen des Selbst. Fortschritte und Krisen im menschlichen Leben, München 3. Aufl. 1986.

Kipp, Johannes/ Jüngling, Gerd: Einführung in die Gerontopsychiatrie, München 3. Aufl. 2000.

Kirche lebt mit Familien. Positionen – Angebote – Impulse. Im Auftrag der Evang.-Luth. Kirche in Bayern (Hg.), Nürnberg 2000.

Klappenecker, Gabriele: Glaubensentwicklung und Lebensgeschichte. Eine Auseinandersetzung mit der Ethik James W. Fowlers, zugleich ein Beitrag zur Rezeption von H. Richard Niebuhr, Lawrence Kohlberg und Erik H. Erikson, Stuttgart/ Berlin/ Köln 1998.

Klein, Günter: Bibelarbeit über Mk 10,13–16, in: Krause, Gerhard (Hg.): Die Kinder im Evangelium, Stuttgart/ Göttingen 1973, 12–30.

Klein, Melanie: Neid und Dankbarkeit (1958), in: Dies.: Das Seelenleben des Kleinkindes und andere Beiträge zur Psychoanalyse, Stuttgart 4. Aufl. 1991, 225–242.

Klessmann, Michael: Vorwort zum Themenheft „Seelsorge im Kinderkrankenhaus", in: WzM (39) 1987, 385.

– / Lückel, Kurt (Hg.): Zwischenbilanz: Pastoralpsychologische Herausforderungen. Zum Dialog zwischen Theologie und Humanwissenschaften, Bielefeld 1994.

–: Die Suche nach Sinn in der Krankheit. Säkulare und religiöse Deutungsmuster, in: Praktische Theologie (30) 1995, 158–169.

–: Krankenhausseelsorge als Dienst der Kirche in der pluralen Gesellschaft, in: Ders. (Hg.): Handbuch der Krankenhausseelsorge, Göttingen 1996, 270–279.

– / Liebau, Irmhild: Seelsorge als „Verleiblichung der Theologie". Pastoralpsychologische Akzente bei Dietrich Stollberg, in: Dies. (Hg.): Leiblichkeit ist das Ende der Werke Gottes. Körper – Leib – Praktische Theologie, Göttingen 1997, 11–21.

Köhler, Rudolf: Handbuch zum Evangelischen Kirchengesangbuch I/ 2, Göttingen 1965.

Kohlberg, Lawrence: The Meaning and Measurement of Moral Development, in: The Heinz Werner Memorial Lecture Series, Vol. 13, Worcester 1979, Deutsch: Die Bedeutung und Messung des Moralurteils, in: Kohlberg, Lawrence: Die Psychologie der Moralentwicklung, Frankfurt a.M. 1996, 175–216.

–: Essays on Moral Development, Vol 1: The Philosophy of Moral Development, San Francisco 1981, Vol. 2: The Psychology of Moral Development, San Francisco 1984, Deutsch: Die Psychologie der Moralentwicklung, Frankfurt a.M. 1996.

Korczak, Janusz: Wie man ein Kind lieben soll, Göttingen 8. Aufl. 1983.

–: Das Recht des Kindes auf Achtung, Göttingen 6. Aufl. 1998.

Krause, Gerhard (Hg.): Die Kinder im Evangelium, Stuttgart/ Göttingen 1973.
Krenzer, Rolf (Hg.): Lesebuch der Jahreszeiten, Freiburg 1993.
Krüger, Dorothea/ Micus, Christiane (Hg.): Diskriminiert? Privilegiert? Die heterogene Lebenssituation Alleinerziehender im Spiegel neuer Forschungsergebnisse und aktueller Daten des Staatsinstituts für Familienforschung, Bamberg 1999.
Kuschel, Karl-Josef: „Vielleicht hält Gott sich einige Dichter ...". Literarisch-theologische Portraits, Mainz 1991.
Lachmann, Rainer: Art. Kind, in: TRE Bd. XVIII, Berlin/ New York 1989, 156–176.
Landesverband für Evangelische Kindergottesdienst-Arbeit in Bayern (Hg.): 1850–2000. 150 Jahre Kindergottesdienst im deutschsprachigen Raum, Nürnberg 2000.
Leach, Christopher: Abschied nehmen. Ein Vater trauert um seinen Sohn, München 1990.
Lehr, Ursula: Psychologie des Alterns, Heidelberg/ Wiesbaden 7. Aufl. 1991.
Lehrplan für den Evangelischen Religionsunterricht an Grundschulen in Bayern: 1. bis 4. Jahrgangsstufe, München 2. Aufl. 1994.
Leist, Marielene: Kinder begegnen dem Tod, Gütersloh 1979.
–: Daß alles, was lebt, eines Tages sterben muß. Zum Thema „Sterben und Tod in frühen Jahren", in: Riess, Richard/ Fiedler Kirsten (Hg.): Die verletzlichen Jahre. Handbuch zur Beratung und Seelsorge an Kindern und Jugendlichen, Gütersloh 1993, 147–164.
Leiste, Susanne: Studien zur Darstellung des Kindes und der Kindheit in der bildenden Kunst des ausgehenden Mittelalters und der frühen Neuzeit, Diss. Erlangen 1985.
Loch, Werner: Die anthropologische Dimension der Pädagogik, Essen 1963.
–: Die Verleugnung des Kindes in der Evangelischen Pädagogik. Zur Aufgabe einer empirischen Anthropologie des kindlichen und jugendlichen Glaubens, Essen 1964.
Lothrop, Hannah: Gute Hoffnung – jähes Ende. Ein Begleitbuch für Eltern, die ihr Baby verlieren und alle, die sie unterstützen wollen, München 3. Aufl. 1993.
Ludolphy, Ingetraud: Zur Geschichte der Auslegung des Evangelium infantium, in: Krause, Gerhard (Hg.): Die Kinder im Evangelium, Stuttgart/ Göttingen 1973, 31–51.
Luther, Henning: Leben als Fragment, in: WzM (43) 1991, 262–271.
Luther, Martin: Werke. Kritische Gesamtausgabe, Weimar 1888 ff.
Mähler, Claudia: Weiß die Sonne, daß sie scheint? Eine experimentelle Studien zur Deutung des animistischen Denkens bei Kindern, Weinheim 1995.
Mansel, Jürgen/ Kolip, Petra: Unglückliche Kindheit. Ergebnisse einer Untersuchung zu Gesundheitsgefährdungen im Kindes- und Jugendalter, in: Dr. med. Mabuse. Zeitschrift im Gesundheitswesen (19) 1994, 47–49.
Markefka, Manfred/ Nauck, Bernhard (Hg.): Handbuch der Kindheitsforschung, Neuwied 1993.
Maymann, Ursula/ Zerfaß, Rolf: Kranke Kinder begleiten. Wie Eltern, Schwestern, Ärzte und Seelsorger helfen können, Freiburg u.a. 1984.
Mertens, Wolfgang: Psychoanalyse, Stuttgart 4. Aufl. 1992.

Mette, Norbert: Theorie der Praxis. Wissenschaftsgeschichtliche und methodologische Untersuchungen zur Theorie-Praxis-Problematik innerhalb der Praktischen Theologie, Düsseldorf 1978.
–: Kinder in der Bibel, in: Synode der Evangelischen Kirche in Deutschland: Aufwachsen in schwieriger Zeit. Kinder in Gemeinde und Gesellschaft, Gütersloh 1995, 79–96.
Meulemann, Heiner: Stichwort: Lebenslauf, Biographie und Bildung, in: Zeitschrift für Erziehungswissenschaft (2) 1999, 305–324.
Meyer, Evi: Kinder, in: Haslinger, Herbert (Hg.): Handbuch Praktische Theologie, Band 2 – Durchführungen, Mainz 2000, 47–60.
Moltmann, Jürgen: Theologie der Hoffnung, München 12. Aufl. 1985.
Morgenroth, Matthias: Der Harry-Potter-Zauber, in: PTh (90) 2001, 66–77.
Morgenthaler, Christoph: Klaus Winkler: Seelsorge, in: WzM (51) 1999, 303–310.
–: Von der Pastoralpsychologie zur empirischen Religionspsychologie? – Das Beispiel ‚religiöses Coping', in: WzM (54) 2002, 287–300.
Müller, Peter: In der Mitte der Gemeinde. Kinder im Neuen Testament, Neukirchen 1992.
Naraal, Terje: Kleine Kinder im Krankenhaus – Krisensituationen für Eltern und Kind, in: Becher, Werner (Hg.): Kranke Kinder zwischen Familie und Klinik, Frankfurt a.M. 1980, 17–28.
Naurath, Elisabeth: Seelsorge als Leibsorge. Perspektiven einer leiborientierten Krankenhausseelsorge, Stuttgart/ Berlin/ Köln 2000.
Nipkow, Karl Ernst: Lebensgeschichte und religiöse Lebenslinie. Zur Bedeutung der Dimension des Lebenslaufes in der Praktischen Theologie und Religionspädagogik, in: Biehl, Peter u.a. (Hg.): Jahrbuch der Religionspädagogik (JRP), 3. Bd. 1986, Neukirchen-Vluyn 1987, 3–35.
– / Schweitzer, Friedrich, Fowler, James W. (Hg.): Glaubensentwicklung und Erziehung, Gütersloh 2. Aufl. 1989.
–: Grundfragen der Religionspädagogik, Bd. 1: Gesellschaftliche Herausforderungen und theoretische Ausgangspunkte, Gütersloh 4. Aufl. 1990.
–: Erwachsenwerden ohne Gott? Gotteserfahrung im Lebenslauf, München 4. Aufl. 1992.
Oberndorfer, Rotraut: Die subjektive Sicht der Betroffenen im Scheidungsgeschehen, in: Buskotte, Andreas (Hg.): Ehescheidung. Folgen für die Kinder. Ein Handbuch für Berater und Begleiter, Hamm 1991.
Oesterreich, Klaus: Psychische Krankheit im Alter am Beispiel der Demenz. Definition – Abgrenzung normalen Alterns vom psychopathologischen Alter, in: Schmidt, Roland/ Stephan, Regina (Hg.): Der dementiell erkrankte Mensch. Probleme der praktischen Altenhilfe, Berlin 1984, 15–22.
Orbach, Israel: Kinder, die nicht leben wollen, Göttingen 1990.
Oser, Fritz/ Gmünder, Paul: Der Mensch. Stufen seiner religiösen Entwicklung. Ein strukturgenetischer Ansatz, Zürich/ Köln 1984 und Gütersloh 3. Aufl. 1992.
Oser, Fritz/ Reich Karl Helmut: Entwicklung und Religiosität, in: Schmitz, Edgar (Hg.): Religionspsychologie. Eine Bestandsaufnahme des gegenwärtigen Forschungsstandes, Göttingen u.a. 1992, 65–99.

Ostermann, Erika: Aufgaben und Defizite der Seelsorge am kranken Kind, Evang. Akademie Hofgeismar, Protokoll 132, 177.
Oswald, Wolf D. u.a. (Hg.): Gerontologie. Medizinische, psychologische, sozialwissenschaftliche Grundbegriffe, Stuttgart 2. Aufl. 1991.
Otto, Gert: Oldenburger Thesen zur Erziehertagung des Evangelischen Bundes 1969, in: Im Lichte der Reformation. Jahrbuch des Evangelischen Bundes XI-II, Göttingen 1970, 89f.
Petri, Horst: Das Drama der Vaterentbehrung. Chaos der Gefühle – Kräfte der Heilung, Freiburg 1999.
Peuckert, Rüdiger: Familienformen im sozialen Wandel, Opladen 2000.
Piaget, Jean: The Moral Judgement of the Child (1932), Glencoe 1948, Deutsch: Das moralische Urteil beim Kinde, Frankfurt a.M. 1973.
–: The Psychology of the Child (1966), New York 1969, Deutsch: Die Psychologie des Kindes, Olten 1972.
Plieth, Martina: Kind und Tod. Zum Umgang mit kindlichen Schreckensvorstellungen und Hoffnungsbildern, Neukirchen 2. Aufl. 2002.
Praetorius, Ina: Anthropologie und Frauenbild in der deutschsprachigen Protestantischen Ethik seit 1945, Gütersloh 2. Aufl. 1994.
Pietz, Hans-Wilhelm: „Auch deine Seele wird ein Schwert durchdringen". Vom Leiden und Sterben der Kinder in Luthers Leben und Denken, in: Evangelisches Predigerseminar Lutherstadt Wittenberg (Hg.): ... da Tod und Leben rungen. Tod und Leben in der Sicht Martin Luthers und heute, Wittenberg 1996, 59–74.
Priebe, Botho et. al.: Sucht- und Drogenvorbeugung in Elternhaus und Schule, Berlin 1994.
Radebold, Hartmut: Abwesende Väter. Folgen der Kriegskindheit in Psychoanalysen, Göttingen 2000.
Rahner, Karl: Gedanken zu einer Theologie der Kindheit, in: Ders.: Schriften zur Theologie BD. VII: Zur Theologie des geistlichen Lebens, Einsiedeln/ Zürich 1960, 313–329.
Ravens-Sieberer, Ulrich/ Cieza, Anton: Lebensqualität und Gesundheitsökonomie in der Medizin: Konzepte, Methoden, Anwendung, Landsberg 2000.
Rest, Franco: Bewußt-Sein statt Bewußt-Haben. Zur Kultur der Bewußt-losen, in: Bienstein, Christel/ Fröhlich, Andreas: Bewußtlos. Eine Herausforderung für Angehörige, Pflegende und Ärzte, Düsseldorf 1994, 16–24.
Richter, Horst-Eberhard: Zur Sache: Deutschland, in: psychosozial (18) 1995, 21–30.
Riess, Richard: Zur Seelsorge an Schülern, in: Ders. (Hg.): Perspektiven der Pastoralpsychologie, Göttingen 1974, 167–187.
–: Abschied und Aufbruch im Glauben. Leben mit der Ambivalenz von Gewißheit und Zweifel in den Wandlungsprozessen der Gottesbeziehung, in: Ders.: Sehnsucht nach Leben. Spannungsfelder, Sinnbilder und Spiritualität in der Seelsorge, Göttingen 1987, 81–95.
–: Seelsorge am kranken Menschen. Eine Skizze zur Entwicklung und Ausbildung der klinischen Seelsorge, in: Ders.: Sehnsucht nach Leben. Spannungsfelder, Sinnbilder und Spiritualität der Seelsorge, Göttingen 1987, 127–138.
– / Fiedler, Kirsten (Hg.): Die verletzlichen Jahre. Handbuch zur Beratung und Seelsorge an Kindern und Jugendlichen, Gütersloh 1993.

–: Entwicklung, Lernen, Sozialisation. Elemente im Erziehungsprozeß, in: Harz, Frieder/ Schreiner, Martin (Hg.): Glauben im Lebenszyklus, München 1994, 17–29.
–: Praktische Theologie, in: Dittmer, Jörg (Hg.): Theologie auf dem Campus – Festschrift zum 50jährigen Bestehen der Augustana-Hochschule in Neuendettelsau, Neuendettelsau 1997, 218–229.
Ritschl, Dietrich: Zur Logik der Theologie. Kurze Darstellung der Zusammenhänge theologischer Grundgedanken, München 2. Aufl. 1988.
Ritter, Werner H.: Christlicher Glaube und Erfahrung. Die Bedeutung von Erfahrung für den christlichen Glauben im religionspädagogischen Verwendungszusammenhang, Regensburg 1985.
–: Glaube und Erfahrung im religionspädagogischen Kontext, Göttingen 1989.
Rizzuto, Ana-Maria: The Birth of the Living God. A Psychoanalytical Study, Chicago/ London 1979.
Rode, Rosemarie: Studien zu den mittelalterlichen Kind-Jesu-Visionen, Diss. Frankfurt 1957.
Rößler, Martin: Da Christus geboren war ... Texte, Typen und Themen des deutschen Weihnachtsliedes, Stuttgart 1981.
Salomon, Fred: Bewußtsein und Bewußtlosigkeit aus anästhesiologischer und intensivmedizinischer Sicht, in: Bienstein, Christel/ Fröhlich, Andreas (Hg.): Bewußtlos. Eine Herausforderung für Angehörige, Pflegende und Ärzte, Düsseldorf 1994, 25–34.
–: Fortschritte in der Medizin. Konsequenzen für das Menschenbild, in: WzM (51) 1999, 410–422.
Sander, Elisabeth: Alleinerziehende Eltern, in: Paetzold, Bettina/ Fried, Lilian (Hg.): Einführung in die Familienpädagogik, Weinheim/ Basel 1989, 69–85.
Sarimski, Klaus: Frühgeborene in den ersten Lebenswochen, Heidelberg o.J. 10f.
Scharfenberg, Joachim: Einführung in die Pastoralpsychologie, Göttingen 2. Aufl. 1990.
Schiff, Harriet S.: Verwaiste Eltern, Stuttgart 2. Aufl. 1990.
Schindler, Regine (Hg.): Tränen, die nach innen fließen. Mit Kindern dem Tod begegnen. Erlebnisberichte betroffener Kinder und Eltern, Lahr 1993.
Schmid, Raimund: Eltern-Selbsthilfegruppen: Kranke Kinder und aktive Eltern. Ein bundesweiter Wegweiser, Lübeck u.a. 1992.
Schmidt, Heinrich und Margarethe: Die vergessene Bildersprache christlicher Kunst, München 1981.
Schneider, Rolf: Signale des Lichts, in: Reich-Ranicki, Marcel (Hg.): 1000 deutsche Gedichte und ihre Interpretationen, Achter Band: Von Peter Huchel bis Paul Celan, Frankfurt a.M./ Leipzig 3. Aufl. 1996, 34–36.
Schneidewind, Friedhelm: Das ABC rund um Harry Potter, Berlin 2000.
Schottrof, Luise: Befreiungserfahrungen. Studien zur Sozialgeschichte des Neuen Testaments, München 1990.
Schottrof, Luise und Willy: Gegen die Beliebigkeit, in: Janssen, Claudia/ Wehn, Beate (Hg.): Wie Freiheit entsteht. Sozialgeschichtliche Bibelauslegungen, Gütersloh 1999, 13–19.
Schramm, Axel: Altern und Gesundheit aus der Sicht der Geriatrie, in: Obernender, Peter (Hg.): Alter und Gesundheit. Gesundheitsökonomische Beiträge Bd. 26, Baden-Baden 1996, 11–28.

Schreiner, Klaus: Maria. Jungfrau, Mutter, Herrscherin, München/ Wien 1994, Bearbeitete Taschenbuchausgabe München 1996.
Schunck, Julius: Kinderpredigten, den Kindern vorzulesen, Nördlingen 1856, in: Landesverband für Evangelische Kindergottesdienstarbeit in Bayern (Hg.): 1850–2000. 150 Jahre Kindergottesdienstarbeit in Bayern und im deutschsprachigen Raum, Nürnberg 2000, 77–83.
Schwartz, Friedrich Wilhelm/ Frhr. Von Troschke, Jürgen/ Walter, Ulla: Public Health in Deutschland, in: Deutsche Gesellschaft für Public Health (Hg.): Public Health Forschung in Deutschland, Bern u.a. 1999.
Schwarz, Jutta-Ute: Auch Mütter dürfen Fehler machen. Zur Situation alleinerziehender Mütter. Ein Essay, in: Riess, Richard/ Fiedler, Kirsten (Hg.): Die verletzlichen Jahre. Handbuch zur Beratung und Seelsorge an Kindern und Jugendlichen, Gütersloh 1993, 551–563.
–: Bericht über den Modellversuch „Integrierte Seelsorge" vom 1.9.1989–31.8.1992 an der Tübinger Universitätskinderklinik, in: BThZ (10) 1993, 236–248.
Schwarzenau, Paul: Das göttliche Kind. Der Mythos vom Neubeginn, Stuttgart 1984.
Schweitzer, Albert: Aus meiner Kindheit und Jugendzeit (1924), München 1996.
Schweitzer, Friedrich: Religion und Entwicklung. Bemerkungen zur kognitiv-strukturellen Religionspsychologie, in: WzM (37) 1985, 316–325.
–: Lebensgeschichte und Religion. Religiöse Entwicklung und Erziehung im Kindes- und Jugendalter, München 2. Aufl. 1991.
–: Die Religion des Kindes. Zur Problemgeschichte einer religionspädagogischen Grundfrage, Gütersloh 1992.
–: Das Recht des Kindes auf Religion. Ermutigungen für Eltern und Erzieher, Gütersloh 2000.
Schwizer, Viviane: Januarkinder. Vom Überleben auf der Intensivstation, Zürich 1988.
Seiler, Dieter: Frühe Schicksale des Glaubens. Überlegungen zur fides infantium, in: WzM (48) 1996, 70–95.
Silbereisen, Rainer: Kindheit und Jugend vor und nach der Wende, in: http:// www.dfg.de/aktuell/Pressemitteilungen/Archiv/presse 1999, html, 11.03.2000.
Söhngen, Oskar: Theologische Grundlagen der Kirchenmusik, Leiturgia IV, Kassel 1961.
Sölle, Dorothee: Das Eis der Seele spalten. Theologie und Literatur auf der Suche nach einer neuen Sprache, in: Dies.: Das Eis der Seele spalten. Theologie und Literatur in sprachloser Zeit, Mainz 1996, 75–85.
–: Lieben und Arbeiten. Eine Theologie der Schöpfung, München 2001.
Söllner, Werner: Nicht wir rufen das Vergangene an, in: Reich-Ranicki, Marcel (Hg.): 1000 deutsche Gedichte und ihre Interpretationen, Achter Band: Von Peter Huchel bis Paul Celan, Frankfurt a.M./ Leipzig 3. Aufl. 1996, 48–50.
Sommer-Bodenburg, Angela: Hanna, Gottes kleinster Engel, München 2. Aufl. 1998.
Sparn, Walter: Maria kocht Gott den Brei – und was daraus folgt, in: Sonntagsblatt. Evangelische Wochenzeitung für Bayern Nr. 51/52 vom 22.12.1996, 28–29.

Spitta, Friedrich: „Ein feste Burg ist unser Gott". Die Lieder Luthers in ihrer Bedeutung für das evangelische Kirchenlied, Göttingen 1905.
Städtler-Mach, Barbara: Meinst du, daß ich wieder gesund werde? Kranke Kinder und kirchliche Seelsorge, in: Riess, Richard/ Fiedler, Kirsten (Hg.): Die verletzlichen Jahre. Handbuch zur Beratung und Seelsorge an Kindern und Jugendlichen, Gütersloh 1993, 132–145.
–: Spiritualität in der Kinderkrankenhausseelsorge, in: WzM (46) 1994, 410–418.
–: „Was ihr getan habt ..." Seelsorge mit Kindern, in: Blohm, Johannes (Hg.): Kinder herzlich willkommen. Kirche und Gemeinde kinderfreundlich gestalten. Ideen und Beispiele, München 1996, 122–128.
–: Seelsorge mit Kindern/ im Kinderkrankenhaus, in: Klessmann, Michael (Hg.): Handbuch der Krankenhausseelsorge, Göttingen 1996, 143–151.
–: Seelsorge mit Kindern. Erfahrungen im Krankenhaus, Göttingen 1998.
–: Diakonie und Mission, in: Müller, Gerhard/ Weigelt, Horst/ Zorn, Wolfgang (Hg.): Handbuch zur Geschichte der Evangelischen Kirche in Bayern, Bd. II: 1800–2000, St. Ottilien, 439–453.
–: (Hg.): Ethik im Gesundheitswesen, Berlin/ Heidelberg 1999.
Stange, Otto: Zu den Kindern gehen. Seelsorge im Kinderkrankenhaus, München 1992.
Statistisches Bundesamt: Mitteilung für die Presse, in: http://www.statistikbund.de/presse/deutsch/pm/p9135031.html, 15.04.1999.
Dass: Zahl der Woche, in: http://www.statistik-bund.de/presse/deutsch/pm/zdw00009.html, 29.02.2000.
Stegemann, Wolfgang: Lasset die Kinder zu mir kommen. Sozialgeschichtliche Aspekte des Kinderevangeliums, in: Schottrof, Willy/ Stegemann, Wolfgang (Hg.): Traditionen der Befreiung, Bd. 1: Methodische Zugänge, München/ Gelnhausen 1980, 114–144.
Steinmeier, Anne M.: Wiedergeboren zur Freiheit. Skizzen eines Dialogs zwischen Theologie und Psychoanalyse zur theologischen Begründung des seelsorgerlichen Gesprächs, Göttingen 1998.
Stiehler, Matthias: Gesundheit als Sehnsucht – Religiöse Aspekte des Gesundheitsbegriffs, in: Zeitschrift für Gesundheitswissenschaften (9) 2000, 24–37.
Stollberg, Dietrich: Art. Seelsorge, in: Evangelisches Kirchenlexikon, Göttingen 1996, Sp. 173–188.
Stoodt, Dieter: Religionsunterricht als Interaktion, Düsseldorf 1975.
Strohm, Theodor: Kindheit heute – Tendenzen und Aufgaben, in: Praktische Theologie (31) 1996, 151–156.
Student, Johann-Christoph (Hg.): Im Himmel welken keine Blumen. Kinder begegnen dem Tod, Freiburg/ Basel/ Wien 1992.
–: (Hg.): Das Hospiz-Buch, Freiburg 3. Aufl. 1994.
Sturm, Wilhelm: Religionspädagogische Konzeptionen des 20. Jahrhunderts, in: Adam, Gottfried/ Lachmann, Rainer (Hg.): Religionspädagogisches Kompendium, Göttingen 3. Aufl. 1990, 30–65.
Suhr, Ulrike: Poesie als Sprache des Glaubens. Eine theologische Untersuchung des literarischen Werkes von Marie Luise Kaschnitz, München 1992.

Sydow von, Kirsten: Scheidung oder Ausharren in einer „zerfallenen" Ehe. Die subjektive Sicht von Frauen der Geburtsjahrgänge 1895–1936, in: psychosozial (17) 1994, 97–105.
Synode der Evangelischen Kirche in Deutschland: Aufwachsen in schwieriger Zeit – Kinder in Gemeinde und Gesellschaft, Gütersloh 1995.
Thadden von, Elisabeth: „Wir müssen die Männer zwingen", in: DIE ZEIT 2001/9, 32.
Theißen, Gerd: Studien zur Soziologie des Christentums, Tübingen 1979.
Thierfelder, Constanze: Gottes-Repräsentanz. Kritische Interpretation des religionspsychologischen Ansatzes von Ana-Maria Rizzuto, Stuttgart 1998.
Thilo, Hans-Joachim: Psyche und Wort. Aspekte ihrer Beziehungen in Seelsorge, Unterricht und Predigt, Göttingen 1994.
Titze, Marion: Aber ich glaubte aufs Wort. Kindheit in der DDR, in: Schmölders, Claudia (Hg.): Deutsche Kinder. Siebzehn biographische Portraits, Berlin 1997, 331–349.
Ullrich, Gerald: Zwischen Trauma und Tagesordnung. Das Kind im Krankenhaus in den 90-er Jahren, in: Dr. med. Mabuse. Zeitschrift im Gesundheitswesen (19) 1994, 23–27.
Vavra, Elisabeth: Bildmotive und Frauenmystik – Funktion und Rezeption, in: Dinzelbacher, Peter/ Bauer D.R. (Hg.): Frauenmystik im Mittelalter, Ostfildern 1985, 201–230.
Vellguth, Klaus: Über den Dialog zwischen Theologie und Literatur, in: Ders (Hg.): „Gott sei Dank bin ich Atheist": Gott als Thema in der Literatur des 20. Jahrhunderts, Lahr/ Stuttgart 2001, 7–13.
Wege zum Menschen: Themenheft „Seelsorge mit alten Menschen", (48), 1996/7.
Weisswange, Rolf: Aufgaben eines Pastors im Kindergarten, in: DPfBl (96) 1996, 192–195.
Wentzel, Hans: Christkind, in: Schmitt, Otto (Hg.): Reallexikon zur deutschen Kunstgeschichte, Bd. 3, Stuttgart 1954, Sp. 590–608.
Werner, Bert: Demenz. Epidemiologie, Ursachen und Folgen einer psychischen Erkrankung im Alter, Weinheim/ München 1997.
Winkler, Klaus: Die Funktion der Pastoralpsychologie in der Theologie, in: Riess, Richard (Hg.): Perspektiven der Pastoralpsychologie, Göttingen 1974, 105–121.
–: Werden wie die Kinder? Christlicher Glaube und Regression, Mainz 1992.
–: Seelsorge, Berlin/ New York 1997.
Wölfing, Marie-Luise: Komm, gib mir deine Hand. Briefe an mein sterbendes Kind, Düsseldorf 1985.
Wunderer, Rolf/ Dick, Petra (Hg.): Frauen im Management. Kompetenzen – Führungsstile – Fördermodelle, Neuwied 1997.
Zeller-Steinbrich, Gisela: Wenn Paare ohne Kinder bleiben. Seelische Entwicklungen – neue Perspektiven, Freiburg 1995.
Zenetti, Lothar: Das Jesuskind. Verehrung und Anbetung, München 1987.
Ziemer, Jürgen: Seelsorgelehre, Göttingen 2000.
Zimmer, Dieter E.: Ein Kind ist schwer zu verderben, in: DIE ZEIT 1999/29, 15–17.

Zinnecker, Jürgen/ Silbereisen, Rainer K.: Kindheit in Deutschland. Aktueller Survey über Kinder und ihre Eltern, Weinheim/ München 1998.
Zukunftsmodell Familie. Erklärung der Landessynode der Evangelisch-Lutherischen Kirche in Bayern, in: Amtsblatt für die Evangelisch-Lutherische Kirche in Bayern, 199/3 61f.
Zur guten Stunde. Das Familienbuch für die Winter- und Weihnachtszeit, Köln 1985.

Register

Abendmahl mit Kindern 69
Anthropologie 22, 25, 51, 53f., 63, 66, 79, 83ff., 94ff., 97, 122, 127, 135, 137, 179, 182, 184f., 197f.

Begegnung
– mit Bewusstlosen 203f.
– mit einem Kind 11, 45, 67, 121f.
– mit Gott 64f.
– mit dem Jesuskind 97, 106

Diakonie 65, 67, 69, 74f., 197

Entwicklung 98, 126ff., 144, 157, 183ff.
Erziehung 56, 68
Ethik 60, 65f., 131

Familie 19f., 57f., 68f., 70ff., 83, 140f., 144f., 147, 149, 150ff., 158ff., 167f., 178, 183

Gebet 18, 24, 89
Geheimnis 93
Gesellschaft 23, 26, 39, 53, 64, 68f., 70, 80, 121, 142, 143ff., 149, 150ff., 160, 178, 183, 197, 205, 207
Gespräch 13, 24, 44, 46, 50f., 60, 65, 109, 139, 141, 188
Glaube 12, 14, 15, 17, 19, 22, 24, 53, 80, 82, 86ff., 95, 97f., 110, 122f., 126ff., 134f., 138, 142, 181, 183, 187ff., 190, 197, 207
Gotteskindschaft 92ff., 95

Identität 36, 38, 49ff., 133f., 136

Kindergarten 73f., 154, 170
Kindergottesdienst 73f., 102f., 162, 189
Kinderklinik, Kinderkrankenhaus 14, 31ff., 38f., 40ff., 44ff., 48f., 62, 182, 196
Kinderklinikseelsorge
– Ausbildung 36, 39
– Konzepte 38ff., 52ff., 55ff., 62

Kindwerdung Gottes 22f., 25, 97, 103, 108, 117, 183
Kirche 14, 17, 19, 20ff., 26, 31f., 34, 37ff., 50f., 62, 67ff., 123, 138, 175, 180, 182, 197, 204
Krankheit 16, 20, 23, 31ff., 34, 37, 42, 44ff., 55, 158, 159ff., 165, 183, 187, 192, 197
Kommunikation 34f., 133, 166, 184, 191f., 193, 195, 199ff., 202, 206f.
Konfirmation 69, 71

Lied 15f., 18, 98ff., 103

Pädagogik 33, 41, 56, 58, 60f., 66f., 72ff., 91, 95f., 136f., 144, 166
Passionskind 107
Pastoralpsychologie 14f., 20, 24f., 53, 62, 63f., 121, 137, 175ff., 182ff., 187f., 196, 207
Praktische Theologie 15, 23, 26f., 59, 121, 131, 133f., 175f., 182

Schule 73, 162, 166, 195
Spiel 33, 66, 89, 108, 110
Spiritualität 19, 137
Sterben 14, 20, 23, 31, 45, 47, 49, 51, 75, 89f., 163, 165ff., 183, 196

Taufe 69, 71, 86ff., 188f.
Tod 14, 20, 23, 47, 90, 93, 112, 114, 128, 158ff., 166ff., 205

Verantwortung 66, 71, 131, 153, 189
Vertrauen 65, 71, 91, 93f.

Weihnachten 91, 98ff., 103f., 107f., 109ff., 114, 116
Wertschätzung 102, 108, 109, 141, 182, 199

Zukunft 165, 204

Kranke Kinder als Aufgabe der Seelsorge

Was Krankheit, Erfahrungen des Krankseins und vielleicht auch Sterben im Krankenhaus besonders für Kinder bedeutet, wird in diesem Buch einfühlsam beschrieben. Die Autorin, eine erfahrene Seelsorgerin in einer Kinderklinik, schildert verschiedene Krankheitssituationen und gibt Anregungen und praktische Hilfen der Begleitung. Darüber hinaus reflektiert sie die Herausforderungen für alle, die Kinder in dieser Situation begleiten wollen.

Abgerundet werden die Darstellungen durch theologische Überlegungen und eine Predigt.

Barbara Städtler-Mach
Seelsorge mit Kindern
Erfahrungen im Krankenhaus
1998. 142 Seiten, kartoniert
ISBN 3-525-60401-7

Vandenhoeck & Ruprecht

Seelsorge in 20 Minuten

„Kann ich Sie kurz sprechen?" – Smalltalk bestimmt in der betrieblichen und privaten Kommunikation den Ton des Miteinanders, gehört aber auch zum beruflichen Alltag in helfenden Berufen. Die Beiläufigkeit dieser meist zufälligen Gesprächssituationen lässt bewährte seelsorgliche und beraterische Gesprächstechniken oder Therapiemethoden nicht zur Anwendung kommen. Doch auch in kurzer Zeit kann ein Gespräch geführt werden, das dem Auftrag der Seelsorge entspricht, in einer spezifischen Lebens-, Krisen- oder Konfliktsituation christliche, befreiende Hilfe zur Lebensgestaltung zu leisten.

Diese methodische Anleitung führt in eine neue, an der Praxis orientierte und in zahlreichen Fortbildungskursen erprobte Alternative zu herkömmlichen Seelsorgekonzepten ein, die Seelsorge überwiegend als Prozessgeschehen begreifen. Auf dem Hintergrund des systemischen Ansatzes und von Kommunikationstheorie und Semiotik erläutert der Autor die besonderen Gesetzmäßigkeiten, Möglichkeiten und Fallen des Kurzgesprächs.

Zahlreiche praktische Gesprächsbeispiele und Tipps für beratende Personen ermutigen dazu, die besondere Chance zu nutzen, die ein kurzes Gespräch für Rat Suchende bietet.

Timm H. Lohse
Das Kurzgespräch in Seelsorge und Beratung
Eine methodische Anleitung

Mit einem Geleitwort von Christoph Schneider-Harpprecht.

2003. 158 Seiten, kartoniert
ISBN 3-525-62373-9

Vandenhoeck & Ruprecht